VORTEIL alt

Renate Brackhahn-Witt, Jahrgang 1944, hat als Cutterin, Regieassistentin und Redakteurin beim NDR gearbeitet. Später gründete sie ihre eigene Filmproduktion, schrieb Drehbücher und führte Regie bei Serien, Fernsehspielen und Werbung. Sie hat sich in systemischer Arbeit weitergebildet und ist Trainerin im Bereich Lebensberatung. 2006 erschien im nymphenburger Verlag ihr Sachbuch „Der abwesende Mann – Hoffst du noch oder spricht er schon?". Renate Brackhahn-Witt lebt als Autorin in Hamburg.

Renate Brackhahn-Witt

VORTEIL alt

Lebenslust für Fortgeschrittene
13 Möglichkeiten

Die Deutsche Nationalbibliothek verzeichnet diese Publikation in der Deutschen Nationalbibliografie; detaillierte bibliografische Daten sind im Internet über http://dnb.dnb.de abrufbar.

Herstellung und Verlag: BoD – Books on Demand, Norderstedt
Umschlaggestaltung: Vanessa Thie
Buchgestaltung: Heinz W. Pahlke
ISBN: 9783744881548

Ich freue mich, wenn es regnet,
denn wenn ich mich nicht freue,
dann regnet es auch.

Karl Valentin

Auf das Alter bezogen, würde Karl Valentins Spruch so lauten:

Ich freue mich, dass ich alt bin,
denn wenn ich mich nicht freue,
dann bin ich auch alt.

Damit ist alles gesagt.
Sie können das Buch wieder schließen.

... ABER,
FALLS SIE DOCH ETWAS MEHR ERFAHREN WOLLEN,
ERWARTET SIE FOLGENDES:

Vorteil oder Nachteil?
Sie entscheiden!

Alles, was wir sind,
ist das Ergebnis unserer Gedanken.
Der Geist ist alles.
Was wir denken, dazu werden wir.
Buddha

Am 26. März 2006 um 14:15 Uhr bin ich alt geworden. Ich stand vor einem Spiegel und sah meine Mutter. „Jetzt ist es soweit", dachte ich. An diesem Tag war ich seit zwei Jahren 60. Es war an der Zeit mit dem Jungsein aufzuhören.

Das Alter gilt heute als Bedrohung, eine lebensgefährliche Zeit, deren sichtbaren Spuren vertuscht werden müssen. Wer glaubt, dass gutes Altern – nicht Altern bedeutet, lebt in einer selbstschädigenden Illusionsblase, die ihn daran hindert, diesen dritten Lebensabschnitt auch als Chance, als Abenteuer und als Vorteil zu erkennen.

Heute, da viele Menschen ihrem negativen Beharrungsvermögen besonders ausgeliefert sind, muss meine Behauptung, es gäbe irgendwelche Vorteile alt zu sein, als totaler Schwachsinn erscheinen. Und ich muss zugeben, sie haben Recht; weil aber nichts so vieldeutig ist wie das Leben, zugleich auch Unrecht. Denn, wenn wir uns ehrlich erinnern, es gab auch recht wenig Vorteile in der Pubertät zu stecken, als 30-Jährige verunsichert im Meer der Möglichkeiten zu schwimmen, als 40-Jährige mit peinvollen Blessuren durch Midlifecrisis und das Klimakterium zu gelangen und ab fünfzig sowieso schon durch den Produkttest „jung und flexibel" zu fallen. Folglich ist es sehr leicht, zu der festen Überzeugung zu gelangen, dass auf diesem eigenartigen Planeten zwischen Steuererklärung, Zahnreinigung und Beziehungsdramen überzeugende Vorteile zu leben äußerst selten sind.

Dementsprechend bedeutet für die meisten von uns Leben, sich von einem Nachteil, von einer Einschränkung, von einer Enttäuschung zur nächsten durchzuwuseln, ohne je wirklich die geringste Ahnung gehabt zu haben, worum es hier eigentlich geht, was das Ganze soll und wozu die Menschheit 992.006 unterschiedliche Handytaschen braucht. Zu allem Überfluss schmelzen auch noch die Pole, Beziehungen haben immer kürzere Verfalldaten, die globalen Märkte implodieren, Terroristen erschießen wehrlose Konzertbesucher, Schurkenstaaten basteln sich ungestört Atombomben. Wer von uns noch einen Rest Verstand besitzt, sollte erleichtert über die Gnade seines baldigen Todes sein.

Zu dieser privilegierten Kohorte, die 60 Jahre und älter ist, gehören außer mir in Deutschland ca. 16 Millionen Männer und Frauen. Wir sind heute schon 20 Prozent der Bundesbevölkerung, im Jahr 2050 wird sich diese Altersgruppe auf fast 40 Prozent beinahe verdoppeln.

Im Gegensatz zu früheren Generationen sind „die" Alten heute keine homogene Gruppe mehr, deren Zugehörigkeit an Gesundheitsschuhen und Resignation zu erkennen war. Vor allem wir Frauen entfernten uns am radikalsten von der Mutti-Generation unserer Vorfahrinnen. Einst boxten wir die Emanzipation durch, konnten bestimmen, ob wir schwanger werden wollten oder nicht, waren berufstätig, heirateten und ließen uns scheiden, hatten Kinder, Affären und Erfolg. Diese Frauengeneration ist weiterhin vital, mobil, neugierig, vielfältig interessiert, größtenteils finanziell abgesichert und stampft jetzt auch das Alter in seiner bisherigen Form in den Mülleimer der Geschichte. Wenn auch zögerlicher, so sind doch auch immer mehr Männer über 60 dabei, den Opi in sich einzutauschen gegen einen vitalen Silver-Ager, der auf die Heckklappe seines neuen Mini's stolz schreibt: *Rente 2016.*

Wir neuen Alten sind die Trendsetter für ein junges Altsein. Wir sind selbstbewusst, wir sind mächtig, wir sind leistungsfähig, wir sind gut drauf und haben den Belastungstest „Leben" zwar mit etlichen Wunden, aber trotzdem erfolgreich bestanden. Nun schenkt den meisten von uns der Lebensabschnitt *Alter* zum ersten Male in der Geschichte der Menschheit nicht nur eine Dauer von 20 bis 30 Jahren, sondern auch die Möglichkeit selbstbestimmt alt zu sein.

Dieses Geschenk als Vorteil zu erleben bedarf es einzig und allein einer Wahl: „Da es sehr förderlich für die Gesundheit ist, habe ich beschlossen glücklich zu sein." Was schon Voltaire vor 300 Jahren erkannte, ist für uns neue Alte die ebenso pragmatische wie revolutionäre Grundregel der Lebenslust. Wir entscheiden uns, ob unser Leben ein Drama oder eine Komödie ist, ob wir uns mit Karl Valentin über den Regen freuen oder nicht, ob wir unser Altsein als mühevoll, deprimierend erleben oder gerade, weil es voller Tücken, Probleme und Widrigkeiten ist, als ein weiteres großes, aufregendes Abenteuer mit dem Namen „Mein Leben." Beide Sichtweisen sind richtig, nur, dass wir uns mit dem Blick auf die Vorteile einer Situation eindeutig besser, wohler und zufriedener fühlen.

Bedauerlicherweise bremst unser Hang zur Bequemlichkeit auch noch im Alter jede Veränderung aus. So halten wir es entweder für uns nicht machbar oder schlichtweg Selbstbetrug, die allzu offensichtlichen Nachteile und Einschränkungen unseres Lebensabschnitts *Alter* als Vorteil erkennen zu können. Mag sein, dass der Eine oder Andere sich in seiner Opferrolle recht gemütlich eingerichtet hat und diese vertraute Seelenkuschelecke am Ende seines Lebens nicht verlassen will. Mag sein, dass man glaubt, zwischen Darmspiegelung und Senioren-Yoga nicht genug Zeit zu haben. Mag sein, dass man sich schlicht für zu intelligent für solche Erlösungsvisionen hält und einen hinterhältigen Wohlfühlzwang wittert. Sollten Sie der einen oder anderen Meinung sein, empfehle ich Ihnen, verschwenden sie nicht weiter ihre knapper werdende Restzeit und werfen sie dieses Buch in den Müll. Jetzt.

Allen Anderen sei gesagt, jeder kann sein Denken verändern! Wie? Dies ist eine geniale Möglichkeit der Selbst-Programmierung unseres Geistes, eine Art Super-App, genannt Neuroplastizität, die es ermöglicht, unsere Aufmerksamkeit wie den Strahl einer starken Taschenlampe vom Mangel, dem Negativen einer Situation auf das Positive, die Fülle, zu lenken. Dabei wird das Problem keinesfalls ignoriert, nur die Bewertung und die Reaktion obliegt uns, dem Betrachter. Diese neue Sichtweise entsteht nicht von heute auf morgen, sondern erfordert Zeit und Geduld – beides steht uns Alten ja angeblich nun ausreichend zur Verfügung.

Wer sich entscheidet, sein Alter nicht als Einschränkung, nicht als Wiederholung des immer Gleichen, sondern als Vorteil zu erleben, den erwarten neue Betrachtungsweisen, Erfahrungen und Möglichkeiten, diesen Abschnitt seines Lebens sinn- und lustvoll zu gestalten. Diese neuen Alten werden sich nicht mehr auf Gesundheitsschuhen still und leise in entlegene Heime verkriechen, sondern zu kühnen Pionieren eines neuen Lebensgefühls werden, das soziales Engagement wie auch individuelle Lebenslust beinhaltet. Ein Paradigmenwechsel hat begonnen – von geduldeten Senioren in Rentnerbeige hin zu selbstbewussten neuen Alten.

Die von mir ohne Anspruch auf Vollständigkeit ausgewählten 13 Möglichkeiten der Lebenslust für Fortgeschrittene, sind die Vorteile des dritten Alters, der 60- bis 75-Jährigen. Wenn wir diese über viele Jahre lang genossen und ausgekostet haben, können wir anschließend gelassen und „lebenssatt", wie es in der Bibel steht, in den vierten und letzten Lebensabschnitt gehen.

Bis dahin aber stehen uns noch viele Möglichkeiten offen.
Dazu werden wir alt.

Grundsätzliches:

altSEIN

Werte, Bewertungen und andere Misslichkeiten

Altwerden ist noch immer die einzige Möglichkeit, lange zu leben.

Hugo von Hofmannsthal

Warum werden wir alt? Antwort: Weil wir nicht jung sterben!

Wozu wir alt werden, ist dagegen sehr viel schwerer zu beantworten, denn es gibt bedauerlicherweise auf diesem putzigen kleinen Planeten auf schwierige Fragen nur selten einfache Antworten. Auch in diesem Buch nicht. Obwohl es durchaus nachvollziehbar ist, dass der postmoderne Einzelne, auch der alte postmoderne Einzelne, sich nach schlichten Erklärungen immer mehr sehnt, denn er blickt trotz Wikipedia kaum noch durch und fühlt sich in unserer immer komplexer werdenden Welt zunehmend alleingelassen und orientierungslos.

Früher ... (ich verspreche, diesen nach Jugendneid müffelnden Begriff nur im äußersten Erklärungsbedarf zu benutzen!), also: früher galt ein Bauer als alt, wenn er das 30. Lebensjahr erreichte, ohne dass ihn zuvor ungesunde Begegnungen mit Seuchen, Kriegen und Hungersnöten, mangelhafte medizinische Versorgung oder grausame Arbeitsbedingungen dahingerafft hatten. Wem es trotz dieser, einst durchaus üblichen Lebensumstände gelungen war, 50 oder gar 60 Jahre alt zu werden, der wurde von seinen Nachfahren als unnützer Esser bestenfalls geduldet, schlechtestenfalls, wie in Japan gebräuchlich, von einem hohen Berg hinunter und den hungrigen Raben zum Fraß vorgeworfen. Auch das Aussetzen der lästig gewordenen Alten in einem Wald, wo sie ein sicherer Hungertod erwartete, entsprach einer der vielen Möglichkeiten, die nutzlosen Greise zu entsorgen. In kultivierteren Zonen lehnte man diese doch eher rüden Methoden ab, legte aber vorsichtshalber per Notar genau fest, wie viel, bzw. wie wenig Brot und Fleisch die Alten zugeteilt bekamen, wo sie bei Tisch zu sitzen hatten, wo sie schlafen durften und welcher Anteil am Gemüsegarten ihnen zustand. „Ehret das Alter" entpuppte sich als eine selten wirksame Beschwörungsformel gegen den brutalen Überlebenskampf an den Fleischtöpfen der Sippe. „Wer nicht arbeitet, soll auch nicht essen" galt Jahrhunderte als political correct, so dass einerseits Kinderarbeit ebenso selbstverständlich war, wie andererseits das möglichst schnelle Ableben arbeitsunfähiger Greise. Alte waren Tote auf Abruf.

Der Mythos vom „Früher ehrte man das Alter" gehört somit in die sentimentale Verklärungs-Abteilung von „Früher war alles besser" gleich neben „Früher gab es mehr Lametta" und entsprach bedauerlicherweise selten den historischen Tatsachen. In der Geschichte der Menschheit ist die Ehrung des Alters stets eine lästige Pflicht gewesen, genau wie die Wertschätzung von Kindern und Frauen, die Toleranz gegen Andersgläubige, die Achtung von Fremden, sowie das Hinhalten der anderen Wange nachdem man auf die eine geschlagen wurde.

Nur unsere prähistorischen Vorfahren und einige Randgruppen – die gerne mit dem Begriff „Wilde" abqualifiziert wurden und zumeist in zivilisationsfernen tropischen Zonen lebten – glaubten, dass die Ehrung der Alten für das Überleben des Stammes von unverzichtbarem Nutzen sei. Während damals im Mesolithikum vor ca.10.000 Jahren die flinken und potenten Jungen loszogen, um Tiere zu jagen und Frauen zu schwängern, durften sich die gebrechlichen und hinfälligen Alten gemütlich ums Höhlenfeuer setzen und von alten Zeiten schwatzen. Dass sie dabei manch verqueres, unverständliches Zeug redeten, mag in ihrer beginnenden Demenz oder in Hungerödemen begründet gewesen sein. Wahrscheinlicher ist aber, dass es an dem einen oder anderen kleinen Pfeifchen und Kräutertrank gelegen hat, den die sich selbst überlassenen Alten heimlich genehmigten. Folglich entwickelten sie sich zu wunderlichen Typen. Wie auch in unseren Tagen, ist der Übergang von kauzigen Sonderlingen zu verehrten Bedeutungsträgern fließend, die einst der Sippe – wie heute den Talkshow-Zuschauern – mal klipp und klar, mal mystisch verklärt, kundtun, was eigentlich Sache ist.

In besagten grauen Urzeiten oder vergessenen Enklaven – ohne 870 TV-Kanäle und Online-Zugang – gab es natürlich sehr viel öde Freizeit. Dies nutzten die alten, nutzlosen Esser geschickt zu ihrem Vorteil aus. Die Stammesältesten machten sich unersetzlich, indem sie zu Trägern der Geschichte, der Weisheit, der Überlieferungen des Stammes und vor allem zu unentbehrlichen Vermittlern zwischen Mensch und Göttern wurden, deren Sinnen und Trachten auch damals schon völlig im Dunkeln lag.

Im 21. Jahrhundert sind die Götter durch das World-Wide-Web abgelöst. Um im WWW-Netz zu kommunizieren, wird weder Geschichte, noch Überlieferung, noch Weisheit benötigt (ich meine tatsächlich *Weisheit*, nicht Nerd-Intelligenz). Diese einst geschätzten Werte sind in der globalen Google-Welt größtenteils nutzlos geworden. Daraus ergibt sich, dass die ehemals geachteten Vermittler – wir heutigen lebenserfahrenen, aber zugegebenermaßen oftmals digitalfernen Alten – ebenfalls ohne Wert sind. Gegenwärtig sind das über 16 Millionen alte Menschen – mit steigender Tendenz und zunehmender Lebenserwartung, die zurzeit bei durchschnittlich 80 Jahren liegt. Schon jetzt leben in Deutschland fünfmal so viele 100-Jährige wie 1989. Millionen Alte ohne Wert und Würde? Ist die Lebenszeitverlängerung ein fataler Irrtum der Evolution?

Denn das haben wir nun von Bio-Müsli, Jogging und Darmspiegelung – Tatsache ist, wir werden immer länger alt sein, aber werden wir dies nicht auch hassen, wenn wir Jahr um Jahr hinweg krank, pflegebedürftig zusammen mit anderen sabbernden Alten in tristen Heimen auf den Tod warten? Wir verdrängen, dass unsere gestiegene Lebenserwartung in Wirklichkeit eine verlängerte Alterszeit ist. Uns droht ein Lebensabend, der zwanzig bis dreißig Jahre dauern kann, also ausgedehnter als Kindheit und Jugend zusammen. Alter wird allmählich zur längsten Lebensphase überhaupt. Und nun? Was fangen wir damit an?

Weit und breit fehlt es uns an nachahmenswerten Modellen, wie wir langlebigen, leider aber nutz- und wertlosen Alten die nächsten zehn, 20 oder sogar 30 Jahre mit etwas Anstand durchstehen können.

Unsere Eltern und Großeltern waren uns in ihrer Lebensendzeit zwischen selbst gehäkelten Topflappen und Kukident selten Vorbilder, eher Abschreckung. Erschwerend kommt zu allem Übel noch hinzu, dass uns dreihundert Jahre Aufklärung aus dem sicheren Kinderparadies – in dem uns Staat und Kirche einst vorgaben, wo's langgeht und warum wir leben und sterben – in die große allgemeine Verunsicherung der individuellen Freiheit geworfen haben. Zwar tummeln sich in diesen undurchsichtigen Zonen auch die jüngeren Generationen, aber im Gegensatz zu ihnen können wir unser wachsendes Unbehagen an unserem Ich-Projekt nicht hinter Beruf, Partner, Kindererziehung und Dauerstress verstecken, sondern haben wahrhaft genug Zeit, uns den überfälligen, aber auch höchst beunruhigenden Sinnfragen zu stellen: „Wer bin ich? Wer will ich sein? Wer kann ich sein?" Und: „Warum bin ich?" Die Schauspielerin Bette Davis soll einmal treffend bemerkt haben: „Alt werden ist nichts für Schlappschwänze!"

Babyschreck und Altenboomer

Die latenten Vorwürfe ob unserer sturen Langlebigkeit und die daraus folgende zahlenmäßige Zunahme von alten Menschen in unserer Gesellschaft gipfeln in dem Begriff *Altenlast*. Hier müssen wir über 60-Jährigen entschieden darauf hinweisen, dass dieser bedrohliche Zustand – außer durch bessere medizinische Versorgung – in seiner angeblichen Dramatik erst durch die uns nachfolgende Generation der Babyboomer, also die zwischen 1954 und 1970 Geborenen, zum tragen kommen wird. Diese heute um die 55zig Jährigen stellten im Jugendalter die Mehrheit, und sie werden der zahlenmäßig größte Nachschub der jetzigen, viel geringeren Rentnerschwemme sein. Außerdem zeigte diese Generation kaum Neigungen Nachwuchs zu zeugen, im Schnitt nur das statistische 1,2 Kind. Diesem einem, bedauernswerten Kind droht demnächst, seinen beiden Eltern durch hohe Steuern und Lohnabzüge einen langen Lebensabend finanzieren zu müssen. Wir heutigen Rentner sind dagegen noch fein raus, unsere jetzigen Renten bezahlen die vielen, weiterhin im Arbeitsleben stehenden Babyboomer locker noch mindestens 15 Jahre.

Die hohe Anzahl dieser Kohorte machte sie in der Vergangenheit zu den Bestimmern von Lebensstilen, Konsumverhalten und New Economy. Sie haben unseren 68-er Flower-Power-Jugendwahn marktkompatibel perfektioniert und zum Mehrheitsprinzip erklärt. Noch beißen sie sich durch Midlife-Crisis, Fitness-Studios und Dritt-Ehen, werden aber bald schon der Tatsache ins Auge sehen, dass auch sie dabei sind, auf die 60zig zu zugehen, wo sie sich dann selbst aus ihrer „jung, frisch und dynamisch" – Liga ausmustern müssen.

Diese Generation zwischen 40 und 60, auch „Middle-Ager" genannt, fürchtet sich laut Umfragen am meisten vor der Grauzone „Alt", in der künstliche Hüftgelenke und plötzlicher Harndrang auf sie lauern. Furchterregende Zonen, weitab von der Überholspur des Lebens, auf die man immer noch überwechseln wollte. Gestern gehörte man noch zu der Welt der Aufsteiger, plötzlich und unwiderruflich findet man sich morgen in der Liga der Absteiger wieder. Und seit es Anti-Aging-Creme auch für den Mann gibt, schleicht sich das Gefühl des ständigen Abwärts auch bei denjenigen ein, die bisher mit Saab-Cabrios ihr schwindendes Wertesystem zu retten versuchten. „I hope I die, before I get old" heißt es in dem *Who*-Song „My Generation".

So ist es nicht verwunderlich, dass Horrorszenarien einer bevorstehenden Greisenplage biblischen Ausmaßes die Medien und Buchmärkte beherrschen, losgetreten von den zunehmend besorgten Babyboomern, die ihrer eigenen, kürzer werdenden Zukunft als Jungdynamiker mit Grausen entgegensehen und ihre Krise zur eigenen Beruhigung Midlife-Crisis nennen. Dabei wäre Endlife Panic passender. Sie schreiben sich die Finger wund mit Projektionen ihrer Worst-Case-Phantasien, in denen schlechtgelaunte, selbstsüchtige Greise in öffentlichen Verkehrsmitteln armen Studenten die Plätze wegnehmen, in südlichen Ferienanlagen die besten Liegen am Pool besetzen, während sich ihre Kinder zu Hause die Aldi-Wurst aufs Brot streichen. Mächtige Alte, die dafür sorgen werden, dass es Viagra auf Krankenschein, längere Ampelphasen, breitere Mittelstreifen und weniger Kitas gibt.

Gierige Alte, die sich auf Kosten der jüngeren Generationen ein flottes Leben machen und auf Kreuzfahrtschiffen den Kaviar vom Büffet schaufeln. Unappetitliche Alte, die ohne Scheu ihr Schlabberfleisch an tropischen Stränden zur Schau stellen, besserwisserische Alte, die mit ihren irrelevanten Bemerkungen die Google Welt herabwürdigen, egoistische Alte, die, anstatt zuhause die Enkelkinder zu betreuen, lautstark ihre Rente in Stripper-Bars und Spielhöllen verprassen. „Wir werden die Welt hässlich machen, wenn wir lebensgierige alte Säcke geworden sind." schrieb ein besorgter Vertreter dieser Generation in der „Süddeutschen Zeitung"

Neue Alte

Und was ist mit uns, die heute schon diese alten Säcke sind? Wir 60- bis 75-Jährigen stehen mittendrin in diesem Drama, sind zugleich Täter und Opfer, aber vor allem ratlos. Wir handeln anders, sind ganz anders und fühlen uns ganz anders als die Jüngeren denken und wir es selbst vermutet haben. Kaum zu glauben, aber wahr: Wir fühlen uns keineswegs alt! Schon im Jahre 1793, mit 68 Jahren, antwortete Casanova einem Korrespondenten, der ihn mit „verehrungswürdiger Greis" angeredet hatte: „Ich bin noch nicht in dem miserablen Alter angelangt, in dem man keinen Anspruch mehr auf das Leben erheben kann."

Auch wir erheben Anspruch. Anspruch auf unser Leben. Wir werden zwar nicht jünger, aber dafür können wir besser werden! Zum Beispiel die „neuen Alten", das sind 25 Prozent der 60- bis 70-Jährigen, davon überdurchschnittlich viele Frauen, die willens und in der Lage sind, dem Alter ein neues Gesicht zu geben, fernab von Botox und Facelifting.

Diese neuen Alten haben ihr Leben lang Neuland betreten, sie waren seit den 60ziger Jahren aufsässig, widerspenstig, haben aufbegehrt gegen den Vietnamkrieg, Notstandsgesetze, Atomkraft, forderten Selbstverwirklichung und freien Sex. Seitdem veränderten sie die

Lebens- und Konsumstile drastisch und werden dies auch weiterhin tun. Sie prägten einst das Gesicht der 68er Generation, welche die Jahrgänge zwischen 1940 und 1950 umfasst. Rund acht Millionen Menschen gehören dieser Altersgruppe an, die nunmehr Rentner sind oder ins Rentenalter vorrücken.

Die neuen Alten werden dem Altsein genauso den Muff von 1000 Jahren austreiben, wie sie einst gegen verstaubte Idee revoltiert haben, und es in seiner bisherigen Form in den Orbit schießen. Den Herstellern von Gesundheitsschuhen und Betreibern von Kaffeefahrten stehen harte Zeiten bevor, wenn sie ihr Produktangebot nicht relaunchen. Und wer nicht weiß, dass dies Neustart bedeutet, dem ist sowieso nicht mehr zu helfen.

Wir neuen Alten bringen nicht nur Erfahrungswissen aus unserem Leben voller Umbrüche, Anpassungen, Beschleunigungen mit, sondern auch den Mut zur Empörung, die Kraft für Kompromisse, wie auch den Willen zum Wandel. Diese Altersgruppe ist sich durchaus bewusst, welch ein Lebensgeschenk und Lebensluxus es ist, sich in diesen bewegten Zeiten diese Frage stellen zu können: Wozu werden wir alt? Was will ich noch leben, was nicht mehr? Möglicherweise ist die Zeit des Ruhestandes dazu da Erkenntnisse zu gewinnen, die im Lärm des bisherigen Lebens untergegangen sind. Vielleicht entdecken wir, dass unser Wert nicht von unserem Äußeren, unseren Leistungen, unseren Erfolgen abhängig ist und auch nicht von der Anzahl unserer Lebensjahre, sondern von dem Bewusstsein der Zugehörigkeit und einer tiefen, liebenden Verbundenheit mit allem „was ist".

Aus einer solchen Einsicht erwachsen Haltungen, die in unserem auf Effizienz ausgerichtetem Leben bisher kaum eine Rolle spielten: Dankbarkeit und Demut. Demut ist eine Tugend, die total aus der Mode gekommen ist, vielleicht weil mit ihr auch Kriechertum und devoter Untertanengeist verbunden wird, dabei ist sie mit die Voraussetzung für eine realistische Selbsteinschätzung und die Befähigung, die eigene Begrenztheit anzunehmen. Mit Demut sind wir nun in der Lage zu erkennen, dass die vermeintlich grausamen Abbauprozesse des Alters uns in Wahrheit dabei helfen, die Selbsttäuschungen über unser Ich loszulassen. Dann erkennen wir, dass das Alter keineswegs ein überflüssiger Lebensabschnitt, eine Art Systemfehler ist, indem es um den Verlust von Fähigkeiten geht, sondern um den Verlust von Illusionen. Wir haben jetzt die letzte Chance zu verstehen, wer wir sind und was wir sind – mal freundlich, mal mürrisch, mal mutig, mal feige, mal wütend, mal liebend – Widersprüchlichkeiten machen unsere Einmaligkeit, unsere Unverwechselbarkeit aus. Wir treten uns vermutlich zum ersten mal gegenüber und erkennen uns mit allen, den guten, wie auch den schlechten Aspekten und sagen: „Ja, das bin ich!"

Wenn wir zudem unser Altsein als einen weiteren Ausdruck unseres vielfältigen Lebens würdigen und wertschätzen, dann können wir diesen Abschnitt unseres Lebens nutzen für das Wachsen oder Vertiefen unseres Verantwortungsbewusstseins, unseres Mitgefühls, unseres Anstandes, unserer Unabhängigkeit, Gelassenheit, Güte, Dankbarkeit, Integrität, Freiheit, Ehrlichkeit, Demut, Humors und unserer Liebe – damit wir nicht *unerkannt* sterben.

Darum werden wir alt.

jungSEIN

Scham, Schuld und sonstige Unzulänglichkeiten

Jeder Mensch ist nur einmal jung.
Später braucht er eine andere Ausrede.

Unbekannt

Ich war dabei, damals, Ende der Fünfziger Jahre, als diese, meine verwirrte Nachkriegsgeneration sich Teenager nannte und alle Erwachsenen für uns so farblos, freudlos und alt wie Konrad Adenauer und Ludwig Erhard aussahen.

Die 50ziger Jahre sind in meiner Erinnerung lautlos, wie auch damals das höchste Glück der Deutschen die Gemütlichkeit, leise – ein *sei still!*-Befehl – war. Die Stille, das Schweigen verbarg das verborgene Grauen des Nationalsozialismus und füllte mit kecken Partyigeln, mickrigen Luftschlangen und Catarinas Valentes „Traumbooten“ die bleierne Kleinbürgerlichkeit unserer Eltern. Die Lügen klebten an allen Dingen und Worten – „Darüber wollen wir nicht reden“. Sogar das Schweigen war ein unüberwindlicher Plural.

Es war eine graue Welt. Wir lasen Ilse Aichingers *Die größere Hoffnung,* ohne ermutigt zu sein. Auf einem Klassenfoto gleichen meine Mitschülerinnen und ich düsteren alten Damen; dabei waren wir gerade vierzehn Jahre alt. Plötzlich trat etwas Ungeheuerliches in mein – zwischen Sonntagsessen und Mathearbeit – erstarrtes Dasein: der Rock'n Roll. Ich saß in einem der vielen Eckkinos, wohin ich wöchentlich mein Taschengeld trug und sah alten Männern, die sich *Bill Haley & His Comets* nannten, dabei zu, wie sie eine wilde neue Musik spielten. Es riss uns von den Plätzen, und wir tanzten im Mittelgang mit der besten Freundin Rock'n Roll. Noch heute kann ich mich an die heiße Erregung des Unerhörten erinnern. Jedem war klar, dass eine neue Zeit begonnen hatte.

Ich war 14 Jahre alt und fand es überfällig.

So geschah es, dass der Rock'n Roll, dann die Beatles und vor allem der wundervoll junge, amerikanische Präsident J. F. Kennedy mein Leben retteten. Für uns unbestimmte, entwurzelte Nachkriegs-Generation waren sie göttergleiche Hoffnungsträger. Wir ahnten nicht, dass der „Erlöser"-Wunsch-Bazillus klammheimlich weiterhin auch in uns saß und glaubten dringend „Götter" zu benötigen, damit sie nicht nur mich, sondern meine ganze Generation aus der Grabesstimmung des zweiten Weltkrieges befreiten. Sie gaben uns etwas, das wir bisher nur verschwommen hinter dem Vergangenheits-Trauma der kollektiven Schuld unserer Eltern erahnten: eine eigene, sündenlose Identität. Und die war – entgegen aller elterlichen Zwänge und Vorschriften – jung! Ihr Krieg hatte uns bindungslos, sprachlos und haltlos gemacht. In diesem Vakuum erschufen wir uns selbst. Wir wurden gnadenlos jung. Wir taten unerhörte Dinge, wir waren radikal, wir waren verantwortungslos und vor allem waren wir anders. Alles Alte war schlecht, denn alle Alten waren passiv oder aktiv im Krieg gewesen.

Trau keinem über dreißig galt der Elterngeneration, die versuchte, sich im kollektiven Schweigen von der Mitschuld an den Nazi-Verbrechen zu erlösen. Der von uns erschaffene Jugendkult war unser Mittel, sich radikal von den elterlichen Tätern abzugrenzen. Es war leicht, gegen sie zu sein. Viele hatten Grauenvolles getan oder es nicht verhindert. *Nie alt!* war unser Credo. *Nie wie sie!* „Jung" trennte uns von ihrem 1000-jährigen Reich, wir fielen erlöst und pubertär in die Gnade der späten Geburt. Man schrieb das Jahr 1968. Das richtige Leben konnte beginnen. *„All you need is love"*, sangen die *Beatles.*

Von nun an war „Jugend" kein Alter mehr, sondern eine Haltung – die richtige Haltung. Unsere Eltern waren alt, wir waren jung. Die Werber, die Journalisten, die Medienschaffenden waren jung. Die Mode war jung, das Kino war jung, die Welt war jung. Wer richtig war, war jung. Die Beatles, die Rolling Stones waren jung. Alt und trotzdem richtig waren dem Anschein nach Heinrich Böll oder Marcuse, aber auch nur, weil sie „jung" dachten. „Alt" war eine Geisteshaltung, die so mega-out war wie der Käse-Igel auf dem elterlichen Nierentisch.

Wir stampften die Ideale, Couchgarnituren und Faconhaarschnitte unserer Eltern in den Mülleimer der Geschichte und hielten uns für kühne Revolutionäre. Heute sollten wir uns eingestehen, dass wir in Wahrheit weiterhin narzisstisch auf sie bezogen blieben, da unsere Überzeugungen und unser Verhalten oftmals nur schlichtweg das Gegenteil der Einstellungen und Normen unserer Eltern gewesen waren. Im Rausch der medialen Beachtung bemerkte meine Generation der 68-er dies nicht, es hätte manchem revolutionären Habitus der Lächerlichkeit preisgegeben. Stattdessen fütterten wir unsere Omnipotenz mit der Überzeugung, völlig neu jung zu sein und ewig jung zu bleiben! In unseren Allmachtsphantasien erschufen wir das Phänomen: „Forever Young", und machten uns auf, im langen Marsch durch Schulen, Redaktionen, Büros und Einkaufspassagen die alte Welt durch eine junge zu ersetzen.

In den 70-er Jahren war jeder zweite Käufer unter 30. Wir ließen die Marktwirtschaft durch unser total neues Konsumverhalten explodieren, denn wir warteten nicht brav wie unsere Eltern darauf, dass die Gegenstände alt und aufgebraucht waren, sondern kauften nach der Regel: Befriedigung sofort – nur aus Lust am Neuen. Die Industrie und somit die Werbung erklärten uns zu ihren Göttern, eine Rolle, die unserem pubertären Größenwahn Zucker gab und der Industrie Milliarden Profit einbrachte. Die Kultur-Revolution der 68-er war auch eine Konsumrevolution. So warfen wir nicht nur unsere Triumph-BHs weg und proklamierten freien Sex, sondern nuckelten auch an der Afri-Cola, kauften Stones LP's, Levi's und in Amsterdam Hasch. Wir taten alles Verbotene, niemand gebot uns Einhalt, und eigentlich wünschten wir, nie wieder aus dem Kinderparadies abgeholt zu werden. Das ist uns trotz einiger Krisen weitgehend geglückt – nur, dass wir inzwischen über 60 geworden sind.

Seit den 70-er Jahren hat durch uns eine Infantilisierung der Gesellschaft stattgefunden, in der keiner mehr weiß, mit welchem Alter die Jugend eigentlich endet. Auch wenn wir inzwischen graue Haare und Falten bekommen haben, leben wir für immer und ewig im Kinderland, in dem Kinderschokolade, Kinder-Fernsehen wie „Gute

Zeiten, Schlechte Zeiten", kindische Shows wie „Dschungel-Camp", „Herr der Ringe"-Kinderfilme, „Harry Potter"- Kinderliteratur und die eigene Mode aus Jugendtagen im so genannten „retro-chic" auf uns warten. Eine Gesellschaft von alten Kindern, die sich selbst zur ewigen Jugend verdammt hat und nicht aufhören kann, mit ihrem Leben Monopoly zu spielen. Es ist dringend nötig sich einzugestehen, dass wir tollen 68-er nicht nur die einstigen Erfinder des Jugendwahns gewesen sind, sondern auch deren treue Erfüllungsgehilfen, die in ihren Armani Jeans gefühlt irgendwo um die Mitte dreißig feststecken.

Während wir auf den Warteschleifen der Möglichkeiten endlose Runden drehten, geschahen verwirrende Dinge: Revolutionäre Straßenkämpfer wurden zu etablierten Außenministern, antiautoritäre Kinder gingen mit 20 ganz in weiß vor den Traualtar, wir selbst heirateten auch irgendwie, irgendwen, bekamen Kinder, ließen uns scheiden, machten Karriere oder nicht, wurden alt und hatten plötzlich ein unverwechselbares Leben gelebt. Kein Probe-Abo. Trotzdem sind wir uns nicht sicher, je den Eignungstest „Erwachsener" erfolgreich bestanden zu haben.

Es gibt keine Sicherheit, nur unterschiedliche
Grade der Unsicherheit.

Anton Tschechow

Zu allem, was wir sonst noch an verheerenden Großtaten nachfolgenden Generationen aufbürdeten, gehört in vorderster Linie auch unser verständnisvoller, konfliktscheuer Erziehungsstil, nicht Eltern, sondern Freunde der eigenen Kinder zu sein. Da wir selbst Kinder einer verstörten, wie zumeist auch gestörten Elterngeneration waren, die nach zwei Weltkriegen sich ins Spießertum zurück gezogen hatten, um dort unbehindert an uns Kindern ihre alten Werte von Autorität und Moral auszuleben, vereinte unsere Generation der feste Wille, unseren Kindern *neue* Eltern zu sein.

Wir steckten uns Blumen ins Haar, den Joint und die Pille in den Jutebeutel, um unseren autoritären Eltern und den verkrusteten Institutionen den Muff von tausend Jahren auszutreiben. Währenddessen quälten sich unsere Kinder durch alternative Erziehungsmodelle, überstanden Selbstverwirklichungs-Eltern und revolutionäre Lehrer, um anschließend um Arbeitsplätze zu kämpfen, Kündigungen, Scheidungen, Börsen-Crashs, Klimawandel und die Globalisierung zu durchleiden.

Natürlich wollten wir nur das Beste für unsere Kinder, das Beste allerdings, zeichnete sich in erster Linie dadurch aus, dass es anders war als der autoritäre Erziehungsstil unserer eigenen Eltern. So stellten wir unsere Kinder auf Augenhöhe, ließen sie mit drei Jahren entscheiden, welche Designerhose sie tragen wollten, und wo die Familie ihren Urlaub verbringen sollte. Diese selbstbestimmten Ichlinge, welche wir in die von uns bedrohte Umwelt setzten, wurden zu unserem ultimativen Effizienzbeweis – hübsch, klug und völlig überfordert. Natürlich nur zu ihrem eigenen Besten – und nebenbei zu unserer Kompetenz-Profilierung als moderne Eltern – zwangen wir sie durch unsere grenzenlose Toleranz, reif, verantwortungsvoll und erfolgreich zu werden. Dadurch nahmen wir ihnen die Erfahrung ab, wild, chaotisch und unangepasst zu sein. Kinder eben! Und weil sie nie richtige Kinder sein konnten, werden diese, unsere Kinder auch niemals erwachsen werden, auch wenn sie die Rolle des Erwachsenen sehr überzeugend darstellen können. Sie haben heute selbst Nachwuchs und eigenständige Lebensbiographien, und nur die Zunahme von Depressionen, Scheidungen und Ratgeberbüchern lässt ein Bild großer Verunsicherung und Unverbindlichkeit erahnen.

So kann es niemanden verwundern, dass auch die Gruppe der so genannten Middle Youth – die 20 bis 30-jährigen Erwachsenen, unsere Enkelkinder – zunehmend verhaltensauffällige Züge zeigt: jeder Vierte lebt weiterhin in seinem Kinderzimmer im „Hotel Mama“, und manche werden dort auch noch ihren fünfzigsten Geburtstag feiern: Generation Weichei! „Werdet endlich erwachsen“, fordert der Bund Deutscher Psychologen. Die Jungen werden von ihren Play Stations aufblicken und „Wozu?“ sagen. Alles, was am Erwachsensein verlockend ist, vom Führerschein bis zum Beischlaf, dürfen sie jetzt schon. Was anstrengend daran sein könnte, wird auf morgen verschoben.

„Ich habe alles, was ich brauche. Nur keinen Charakter. Und keinen Plan. Manchmal dauert es nur ein paar Minuten – und schon glaube ich das Gegenteil von dem, wovon ich eben noch überzeugt war", beschreibt der Autor Sascha Lehnartz das Grundgefühl seiner Generation. Somit bleiben die Jungen ohne eine Bodenhaftung in der Schwebe. Ihre jugendliche Dynamik degeneriert zur Unentschlossenheit, zur Unbeständigkeit und Unruhe, statt zur mutigen Eroberung. Trotzdem sollten wir Alten sehr aufpassen, uns hier nicht in einer opiomihaften Bevormundung und einem reflexartigen Jugend-Bashing zu suhlen, um uns aus der Verantwortung zu stehlen und die von uns mitverursachten Probleme dieses Planeten der nächsten Generation zur Entsorgung in die Tasche zu schieben.

Möglicherweise ist auch dieser Schwebezustand der uns nachfolgenden Generationen im Grunde genau das, was seit eh die Jugend vom Alter trennt und trennen muss. Junge Menschen müssen unsicher sein, nur aus dieser Unsicherheit, der Nicht-Erfahrung, der Neugier heraus werden sie nach Neuem, Noch-Nie-Gedachtem, nach Lösungen suchen. Denn die mutige Eroberung neuer Ideen und Welten ist gerade der Wert der Jugend. Sie muss bedenkenlos, unvernünftig, verrückt, leichtsinnig, sorglos und verwegen handeln. Nur so entwickelt sich die Menschheit weiter.

Heute können wir Alten den Jungen unser Erfahrungswissen anbieten oder sogar ihnen auch dabei behilflich sein, gegen uns aufzubegehren, indem wir uns ihrem Spott ausliefern, indem wir Attributen ewiger Jugend sogar noch mit dem Rollator nachlaufen, Charakterfestigkeit bis Starrsinn zeigen, auf alte Erfahrungen zurückgreifen und alles Neue schlecht machen, sowie unverrückbar in unseren Meinungen sind. Da nur einige von uns Alten dieses Oma und Opa-Verhalten als späten Lebensentwurf attraktiv finden, überlassen wir stattdessen lieber unsere Kinder und Enkel den knallharten Regeln und Zwängen des von uns geschaffenen Marktes. Der verlangt von diesen, verantwortungsvoll zu handeln und ein zielorientiertes Karriere-Profil vorzuweisen und keine revolutionären Anwandlungen, es sei denn, sie dienen der Kreierung eines neuen, erfolgversprechenden Markenproduktes.

In unserer komplexen, vielfältigen Welt ist der Mut zum Risiko, zur Unangepasstheit, zur Empörung verkümmert, zu viele Möglich- und Unvorhersehbarkeiten sind nicht gewinnkalkulierbar für eine globale Marktwirtschaft. Die Verlierer dieser Entwicklung scheitern am Verständnis gesellschaftspolitischer Zusammenhänge, sammeln sich stattdessen in rechtspopulistischen Bewegungen und pervertieren gerechte Empörung in Verachtung und Hass. In der sich rasant verändernden Wirklichkeit fühlen sich viele Jüngere immer mehr davon bedroht, dass ihnen die Kontrolle über ihr Leben entgleitet – im Berufsleben, in Beziehungen, in Bankgeschäften, und sogar ihr Körper widersetzt sich zunehmend ihren Ansprüchen.

Folglich ruft der mit dem Alter und Siechtum verbundene endgültige Kontrollverlust noch größere Angst hervor. Ein gängiger Weg, um diese Angst abzuwehren, ist einerseits der, das Objekt der Angst, also uns alte Menschen, lächerlich zu machen – und andererseits der, die eigene Jugend und deren sichtbare Erscheinungen bis in die Würdelosigkeit auszudehnen. Das Down-Styling zeigt sich beim Tragen von Kinder-Pudelmützen auf Köpfen 43-jähriger Key-Account-Managerinnen genauso wie bei 50-jährigen Steuerberatern in knappen Biker-Punk-Lederjäckchen.

Weitere Gründe für den Wunsch, möglichst nicht erwachsen zu werden, ist die Befürchtung, dann die Verantwortung für die Folgen seines Handelns tragen zu müssen, Charakterfestigkeit zu zeigen und kurzfristige Triebbefriedigungen zugunsten langfristiger Ziele zurückzustecken, – alles unangenehme, anstrengende und uncoole Impulskontrollen die außerhalb des Kinderzimmers auf den Nesthocker lauern. So ist es nicht verwunderlich, dass die Spezi „Erwachsene“ vom Aussterben bedroht ist.

Der heutige Dauerjugendliche – er kann sowohl 20 wie auch 70 sein – lebt unter erschwerten Bedingungen. Während seine Vorfahren sich schon glücklich schätzen, ihre Jugend überlebt zu haben, ohne von Hungersnöten dahingerafft, brandschatzenden Söldnertruppen dahingemetzelt oder bei der Geburt gestorben zu sein, bangen viele Menschen heute um Aktienkurse, Cholesterinwerte und das richtige Handymodell. Jobs sind keine Lebensstellungen mehr, sondern höchstens Zeitverträge, Beziehungen sind ständig vom Scheitern bedroht, Liebe ist ein emotionales Risiko. Ehen werden nicht mehr vom Tod geschieden, sondern bei jedem dritten Paar nach wenigen Jahren durch den Anwalt. Kinder wachsen in sich ständig auflösenden Patchwork-Familien auf. Unverbindlichkeit gehört zur Grundausstattung unseres Alltags. Nichts ist sicher. Nichts bleibt, wie es war –wie schon Hannes Warder sang – „Nichts ist so, wie es scheint ...". „Jede Woche eine neue Welt" – der Slogan eines bekannten Kaffeeverkäufers trifft dieses Lebensgefühl nur zu genau. Ich empfinde dies als Drohung und frage mich besorgt, wer, außer einem Erregung –Junkie, benötigt denn jede Woche eine neue Welt?

Das Dogma „Forever young" ist in Wirklichkeit der Massenwahn einer zutiefst verunsicherten Gesellschaft, die aus der „Nichts bleibt wie es ist-Welt" ins Ikea-Paradies flüchtet, wo globale Beständigkeit herrscht: *Billy* bleibt *Billy* und *Köttbullar* für immer und ewig auf der Speisekarte. Außerhalb dieser Schutzzonen wächst täglich die Angst, sich falsch zu entscheiden und damit von den Ratinglisten des Erfolges zu kippen. Zukunftsangst hat eine ganze Generation entmutigt. Darum schweifen die Jungen unbestimmt in Übergangszonen umher und reden sich ein, dass alles immer noch machbar ist. Nur nicht festlegen, das würde deren grenzenlosen Optionen auf eine einzige Möglichkeit reduzieren. So bleiben sie unbestimmt, ohne Charakter, ohne Profil.

Der Spiegel stellt die besorgte Frage: „Bleiben viele der Erwachsenen von heute ewig kindisch? Haben sie es schwerer als ihre Vorfahren, zu wahrer geistiger Reife zu gelangen?" und zitiert den britischen Evolutionspsychologen Bruce Charlton von der University of Newcastle, der eine Art moderne Entwicklungskrise wittert: „Schuld daran sei eine Umwelt, die wegen ständiger Veränderungen Kind-ähnliche Unstetigkeit und lebenslange Lernbereitschaft verlange. Auch die oft sehr lange Ausbildung erschwere das Einüben von erwachsenentypischen Lebens- und Denkgewohnheiten."

Der Zukunftspessimismus des „No-Future" der 80-er Jahre ist von dem Glücksversprechen des „To be Online or not to be Online" abgelöst. Ein sehr egozentrischer Zustand, der Selbstbestimmung vorgaukelt, indem man mit einem kleinen Klick und einer Schnäppchen-Flatrate in die „Ich-bin-drin"-Welt gelangt und glaubt, dass nun alles möglich ist. Was die Welt ist, sagt uns Google. Warum die Welt ist, sagt uns niemand. Wir wissen immer mehr und verstehen immer weniger.

Je globaler die Welt verknüpft ist, desto weniger überschaubar erscheint sie dem Einzelnen, trotz allgegenwärtiger Informationen aus dem WWW schwindet das Bewusstsein für den Gesamtzusammenhang. Um den daraus wachsenden bedrohlichen Gefühlen zu entkommen, konzentriert sich der Mensch reflexartig auf sein persönliches Umfeld. Dieses belegen auch Untersuchungen wie die Studie der Berliner Strategieagentur Different. Sie zeigen einen Rückzug in die Idyllen des Biedermeiers: die neuen großen F's – Familie, Freunde, Freizeit. Oder noch radikaler, die Reduktion auf sich selbst, wie die Antworten dreier Interviewten vor dem Brandenburger Tor am Silvester-Abend 2014 offenbaren, die nach einem Jahr voller Konflikte und Kriege, auf die Frage, was sie sich für das neue Jahr wünschen würden, unabhängig von einander „Abnehmen", sagten.

Der heutige Freiheitsbegriff entstand in den Zeiten der Aufklärung, vor ca. 300 Jahren, indem der englische Philosoph John Locke den Menschen des Mittelalters, die zum zu großen Teilen Eigentum der Könige, Kirchen und Grundbesitzer waren, Revolutionäres verkündete: „... innerhalb der Grenzen des Naturgesetzes seine Handlungen zu lenken und über seinen Besitz und seine Person zu verfügen, wie es einem am besten scheint – ohne jemandes Erlaubnis einzuholen und ohne von dem Willen eines anderen abhängig zu sein." Seitdem gilt der Mensch als befreit, na ja nicht jeder, nicht überall, aber es war schon mal ein Anfang. Die Mehrheit dieser Befreiten empfanden ihre Befreiung langfristig keineswegs als Bereicherung, sondern bedauerlicherweise als Verlorenheit, Unsicherheit und sehnten sich fortan nach Orientierung und möglichst schlichten Antworten auf komplizierte Fragen. Je einfacher die Problemlösungen, desto besser, denn das Dasein an sich ist für die meisten Menschen schon kompliziert genug. Das Meer der Möglichkeiten ist in Wahrheit das Meer der Beliebigkeit, indem wir verzweifelt nach einem Rettungsring suchen. Die Sehnsucht nach Halt und nach Führung, statt der Verwirrung des einsamen Individuums, das obendrein noch für sein Glück selbstverantwortlich ist, ist in der Tat verlockend. Verlockend für ein unsicheres Kind, aber keine Versuchung für einen autarken Erwachsenen. Erwachsensein bedeutet, ein selbstbestimmtes Leben zu führen und für die Folgen seiner Entscheidungen und Handlungen die Verantwortung zu übernehmen. Eine oftmals knallharte Herausforderung, voller List und Tücken, voller Zweifel und Tränen, aber garantiert voll mit sattem, einzigartigem Leben.

Alter bringt nicht immer Weisheit mit sich.
Manchmal kommt es auch allein.

Mark Twain

Forscher sollen herausgefunden haben, dass die menschliche Intelligenz gegenüber allen anderen Lebewesen durch die verzögerte Entwicklung, also durch die lange Kindheit unserer Spezies entstanden ist. Gut und schön – doch dass dabei als Evolutionsziel über 80-jährige Cabrio-Fahrer herauskommen, wer hätte das gedacht? Andere Wissenschaftler sind der Meinung, dass die Anforderungen der Globalisierung, der technischen Entwicklungen, der gewaltigen und schnellsten Veränderungen der Menschheitsgeschichte nur durch die Jungen bewältigt werden können. Ihre Stärken wie Dynamik, Flexibilität und Selbstbezogenheit sind zukunftskompatibel, um sich den Anforderungen des „Gottes des Neuen" tagtäglich anzupassen. Verlässlichkeit, Erfahrung, Toleranz, Mitgefühl – Werte, welche die Alten repräsentieren – sind dagegen der Hemmschuh des „World Wide Web" oder degradiert zu Wortblasen in den Reden von Politiker. Schöne junge Welt, in der Nutzenmaximierung statt Gelassenheit, Leistungsorientiertheit statt Phantasie, Effizienzlogik statt Einfühlungsvermögen das Überleben sichert.

Der angebliche Vorteil „Jung“ erweist sich auch in weiteren Zusammenhängen schnell als Benachteiligung: Länder mit hohem Anteil an jungen Menschen, wie zum Beispiel Indien und Bangladesch, sind zumeist arm. Obendrein hat die Geschichte gezeigt, dass Völker mit überdurchschnittlich vielen jungen Männern zumeist aggressiv und kriegerisch sind.

Weder eine junge, expandierende, noch eine alte, stagnierende Gesellschaft ist die Ursache für Kriege und Vernichtung, sondern die Abwesenheit von menschlichen Werten, wie Respekt, Toleranz, Kooperation und sozialer Verantwortung. Fehlen diese, fühlt der Einzelne sich nicht eingebunden und diesen Menschenrechten gegenüber nicht verpflichtet, wird er in seinem Nächsten einen Konkurrenten, wenn nicht gar einen Feind sehen.

Seit in der Moderne die Seele durch das Selbst ersetzt wurde und dem befreiten Individuum keine moralische Intuition wie die Kirche dem Streben nach selbstsüchtiger und hemmungsloser Bedürfnisbefriedigung mehr Grenzen setzte, wo die einstige Sünde der Gier, in das modisch zu fördernde *Eigeninteresse* verwandelt wurde, wo Gewinnsucht mit Wirtschaftswachstum verharmlost wird, wo Individualität zur Egozentrik verkümmert, da ist der Mensch von sich selbst überfordert – sein System kollabiert.

Der Zunahme von Burn-Outs und Depressionen liegen die Gefühle von Verwirrung, Orientierungslosigkeit, Unbestimmtheit zu Grunde, die besonders gut in unserem Wirtschaftssystem gedeihen, das auf Motiven der Gewinnsucht und Habgier beruht. Da bleibt manchem Verwirrten wenigstens eines: sein Trotz aus Kindertagen – Coolsein. Cool zu sein verheißt Unbetroffenheit: „Mir ist alles egal“, „Es geht mir am Arsch vorbei!“ In den In-Bars von New York bis Moskau sind sie zu besichtigen, diese coolen Master of the Universe. Wenn wir Alten uns dorthin aus Versehen verirren, erlangen wir einen Vorgeschmack auf mögliche Nachtoderfahrungen, die entgegen dem Bedauern nicht mehr dazuzugehören, einer großen Erleichterung, in dieser Show nicht mehr mitspielen zu müssen, Platz machen. Coolness war einst eine Haltung der Schwarzen Amerikas, mit der sie auf den Bauwollplantagen, im Gefängnis und in den Slums zu überleben versuchten. Als Lebensstil ist *cool* identisch mit gefühllos. Das letzte, was unserer bedrohten Erde noch zu ihrem Untergang fehlt, sind coole, unbetroffene, gefühllose Menschen.

„Unsere Krise ist eine Krise der Einfühlung", stellt der irische Schriftsteller Colum McCann fest. Einfühlung liegt ein Urbedürfnis nach Verbundenheit und Resonanz zu Grunde. Menschen, die im Säuglingsalter keine zuverlässige und liebevolle Zuwendung erhalten haben, sind später oftmals nicht zur Empathie fähig. So traumatisierte Kinder können sogar ihre Wahrnehmungen dahingehend verändern, dass sie ihren seelischen oder körperlichen Schmerz ausschalten. „Mister Duffy lebte ein wenig von seinem Körper entfernt", beschrieb James Joyce diesen Zustand. Diesen psychischen Schutzmechanismus nennt man Dissoziation – Trennung, Abwesenheit. Den Betroffenen geht nichts mehr nahe, gleichzeitig sind sie unfähig, weder zu sich selbst noch zu Anderen eine tiefe Bindung zu empfinden.

Bei nicht traumatisierten Menschen mag mangelnde Einfühlung auch andere Gründe haben: Im Zeitalter der permanenten Jugend mutiert Einfühlungsmangel zum Coolsein und ist oftmals nichts weiter als die bequeme Verdrängung von Unangenehmem, Lästigem oder gar Schmerzhaftem. Diesen uncoolen Coolen fehlt neben dem Mut zum Mühsamen etwas Entscheidendes zum Erwachsensein: die Erfahrung der durchlebten Krise. Und der begegnen wir nicht im Sessel vor dem Fernseher beim Ansehen des x-ten Tatort oder vor dem Computer mit Call of Duty Black Ops 3, sondern, wenn die Stürme des Lebens an uns rütteln.

Die eigenen Lebenskrisen anzunehmen, statt sie hinter cooler Unbetroffenheit zu verdrängen, ist der Schlüssel zu einem erfolgreichen Leben. Damit ist nicht die goldene Amexcokarte gemeint, sondern Selbstwert durch Selbstachtung. Und Selbstachtung wiederum entsteht, wenn wir unser einzigartiges Leben selbst leben, und nicht, wenn wir die Wünsche, Vorstellungen und Projektionen anderer Menschen bedienen. Dazu gehört auch, freundlich auf sich zu schauen und nicht den aussichtslosen Kampf um Fremdbestätigung durch den Kampf um egozentrische Selbstbezogenheit zu ersetzten. Diese Selbstbezogenheit lässt uns Alte blind den Verlockungen des Götzen „Forever young" hinterherlaufen, der uns weismachen will, dass wir nur ewig jung zu sein bräuchten, und alles wäre „Friede, Freude, Eierkuchen". Dieser Never Aging-Kult ist in seinem Kern Selbstabwertung, Selbsthass und diesem ist mit keiner Botox-Unterspritzung beizukommen. Im Gegenteil!

Leben, das ist das Allerseltenste in der Welt
- die meisten Menschen existieren nur.

Oscar Wilde

Offensichtlich läuft etwas schief. Einerseits sind, zumindest für uns in der ersten Welt, die Lebensbedingungen in den letzten 50 Jahren zunehmend verbessert worden. Seuchen, Kriege, Hungersnöte, Kindersterblichkeit kommen in unseren Breiten fast nicht mehr vor. Die Sparkonten sollen sicher sein, viele Vorsorgeuntersuchungen gibt's auf Krankenschein, trendige Sehhilfen im Dro-Markt, bunte Rollatoren bei Ebay und für die Lust und Laune-Liga Viagra und Kreuzfahrtschiffe. Wieso fühlen wir uns dann immer noch so mies? Oder, wie der wundervolle Woody Allen es auf den Punkt bringt: „Ich habe alles erreicht was ich wollte! Warum habe ich trotzdem das Gefühl es vergeigt zu haben?"

Die Leugnung und Abwehr des Alters bei sich und anderen weist auf ein schweres psychisches Problem hin, bei 40-Jährigen genauso wie bei 70-Jährigen und in der Gesellschaft insgesamt. Der Jugendwahn ist das, was er ist – ein Wahn und somit zutiefst pathologisch. Meinungsumfragen zeigen, dass sich das subjektive Wohlbefinden in der modernen Leistungs- und Spaßgesellschaft stetig verschlechtert. Im letzten Jahrzehnt hat sich die Menge der verordneten Antidepressiva von 150 Millionen definierten Tagesdosen im Jahr 1987 auf 327 Millionen definierte Tagesdosen im Jahr 1996 mehr als verdoppelt. Das Bundesgesundheitsministerium schätzt, dass vier Millionen Deutsche von einer Depression betroffen sind, die Dunkelziffer ist vermutlich weit höher.

Ängste beherrschen uns. Und da Angst immer eine Furcht vor etwas ist, dass noch nicht eingetreten ist, findet sich hier möglicherweise der Grund, dass die berüchtigte Altersangst in einer Gruppe der Bevölkerung am geringsten ist – bei uns Alten! Genau gesagt, bei denjenigen, die sich zu ihrem Alter bekennen und eine realistische Erwartungshaltung an den Tag legen. Eine Forschergruppe der Stanford-Universität durchleuchtete die Stimmungslage in allen Altersgruppen. Das verblüffende Ergebnis dieser Studie, für die sich Freiwillige zwischen 18 und 94 zur Verfügung stellten ergab, dass die 18-Jährigen am freudlosesten waren.

Natürlich haben wir großes Mitgefühl mit unseren unglücklichen Enkeln, anderseits können wir unsere heimliche Freude nicht verhehlen, dass wir Alten offensichtlich im Genuss der besten Gemütsverfassung aller Altersgruppen sind.

Ob jung oder alt oder irgendwo dazwischen, jede Lebensphase hält Erfreuliches, wie auch Unerfreuliches für uns bereit, nur in der Jugend empfinden wir diese Ereignisse viel tiefer, weil sie für uns neu sind. Der Vorteil des Alter ist dagegen, dass uns vieles vertraut ist, die Gefühle sind gelassener, ruhiger. In dieser emotionalen Beseligung des Alters dereinst auch zu wandeln, könnte doch ein eine Hoffnung für die uns nachfolgenden Generationen sein und sie durch manche Enttäuschungen und Krisen trösten, wenn sie durch unseren Alters-Gleichmut erleben, dass am Ende doch alles gut wird.

Einen weiterer Grund der Freude, und damit auch ein erneuter Stimmungsheber für uns über 60jährige, ergeben neuste Umfragen: In der Generation Y, die zwischen 1980 und 1995 Geborenen, zeigt sich ein beindruckender Wertewandel. Sie bekennen sich überraschend zu Lebenszielen, die wir Alten mit erstaunter Begeisterung mit ihnen teilen. An erster Stelle steht, quer durch die Generationen, das Ziel, unabhängig zu sein und durch materielle, wie auch ideelle Voraussetzungen ein selbstbestimmtes Leben führen zu können, das eingebunden ist in ein starkes „Wir“ von Familie, Freunden und, das ist das sensationelle, auch in Verbundenheit mit allen Menschen auf diesem Planeten. Die neuen Alten und die neuen Jungen trennen nicht mehr Werte und Normen, sondern die Trennungslinien laufen in unserer westlichen Gesellschaften nicht mehr zwischen Jung und Alt, sondern zwischen Gewinnern und Verlierer der Globalisierung, sie verlaufen durch soziale Klassen, zwischen Startup –Unternehmern in Berlin Mitte und HartzVier-Empfängern in Marzahn.

Die beginnende Transformation der Gesellschaft geschieht im Kleinen wie im Großen. Obama sagte nicht, *Yes I can*!, sondern *Yes we can*! Verbundenheit, in Beziehung zu sein, ist das neue, revolutionäre Grundgefühl von immer mehr Menschen. Das offenbart sich ebenso in der Expansion globaler Netzwerke von Facebook bis avaaz, anderseits in der weltweiten Anteilnahme am Tsunami 2004, oder dem Aufstand der Ägypter auf dem Tahrir-Platz in Kairo.

Der Alltagsdarwinismus „Ich habe nur meinen eigenen Vorteil im Blick, alles andere ist mir egal“- ist für viele Menschen, vor allem jüngere Menschen, Marktanpassung, aber nicht ihre gültige Weltsicht. Das ergab auch die Shell-Jugendstudie 2009, die diesen neuen Trend mit dem Namen „Engagementelite“ versah. Leistungsorientierte, junge Menschen, die zugleich über einen ausgeprägten Werterahmen, über Toleranz und Umweltbewusstsein verfügen, darunter besonders viele Mädchen. Diese Generation Y will eine neue Arbeitswelt, in der Sinn wichtiger ist als Status, Selbstbestimmung und Zeit für die Familie und Freunde wichtiger als Karriere. Es sind unsere Kinder und Enkel, irgendetwas zumindest scheinen wir alten 68ziger, ganz gut hinbekommen zu haben.

So gibt es neben „neuen“ Alten auch immer mehr „neue“ Junge – zwei Arten einer Gattung, die keine vorgelebten Rollenbilder übernehmen wollen und selbstbestimmt Lust zeigen am Neuen, an der Kreativität der Entdeckung, dem Mut zum Ungewohnten und dem prallem Leben. Die Aufgabe für uns Alte liegt jetzt darin, die uns nachfolgenden Generationen als Förderer, als Mentoren mit unseren Lebenserfahrungen zu unterstützen – aber nur, wenn wir darum gebeten werden. Sonst gilt es unseren Drang zur Besserwisserei, zur Wichtigtuerei, zur Rechthaberei zu unterdrücken und die Lebensläufe und -entwürfe der Jüngeren zu respektieren und uns um unsere eigenen Angelegenheiten zu kümmern – dem Abenteuer alt zu sein.

13

MÖGLICHKEITEN
DER LEBENSLUST FÜR FORTGESCHRITTENE

1. Möglichkeit

Alter und Lebensqualität

Ich segne das Jetzt.
Ich vertraue auf mich.
Ich erwarte das Beste.

Aus Hawaii

Für die Besorgnisträger unter uns gibt es Hoffnung: In „Großmama packt aus" schreibt die Schriftstellerin Irene Dische: „Ich habe es erwähnt, jenseits der siebzig, wenn man keinen schweren Unglücksschlag erlitten hat, wird das Leben so lustig wie mit zwanzig, sogar noch lustiger!" Donnerwetter! Da können wir die Prospekte für betreutes Wohnen locker in den Müll werfen und aufatmen! Mich irritiert nur dabei, dass mein Leben mit 20 keineswegs lustig war, im Gegenteil! Ich hatte immer die falsche Frisur, immer die falschen Jungs, immer den falschen Beruf und, als absolutes Desaster, immer die falsche BH-Größe.

Meinen seelischen Zustand ob dieser 20-Jährigen Tatsachen mit Unzufriedenheit zu bezeichnen, käme einer Beleidigung meines postpubertären Seelenlebens gleich, denn eigentlich stand mein Sinn mehr nach Selbstmord. Leider konnte ich ob meiner Höhenphobie nicht von einer Brücke springen, auch Erschießen kam mangels zweckdienlicher Schusswaffen in meinem Elternhaus nicht in Frage. So entschloss ich mich für Fress-Attacken. Diese hatten den Vorteil, sich zugleich schlecht wie auch schuldig zu fühlen.

Vierzig Jahre später, an der Schwelle zu meinem siebten Jahrzehnt, blicke ich fast wehmütig auf meine 60ziger Jahre zurück, die ich mit „gar nicht so übel" beschreiben würde; denn jetzt treten Abschiede, Verluste und Endgültigkeiten immer öfter in mein Leben – „lustig" würde ich persönlich dies nicht nennen. Zu meiner eigenen Verblüffung fand zwischen mir, wie auch meinem Weltbild – der damals 60jährigen und heutigen 70jährigen – ein prägender Zeit- und Wertesprung satt. Ich habe zu zählen begonnen – wie viele Sommer noch? Fünfzehn?

Zehn? Fünf? Die Welt weicht zurück, die Hoffnungen, Erwartungen, die Zukunft vergehen, dafür öffnen sich unbekannte Räume für das Jetzt. Das ist oft beängstigend, manchmal voll unerwartetem Glück.

Vielleicht ist die Grundlage für die Lebensqualität im Alter die von Irene Dische beschriebene Hoffnung auf eine Unbekümmertheit, die uns in sorglose, heitere Kinder verwandelt. Vielleicht sah das Jesus genauso als er vor zweitausend Jahren mahnte: „Wenn ihr nicht umkehrt und werdet wie die Kinder, so werdet ihr nicht ins Himmelreich kommen."

Bevor dies geschieht, sollten wir die Übergangsperiode dazu nutzen, die irdischen Möglichkeiten von Lebensqualität im Alter zu entdecken. Leider ist der Begriff „Lebensqualität" während unseres langen Lebens zum sinnleeren Gemeinplatz von Werbebotschaften verkommen. Wir können uns kaum mehr erinnern, dass Lebensqualität etwas sehr Persönliches und Angenehmes sein kann, da sie für den materiellen wie auch immateriellen Wohlstand, der unser Wohlbefinden ausmacht, steht. Und zumeist haben wir in den vielen Irrungen und Wirrungen unseres Lebensweges vergessen, dass für die Beurteilung der eigenen Lebensqualität objektive Faktoren viel weniger entscheidend sind, als die subjektiven Kriterien von Glück, Gesundheit, Reichtum und Zufriedenheit. In diesem selbstbestimmten Werterahmen so zu denken, so zu sprechen und so zu handeln, dass es für uns und für unsere Mitmenschen nicht lebensschädigend, sondern lebensfördernd ist, bedeutet Lebensqualität.

So einfach ist das und so schwierig. Wenngleich wir Alten auch in diesem Bereich mal wieder eindeutig die Nase vorn haben: „Realitätsnahes Erwartungsmanagement" benennen Psychologen das Phänomen, dass alte Menschen, die es kaum noch schaffen, ihren Rollator durch die grüne Ampelphase zu schieben, oftmals zufriedener sind als 20-Jährige. Die Ursache dafür erkannte schon der römischer Politiker und Philosoph Cicero vor 2000 Jahren: „Nicht das Alter ist das Problem, sondern unsere Einstellung dazu."

Ist unsere Einstellung zum Alter, zu diesem neuen unbekannten Lebensabschnitt, eine positive, eine, die neue Erfahrungen willkommen heißt, die aber auch klar erkennt und akzeptiert, was nicht mehr möglich ist, wo uns Einschränkungen endgültige Grenzen setzen, dann zeigt sich bei uns Älteren eine unerwartete Zufriedenheit, die nicht nur auf einen Wertewandel hoffen lässt, sondern auch gängige Vorurteile widerlegt.

Vorurteile sind hartnäckig; sie sind Urteile, die auf persönlichen Meinungen beruhen und von „Das wird man doch wohl noch sagen dürfen"-Mitmenschen gefällt werden, denen die Prüfung des Sachverhalts entweder zu mühsam oder zu kompliziert ist. Das wirklich gefährliche an Vorurteilen ist aber, dass sie oftmals die eigenen geheimen Lebensängste verschleiern, und um diese abzuwehren, das Fremde, das Anderssein diskriminieren. Für Junge ist das Alter fremd. Vermutlich liegt darin einer der Gründe, dass so viele Vorurteile gegen das Alter bestehen.

Darum können sich viele Jüngere auch nicht vorstellen, dass es im Alter überhaupt so etwas wie Lebensqualität gibt, die nicht vom Kassengebiss oder dem Seniorenkränzchen abhängig ist und attestieren uns zu allem sonstigen vermeintlichen Schrecken des Ruhestands auch noch die Altersangst. Diese medienwirksam herbei geschriebene Altersangst steht laut Umfragen im Gegensatz zu den Aussagen älterer Menschen. Diese berichten zum eigenen Erstaunen, dass sie mit zunehmendem Alter immer glücklicher werden: Schon zwischen 1983 und 1997 verdoppelte sich der Anteil derjenigen, die sich als „zufrieden mit dem Ruhestand" bezeichnen von 18 % im Jahre 1983 auf 42 % im Jahre 1997.

Bedauerlicherweise bin ich anfänglich diesen Umfrageergebnissen gegenüber misstrauisch gewesen: Erstens, wer will sich schon vor Fremden als alt *und* unglücklich outen? Zweitens, wir leben in einer Gesellschaft, in der das Glücklichsein ein Zeichen für dynamische Jugendlichkeit ist, und Drittens, der Fragebogen meines Freundes Karl-Heinz. Letzterer lag nach zwei Herzanfällen und einer Bypass-OP ziemlich lädiert und kläglich im Krankenhaus. Zudem hatten die Ärzte ihm mitgeteilt, dass er ohne Rollator nicht mehr gehen könne, nie wieder nur ein Glas seines geliebten Rotweines trinken dürfe und seine

Potenz sich für alle Zeiten verabschiedet hätte. Als ich ihn besuchte, zeigte er mir stolz einen Fragebogen. Die Fragen zielten alle auf die Beurteilung seiner Gemütsverfassung ab: „Sind Sie glücklich?" „Sind sie glücklicher als früher?" „Glauben sie, dass Sie glücklicher sind als andere?" Er hatte alles mit „Ja" beantwortet. Genauso die Fragen, ob er Neuem gegenüber aufgeschlossen sei und viel außerhalb des Hauses unternähme. Karl-Heinz war seit langem ein verbissener Stubenhocker, der sich stur weigerte, außerhäusliche Einladungen anzunehmen, geschweige denn, irgendetwas zu tun, was er nicht schon vorher getan hatte. Auf meine Frage, ob seine Antworten ein Witz seien, antwortete er etwas beleidigt und sehr erstaunt: „Wieso, so bin ich doch!" Wie gesagt, ich bin Meinungsumfragen gegenüber immer skeptisch. Heimlich beschleicht mich allerdings die beunruhigende Ahnung, dass mein alter Freund sich mit der Wahrnehmung seines Seelenzustandes wahrscheinlich näher an der von Irene Dische eingangs beschriebenen kindlichen Sorglosigkeit befindet, als ich es zu erkennen geneigt war.

Die ständige Sorge um die Gesundheit
ist auch eine Krankheit.
Platon

Auch ist mir durchaus bewusst, dass meine Lebensqualität ausbaufähig sein könnte, wenn ich mich mehr für die Zustände unbekümmerter Seligkeit öffnen würde. Bedauerlicherweise prallen meine Zielvorgaben meistens an der Wirklichkeit ab. Diese Wirklichkeit wird zumeist repräsentiert durch den Typus „fürsorglicher Mitmensch", dessen Helfersyndrom sich darin festbeißt, uns Alte vor zu viel Unbekümmertheit zu warnen. Ihr Mantra ist das Wort *Gesundheit* ! Mit Hilfe dieses Begriffes erinnern sie uns ständig unaufgefordert und unmissverständlich daran, dass wir alt sind und somit zu einer gefährdeten, vom Aussterben bedrohten Spezies gehören, der nun zu jedem Anlass mit wohlmeinender Gleichgültigkeit „vor allem Gesundheit" gewünscht werden muss.

Zum Geburtstag, zum Neuen Jahr und auch zum kleinsten Trip in ein eher harmloses Wellness-Wochenende werde ich mit dieser Drohung überfallen, die offensichtlich darauf basiert, dass es uns eindeutig an jugendlicher Gesundheit mangelt und wir kranke Alte sind.

Hauptsache gesund! klingt für mich nach dem Titel eines furchterregenden Sciencefiction Films, in dem auf ihren Erhalt programmierte Körpermaschinen uns Menschen ersetzt haben. Aber auch wenn diese Vision den Anschein hat, von unserem Alltag zwischen nordic walking und Lesebrille noch weit entfernt zu sein, ist der Götze Gesundheit allgegenwärtig. Mir ist, als würde das ständige Geschwätz „Hauptsache gesund“ die Hinfälligkeit erst herbeireden, nicht nur bei denjenigen, die schon immer jede Krankheit bekamen, von der sie hörten. Aber auch die gegenteilige Variante: „Lass uns bloß nicht über Krankheiten reden!“ halte ich für höchst neurotisch, denn sie tabuisiert einen wichtigen Teil unserer Lebendigkeit – unsere Erkrankungen.

Tatsache ist, im Alter nehmen Erkrankungen zu. Statt sie als lästigen Betriebsunfall zu vertuschen, verbessern wir unsere Lebensqualität nachhaltig, wenn wir sie als einen Teil unserer Wirklichkeit anerkennen, und so verrückt es auch scheint – als Erfahrung würdigen. Das bedeutet nicht, die Erkrankung mit einem positivistischen Gedankenschleim zu neutralisieren, sondern anzunehmen und zu akzeptieren *das, was ist*. Krankheiten nehmen uns aus der Welt der Gesunden und konfrontieren uns mit Schmerzen, Abhängigkeiten, Ängsten und den Folgen der Gesundheitsreform. Hierüber muss ich sprechen können, wenngleich die Bloßlegung einer OP-Narbe während eines gemütlichen Essens im Freundeskreis eher in die Kategorie der berüchtigten Altersschamlosigkeit gehört.

Krankheiten als oftmals ebenso schmerzhaften wie produktiven Prozess zur körperlichen und geistigen Heilung wahrzunehmen, statt sich in Endlosschleifen ärztlicher Behandlungskommentare „Dann sagte der Professor Wieland von Rönn zu mir ...“ zu gefallen, erwartet von uns Alten eine differenzierte Betrachtungsweise. Zu dieser wären wir auf Grund unserer Lebenserfahrungen durchaus in der Lage, wenn nicht unsere lieben Mitmenschen uns mit Anteilnahme und Aufmerksamkeit für unsere blutrünstigen Krankengeschichten belohnen würden.

Weder für die Betroffene noch für die Zuhörer sind Krisen langweilig, im Gegenteil. Sie geben uns auf diese Weise Bedeutung, und Bedeutung zu besitzen ist ein so gutes Gefühl, dass es vielen von uns ein Leben lang egal ist, wie wir sie erreichen. Da bekannterweise im Alter keine beruflichen Erfolge mehr zur Verfügung stehen, um uns in unserer Umwelt Beachtung und Anerkennung zu verschaffen, hoffen wir bisweilen, dies jetzt mit einer beeindruckenden Krankengeschichte zu bewirken. Hierbei steht uns medizinisches Fachpersonal von Proktologen bis Gastroenterogen, sowie eine der größten und umsatzstärksten Konzerne der Welt – die Pharmaindustrie –, hilfreich zur Seite. Eine Win-Win-Situation? Wohl kaum!

„Gesund ist, wer nicht ausreichend untersucht wurde." Die Umsatzsteigernde medizinische Rund-Um-Versorgung hat sich tief in unser Bewusstsein gegraben. So fühlt sich richtig gesund heute niemand mehr. Nach der Krankheit ist – vor der Krankheit. Es gibt Menschen, die opfern ihr ganzes Leben ihrer zukünftigen Gesundheit. Sie essen, laufen, turnen, schwitzen, schlafen, atmen nur noch, um gesund, bzw. noch gesünder zu werden und leben ausschließlich in Vor-Sorge. Dieses Massenphänomen einer wohlversorgten Mittelschicht wird nun von der IT-Branche in einen Milliardenmarkt verwandelt – Body-Apps der neuen Smartphone Generation überwachen Blutdruck, Cholesterinwerte und Bewegungsstatus und machen aus unserem Ruhestand eine Intensivstation.

Es steht zu befürchten, dass wir zu einer Gesellschaft aus Kranken und Demnächst-Kranken geworden sind. Vorsorgeuntersuchungen sind eine Art Volksbewegung, deren tatsächlicher Nutzen inzwischen von renommierten Wissenschaftlern angezweifelt, wenn nicht gar in Frage gestellt wird. Eines allerdings ist sicher: Vorsorgeuntersuchungen wecken Ängste, Unsicherheiten, und dies wiederum führt zu vermehrten Arztbesuchen. Die Versicherungen melden, rund zwei Millionen ältere Menschen gehen mehr als einmal pro Woche zum

Arzt. Im Jahr 2005 gaben die gesetzlichen Krankenkassen für Früherkennungsuntersuchungen 891 Millionen Euro aus, 2008 waren es schon 1,21 Milliarden. Dazu schreibt der *Spiegel* Revolutionäres: „Alle guten Studien zeigen: In den meisten Fällen sind der Nutzen und der Schaden relativ gering. Ob man Früherkennung macht oder nicht, hat für den Einzelnen keine große Bedeutung“. Eine These, der von der Mehrheit der Ärzteschaft vehement widersprochen wird, da sie gerade die steigenden Heilungschancen bei bösartigen Tumoren auf deren Früherkennung zurückführen.

Was dagegen aber für die Lebensqualität von großer Bedeutung ist: Vorsorge ist Sorge. Und sich sorgen gehört zu unseren Lieblingsbeschäftigungen: ob sich eine kleine graue Wolke nicht doch zu einem Unwetter entwickelt oder ein Niesen das erste Anzeichen ist, von der Schweinegrippe befallen zu sein. Heute, am Beginn des dritten Jahrtausends, glauben gerade diejenigen Bewohner dieses Planeten, die das Privileg modernster medizinischer Rundum-Betreuung genießen, dass Lebensqualität fast ausschließlich von einem funktionierenden Körper abhängt. Dies bestätigt auch eine Umfrage von TNS Infratest: 71 Prozent der Deutschen über 18 Jahre glaubt, dass „gute Gesundheit“ die wichtigste Grundlage für ihr Lebensglück sei. Dies ist eine verständliche Annahme, aber gleichzeitig ein fataler Irrtum, denn nichts kommt uns Menschen so unerwartet und schnell abhanden wie unsere Gesundheit. Von ihr das Lebensglück abhängig zu machen, wäre keinem unserer Vorfahren in den Sinn gekommen. Und dies, obwohl gerade Krankheiten und Tod zu ihrem täglichen Leben gehörten und folglich Gesundheit höchst begehrlich hätte sein müssen. Erstaunlicherweise setzten unsere Ahnen andere Prioritäten. „Unsere Vorfahren retteten ihre Seele, wir unsere Figur. Im Jahre 2000 nach Christi Geburt hat in Deutschland erstmals die Zahl der Fitnessstudiomitglieder (4,59 Millionen) die Zahl der Besucher des katholischen Sonntagsgottesdienstes (4,42 Millionen) übertroffen“ schreibt der Wissenschaftsautor Manfred Lütz.

Unser Körperkult gleicht einer heidnischen Götzenanbetung, bei der Kranke und Alte Mängelwesen aus dem Reich des Bösen sind und sichtbare Alterserscheinungen als persönliches Versagen gelten. Wir sind gehalten, uns von den wirklichen Alten, – das sind die Bedauernswerten, die zu einem Pflegefall geworden sind – deutlich zu unterscheiden. Darum gibt es Hunderte von Ratgeberbüchern, Seminaren, Haartönungen, Zahnersatz und Antidepressiva, sowie die *Apotheken Umschau* mit einer Auflage von fast 10 Millionen. Jede Kreisstadt hat mehr Friseure und Physiotherapeuten als Seelsorger. Gesundheit ist zur Religion geworden. Immer gesund und gut in Form sein, lautet ihr 1. Gebot – mit 30 genauso wie mit 70. Dies 100-prozentig zu erreichen, ist unmöglich – und wenn doch, dann nur mal für einen winzigen, schnell vergänglichen Moment. Um ob dieser stetigen Enttäuschung über unsere Unvollkommenheit nicht in lästige Selbstzweifel zu verfallen, die den Gedanken aufkommen lassen könnten, dass wir auf dem Holzweg joggen, wurden neben medizinischer Totalversorgung Fitnessclubs, Hometrainer und Personal-Coachs erfunden. Diese verhelfen den meisten von uns keineswegs zum angestrebten gesunden Super-Körper, dafür aber garantiert zur Gewissheit eines erneuten Versagens.

Das gleiche Prinzip Hoffnung/Enttäuschung liegt Hautcremes, Vitamintabletten und Ratgeberbüchern zu Grunde. Der Traum von der ewigen Jugend wird tagtäglich gefüttert von einer Umsatzsüchtigen Industrie, die verspricht, was sie nicht halten kann. Die meisten von uns wissen, dass wir belogen werden. Trotzdem können wir der Verlockung nicht widerstehen, unsere sichtbaren Alterserscheinungen ausschließlich dem persönlichen Unvermögen zuzuschreiben. Im Selber-Schuld-Land sind wir ja nicht nur in punkto Gesundheit zu Hause. Wir Frauen (Männer neigen selten zu solch masochistischem Verhalten fühlen uns einfach wohler, wenn wir uns selbst die Schuld geben können, statt unserer Verblendung durch Andere ins Auge zu sehen. Das hieße nämlich, sich der Realität „Alt" zu stellen und nicht dem Trugschluss zu folgen, dass der Prozess des Alterns mit etwas gutem Willen, Bauchtraining und Botox aufzuhalten sei. Das für möglich zu halten ist das wirklich Kranke in uns. Altern gehört zum Leben, es beginnt mit der Geburt; die ersten Abbauprozesse setzen schon bei 20-Jährigen ein, und endet erst mit dem Tod. Wer nicht altern will, sollte folglich möglichst früh sterben.

Sei vorsichtig beim Lesen von Gesundheitsbüchern,
der kleinste Druckfehler kann dein Tod sein.
Mark Twain

Tatsache ist für die meisten Menschen, dass ihre Lebensendzeit immer länger wird. Dementsprechend nehmen auch die Möglichkeiten von Erkrankungen zu. Durch Lebensumstände, Umwelteinflüsse und selbstschädigende Gewohnheiten ist es unserm Körper immer weniger möglich, selbstregulierende Instandsetzungsmaßnahmen einzuleiten. Die Folge sind Erkrankungen aller Art, von Gefäßdefekten bis zur Osteoporose. Wir Menschen werden nicht nur älter, wir sind ein stetig wachsender, wie oftmals widerspruchsloser Bereicherungsmarkt für Ärzte und Pharmaindustrie. Der Umsatz dieser Branchen wird sich Studien zufolge bis 2020 auf weltweit rund 1,3 Billionen US-Dollar mehr als verdoppeln – somit ist der Gesundheitsmarkt einer der dynamischsten Wirtschaftszweige überhaupt.

Und jetzt kommt's: Ca. 70 % der Gesundheitskosten der deutschen Bevölkerung fallen in den letzten Lebensjahren an. Verblüffende Zahlen, die eindeutig belegen, wie wichtig, wertvoll und unverzichtbar wir Alten entgegen landläufigen Vorurteilen in Wirklichkeit sind: Über 65-Jährige machen ca. ein Sechstel der Bevölkerung aus, erhalten aber fast 50 Prozent aller verschriebenen Beruhigungs- und Schlafmittel. Menschen über 60 Jahre – so alt sind in Deutschland 16 Millionen – leiden nach Ansicht der Ärzte im Durchschnitt gleichzeitig an fünf Erkrankungen. Im Mittel nehmen diese Patienten täglich etwa sieben bis zehn Medikamente ein. Oftmals ist weder hinreichend geklärt noch den Betroffenen bewusst, dass die Medikamente sich gegenseitig in ihrer Wirkung, Verarbeitung und Ausscheidung beeinträchtigen, also zu Wechselwirkungen führen. Arzneimittelwechselwirkungen können verschiedene, teilweise lebensgefährliche Beschwerden verursachen. Zu allem Überfluss prüft die pharmazeutische Industrie ihre Medikamente meist an gesunden Männern im Alter zwischen 20 und 50. Somit werden die Besonderheiten von Menschen über 60 nicht berücksichtigt.

Die Verantwortung für die Wirkungen ihrer Produkte legt eben diese Industrie in die Hände des mündigen Bürgers, indem sie in den Beipackzetteln auf alle Nebenwirkungen und Risiken hinweist. Bei den unendlichen Möglichkeiten, durch Einnahme der Produkte zusätzlich mit neuen Krankheits-Symptomen konfrontiert zu werden, ist dies eine sehr kluge, Prozesskosten mindernde Vorgehensweise der Konzerne. Dass wir Alten zum Dechiffrieren dieser oftmals ebenso bedenklichen wie lebenswichtigen Informationen eine starke Lesebrille, helles Licht sowie eine große Lupe benötigen, ist sicherlich nur eine kleine verdeckte Systemschwäche und nicht Absicht.

Trotzdem: Wir sollten uns von niemandem einreden lassen, dass wir heute kränker sind als früher. Nur leben wir durch den medizinischen Fortschritt und neue Therapien länger und haben dadurch, wie erwähnt, mehr Lebenszeit zur Verfügung um zu erkranken. Somit verlängert sich auch die Dauer unserer Hilfsbedürftigkeit, wie auch die unserer Abhängigkeit von immer mehr Medikamenten. Wir Alten sind ein krisensicherer Markt! Zuerst wird durch Stammzellexperten, Altersforscher, Neurowissenschaftler, Gerontologen unsere Lebenszeit erhöht und somit unsere Anfälligkeit verlängert, folglich werden wir zu wartungsintensiven Altlasten, deren Reparaturbedarf höchste Zuwachsraten garantiert. Die Logik der Märkte ist so zwingend, dass man fast die leise Stimme des Unbehagens überhört, die sagt: „Da läuft doch etwas total falsch!"

In der Tat, und das schon sehr lange! – Eine oftmals in der ganzen Gesundheitsdebatte nicht erwähnte Tatsache könnte außerdem erklären, warum wir heutigen Alten mit zunehmenden Krankheitssymptomen geplagt sind: Wir sind die Generation „Toxoide". Wir saßen damals in den Asbest verseuchten Büros, waren ein Versuchsobjekt für Hormone aller Art, aßen Lebensmittel, die randvoll mit neu entwickelten Zusatzstoffen waren, zudem von Feldern kamen, die mit toxischen Düngemittel getränkt wurden – auf unsere Generation wurde in den sechziger, siebziger und achtziger Jahre alle Errungenschaften der Chemieindustrie gekippt, deren Folgen ihrer Langzeitwirkung niemand kannte. Zusätzlich ruinierten wir mit Waschzwängen das Immunsystem unserer Haut, nahmen gefährliche Intimsprays, schädliche Deos, bedenkliche Hautcremes, wir war jung und unbekümmert, das war auch gut so, aber zur falschen Zeit. Die chemische Industrie boomte, und wir waren deren dumme Testimonials und bedenkenlose Konsumenten, denen man erzählen konnte, dass einzige, was unsere Jugend und unser Leben bedrohte, Marihuana wäre. Ähnliche Interessenvertreter behaupten heute, unsere Alterserkrankungen sind die natürliche Folge von zu wenig Sport und zu viel Alkohol und nicht auch die jahrzehntelange Belastung durch eine giftige Umwelt, deren Langzeitfolgen nie überprüft wurden. Es steht zu befürchten, dass die lebenslange Vergiftung nicht nur unsere Körper beschädigt hat, sondern auch irreparable Schäden in unseren Köpfen bewirkt haben könnte.

Natürlich haben wir Menschen von der Evolution einen Bauplan für eine sehr anpassungsfähige Konstitution mitbekommen, wie sonst hätten sich aus einer Amöbe Albert Einstein entwickeln können? Und wie sonst könnten wir, trotz der Umweltgifte und dem tagtäglichen Konsum von immer mehr Medikamenten, in der Lage sein 20 bis 30 Jahre Alterszeit zu überleben? Dieses Überlebens-Gen soll, laut Aussagen von einigen Wissenschaftlern, entscheidend mit der Höhe unseres Einkommens und dem Stand unserer Bildung zu tun haben. Ich glaube nicht, dass hier ein simples Ursache-Wirkungsprinzip greift, sondern, dass Menschen mit höherer Bildung im späteren Berufsleben eher besser dotierte Posten bekommen. Dieser Status ist für die Akzeptanz teurer, privater Krankenversicherungen, First-Class-Wellness-Kuren sowie gesunder Lebensstile förderlich, wenngleich die Zunahme von Burnouts und Herzinfarkten in diesen Schichten wieder für einen Ausgleich in Richtung Sozialgerechtigkeit sorgen.

Die Lebensspanne ist dieselbe,
ob man sie lachend oder weinend verbringt.
Aus China

In den letzten Jahren ist ein neues Gesundheitsbewusstsein von Bio bis Yoga entstanden, das zumeist wir Frauen aus der städtischen Mittelschicht gerne für uns proklamieren. Begrüßenswerterweise belegen neueste Umfragen, dass dieses Thema Bio inzwischen in allen Schichten große Akzeptanz findet, auch wenn es für viele nicht finanzierbar ist. Ebenso, wie die neusten Implantate und die Pilatesstunden nur demjenigen zugänglich ist, der in der Lage ist, die Kosten aus eigener Tasche zu bezahlen. „In äußerster Armut kann das Alter nicht erträglich sein, selbst nicht für einen Weisen" gibt Cicero, schon 100 Jahre vor Christi Geburt, zu bedenken. Äußerste Armut ist nie und nimmer ein erträglicher Zustand, für alte Menschen nicht, und auch nicht für Kinder – die viel beschriebene Altersarmut genauso wenig wie die Kinderarmut. Es gibt genug für Alle. Es ist nur ungerecht verteilt. Ei-nige wenige haben unermesslich viel, und viele andere haben viel zu wenig.

Die gute Nachricht ist, laut des ehemaligen Bundesministers für Arbeit und Soziales Franz Müntefering, und entgegen des quotenziehendem Talkshow-Themas von der Altersarmut, dass nur knapp zwei Prozent der gesamten Bevölkerung der BRD ab 65 Jahren derzeit die Grundsicherung im Alter in Anspruch nehmen muss. Auch wenn davon jeder einzelne einer zu viel ist, bleibt es eine erfreuliche Tatsache: 98 Prozent erhalten Altersbezüge über Sozialhilfeniveau. Zwar wird sich dies, laut Prognosen, in den nächsten 20 bis 30 Jahren dramatisch verschlechtern. Es wird besonders die Frauen treffen, die zwischen 1962 und 1966 geboren sind. 40 % von ihnen werden mit einer Rente von 600.– Euro im Monat kaum überleben können.

Die Risiken des heutigen Arbeitsmarktes und die daraus folgenden geringen Rentenansprüche tragen die uns nachfolgenden Generationen. Wir durchschnittlichen finanziell gut versorgten Alten, heute immerhin 98 Prozent, leben heute trotz Wirtschaftskrisen in einer finanziellen Sicherheit, die es so noch nie vorher in der Geschichte der Menschheit gegeben hat. Aller „Deutschen Angst“ zum Trotz geht es uns sehr gut. Der Grund für den finanziellen Wohlstand der Senioren liegt unter anderem auch an der früheren Berufstätigkeit der heute 60- bis 70-jährigen Frauen. Rentnerpaare erhalten häufig zwei Ruhegehälter. Diese finanzielle Sicherheit erlaubt die Möglichkeit der Solidarität mit Anderen, die, aus welchen Gründen auch immer, im Alter arm sind. Diese Menschen zum Beispiel als Patin oder Paten zu unterstützen, um ihnen ein würdiges Altern zu ermöglichen, könnte eine freudige Selbstverständlichkeit für uns neue Alte sein. Lebensqualität nicht nur im Alter bedeutet auch, dass Persönliche mit dem Allgemeinen zu verbinden.

Das Streben nach Eigenwohl und das Streben nach Gemeinwohl ergänzen sich nicht nur, sondern bedingen sich gegenseitig. Die Freude am Leben, auch am Leben als alte Frau und als alter Mann, ist abhängig von Faktoren wie Selbstbestimmung, Verbundenheit mit Menschen, dem Gefühl, gebraucht zu werden, Kreativität und natürlich auch Gesundheit. „Gesundheit ist weniger ein Zustand als eine Haltung, und sie gedeiht mit der Freude am Leben“ sagte schon vor 800 Jahren der Philosoph und Theologe Thomas von Aquin. Diese Unterscheidung zwischen Zustand und Haltung, erklärt auch den vermeintlichen Widerspruch zwischen der überproportionalen Beanspruchung des Gesundheitswesens durch Menschen über 60 und der gleichzeitigen Bekundung der eigenen Zufriedenheit im Alter. Dies zeigt sich auch in den erstaunlichen Ergebnisse wissenschaftlicher Untersuchungen: Eine Harvard Studie, die zu den längsten und umfassendsten Forschungen zur menschlichen Entwicklung gehort, beobachtete 824 Männer und Frauen über einen Zeitraum von 60 Jahren, mit dem unter anderen beeindruckenden Ergebnis, dass die Fähigkeit, gute Ärzte und Pfleger zu bezahlen, auf Gesundheitszustand und Lebensdauer keinen Einfluss hat. Wow! Demnach gibt zwar einen Zusammenhang zwischen Bildung, Einkommen und privaten Krankenversicherungen, aber keinen Zusammenhang zwischen Reichtum und Wohlbefinden! Dieses Ergebnis ist für uns westliche Kosten-Nutzen-Menschen ein schwer zu verkraftender Schock, stellt es doch bisher geltende Glaubensmodelle auf den Kopf. In östlichen Lehren dagegen sind seit tausenden von Jahren andere Sichtweisen gültig: „Der Schlüssel dazu, sich eines glücklichen und erfüllten Lebens erfreuen zu können, ist der Bewusstseinszustand. Das ist das Wesentliche“, erklärt der Dalai Lama.

Auch die Forscher der Universität Yale stellten in einer Langzeitstudie fest, das Personen, die sich nicht weiter um ihr Altwerden scherten und sich immer noch so glücklich, gebraucht und vital fühlten wie früher, im Schnitt 7 Jahre länger lebten als Personen, die im Älterwerden nur Nachteile sahen. Die Forscher schlossen daraus, dass positive Gefühle über die chemischen und neuronalen Reaktionen direkt den Gesundheitszustand eines Menschen beeinflussen. „Jede einzelne Zelle in unserem Körper schielt nach unseren Gedanken“ beschreibt der amerikanische Biochemiker Joe Dispenza den Zusammenhang zwischen unseren Gedanken und unserem Körper. So gilt es auch als erwiesen, dass Menschen, die an sich und an anderen ständig herumnörgeln, pessimistisch und unzufrieden sind, früher sterben als diejenigen, die vertrauensvoll, zuversichtlich und zufrieden auf sich und ihr Leben blicken. Ich muss gestehen, die Idee, dass die miesepetrigen Lebensfreude – Bremsblöcke diesen Planeten früher als wir bemühten Optimisten verlassen, gefällt mir sehr. Allen Unkenrufen und handfesten Gegenargumenten zum Trotz gibt es Hoffnung auf schlussendliche Gerechtigkeit!

Bevor wir uns in dieser Aussicht gemütlich niederlassen, gilt es unseren positiven, gesundheitsfördernden Handlungsweisen ein festeres Fundament zu geben. Ein festes Fundament beinhaltet ebenso eine finanzielle Sicherung der Lebensgrundlage, wie auch ein wertschätzendes Selbstbild.

Nicht der Weg ist das Schwierige,
vielmehr ist das Schwierige der Weg.
Kierkegraard

Gesundheit, Geld und eine Yacht im Mittelmeer sind sicherlich sehr angenehm, aber das Zünglein an der Wage für unsere Lebensqualität sind sie nicht, sondern unser Selbstwert. Nicht was wir haben, ist wirklich entscheidend, sondern was wir sind. Altersforscher behaupten, dass die Lebensqualität im Alter entscheidend davon abhängt, wie stabil und gesund sich unserer Selbstwertgefühl im Laufe unseres Lebens entwickelt hat. Hat sich dieses ausschließlich über unseren Marktwert auf dem Arbeitsmarkt definiert, haben wir im Alter in der Tat ein heftiges Problem. Nach Beendigung des Berufslebens trifft es viele, besonders Männer, sehr hart, dass ihnen die tägliche Dosis kollegialer Anerkennung nicht mehr zur Verfügung steht. So fällt es oftmals sehr schwer, es als neue Lebensqualität zu erkennen oder gar zu genießen, dass wir unser unvollkommenes kleines Ich nicht mehr für den Wettkampf um Jobs und Partner aufpolieren, verkleiden, verstecken müssen, sondern endlich die sein können, die wir sind.

Jetzt können wir stolz auf ein Leben voller Ecken und Kanten, Kämpfe und Niederlagen zurückblicken – aus dem wir zwar mit schweren Wunden hervorgegangen sind, es aber dennoch gemeistert haben – und entdecken, dass in unserem Inneren etwas gewachsen ist, das völlig unabhängig von der Prada- und Porschewelt existiert: Selbstwert.

Die entscheidenden Faktoren für ein zunehmend stabiles Selbstbild sollen angeblich auch davon abhängen, wie weit der Einzelne die soziale Leiter hinaufgeklettert ist. Ich persönlich halte dies für eine sehr einseitig kapitalistische Blickweise auf ein vielschichtiges Phänomen, zudem befürchte ich, dass hier mal wieder Ursache mit Wirkung verwechselt wird. Ist ein positives Selbstbild nicht eventuell die Ursache des sozialen Aufstieges und wird dann zur sich selbst erfüllenden Prophezeiung, die wiederum den Selbstwert stabilisiert?

Schaut man allerdings, wie dieses erstrebenswerte positive Selbstbild entstanden ist, findet man den Schlüssel in den frühen Kindheitserfahrungen des Einzelnen. Auf den Punkt gebracht: Fühlte sich das Kind von seinen Eltern in dieser Welt willkommen geheißen, unterstützt, geachtet, gewürdigt und um seiner selbst willen geliebt, dann konnte sich neben einer psychischen Widerstandsfähigkeit ein Urvertrauen entwickeln, dass die Grundlage für ein positives Selbstbild ist.

Der Altersforscher Francois Höpfinger fand heraus, dass das Wohlgefühl, die Lebensqualität im höheren Alter auch eine biografische Komponente enthält: „Je zufriedener man mit seiner Lebensgeschichte ist, umso zufriedener ist man mit dem Alter insgesamt". Und noch einmal, man kann es nicht oft genug wiederholen: Ein zufriedenes Leben bedeutet nicht ein seichtes Leben ohne Herausforderungen, im Gegenteil: Probleme wie Verluste, Trauer, Kämpfe, Ängste durchlebt und gemeistert zu haben, machen ein zufriedenes und glückliches Leben aus. „Es geht weniger darum, nicht zu fallen, als wieder aufstehen zu können", sagt ein Sprichwort.

Das gute Selbstbild steigert die Lebenserwartung effektiver als die Senkung des Bluthochdrucks oder des Cholesterinspiegels, nämlich um siebeneinhalb Jahre.

Umfragen belegen immer wieder, dass sich die Menschen, die ihr Älterwerden als Weiterentwicklung erleben, besser fühlen, weniger Depressionen haben und länger leben als Gleichaltrige, die ihr Altern als stetigen Abbau erleben. Wer sein Alter als Bereicherung erlebt, lebt länger und vor allem länger gesund. Als Bereicherung kann auch empfunden werden, eine neue Einstellung zu materiellen Werten zu entwickeln, Geld und Besitz nicht mehr als allein selig machend zu sehen, das Alleinsein und die Stille statt oberflächlicher Beziehungen zu bevorzugen, sich seiner eigenen guten, wie auch weniger guten Seiten bewusst zu werden und endlich zu akzeptieren, dass man nicht der Nabel der Welt ist.

Wer wir sind, entscheiden nur wir selbst – die angeblich so grausamen, äußeren Umstände sind Projektionen unserer inneren Zustände. „Ich bin alt und nutzlos“ ist ein Gedanke über sich selbst. Dass dieser Gedanke auf der richtigen Wahrnehmung der Realität beruht, davon sind viele felsenfest überzeugt. Doch es ist ein grundlegender Irrtum mit zumeist tragischen Folgen. Weder die Realität noch die eigene Wahrnehmung von ihr sind konstant. Der Beobachter beeinflusst das Objekt seiner Beobachtung, sagt die Quantenphysik. Unsere Erwartungshaltung gegenüber dem angestrebten Ergebnis verändert das Ergebnis. Höchstleistungssportler benutzen diese Erkenntnis für ihr Training: sie visualisieren immer wieder, wie sie ihr Ziel erreichen. Ihre innere Wahrnehmung des erreichten Rekords verwandelt sich dadurch in den äußeren realen Erfolg.

Die Mystiker und Weisen behaupten dies schon seit Tausenden von Jahren: „Unser Leben wird durch unser Denken geformt. Wir werden zu dem, worauf wir unsere Gedanken richten“ – heißt es im Daharmapada, der Anthologie von Aussprüchen des Buddhas. Die Möglichkeiten die sich aus dieser Erkenntnis ergeben, sind ebenso gewaltig wie beängstigend, da sie uns zu grandiosen schöpferischen Wesen macht, die jeden Augenblick wählen können, wer sie sind, und wie viel Qualität sie in ihrem Leben zu erkennen und zu erfahren bereit sind. Die Entscheidung darüber liegt bei uns.

Gesundheit und Geld zu besitzen ist zweifelsohne sehr erfreulich und kann unserem Wohlbefinden, unserer Lebensqualität durchaus dienlich sein, aber die Qualität unseres Lebens, unsere Zufriedenheit, unsere Freude, unser Glück von einem funktionierendem Körper und der Höhe des Bankkontos abhängig zu machen, ist eine selbstschädigende Torheit, die wir jetzt im Alter hinter uns gelassen haben sollten. So können wir Platz schaffen für eine der wichtigsten, gesündesten und lebensbejahenden Haltungen – Akzeptanz – das ist Seelenhygiene pur! Im Soziologenjargon heißt diese altersweise Fähigkeit sperrig: „Realitätsnahes Erwartungsmanagement“, was auf dasselbe hinauskommt. Wenn wir akzeptieren, dass zu jedem Leben ebenso das Glück wie auch das Leid gehört, wenn wir akzeptieren, dass wir alt sind, dass wir jetzt nicht nur neue Erfahrungen von Einschränkungen, Abschieden und Trauer machen, sondern auch von neuer Freude, neuer Schönheit und neuer Liebe, dann können wir voller Dankbarkeit Ja!-sagen zu dem *was jetzt ist*. Und das ist Lebensqualität.

Dazu werden wir alt.

2. Möglichkeit
Alter und Authentizität

Am Ende der Zeit wird Gott nicht fragen,
warum du nicht Moses geworden bist –
er wird dich fragen,
warum du nicht du selbst geworden bist.
Chassidim

Nach 40 Jahren traf ich auf einem Klassentreffen meine ehemaligen Mitschülerinnen wieder. Ich war erschrocken, wie alt sie alle aussahen. Obwohl einige von ihnen offensichtlich noch denselben Faltenrock und dunkelblauen V-Pullover von damals trugen, erkannte ich die Einzelnen auf den ersten Blick kaum wieder. Als die anfängliche Desorientierung nachließ, entdeckte ich, dass Heike immer noch die Stille und Unsichere der Gruppe war, Monika weiterhin den Clown machte, Ilse wie damals dummes Zeug redete, Heidrun missgünstig und Marion gutmütig geblieben war. Sie waren unverändert, nur ihre Charakterzüge hatten sich verstärkt, traten schärfer hervor. Schon lange bin ich der Überzeugung, dass alte Langweiler garantiert schon mit zwanzig einschläfernd waren, Pessimisten befürchteten schon als Fünftklässler immer das Schlimmste, Spaßbremsen torpedierten einst als Frühpubertierende jede Pyjamaparty, wie auch die forschen weißhaarigen Casanovas schon als picklige Pennäler auf dem Schulhof die Mädels gnadenlos anbaggerten. Folglich drängt sich mir die beunruhigende Frage auf, ob meine ehemaligen Mitschülerinnen immer schon authentisch waren, also sich selbst treu geblieben sind, oder schlicht optimierungsresistent?

Sind wir nicht insgeheim immer davon ausgegangen, dass nur, weil wir älter werden, wir auch automatisch immer authentischer, immer mehr im Einklang mit unserm *wahren* Selbst, unserer *wahren* Natur sind? Offensichtlich ist auch dies einer unserer vielen Trugschlüsse über den Belohnungsmechanismus des Lebens. Ebenfalls im Alter bleiben wir eine offene Möglichkeit, zwar mit einer Grundausstattung von ein paar sehr einzigartigen Talenten versehen, aber was wir damit anfangen oder verkümmern lassen, obliegt unserer Entscheidung in jedem Moment unseres Lebens – auch jetzt noch, über sechzig.

Wenn wir ehrlich sind, ist dieses *wahre Selbst* ein höchst nebulöser Zustand, dessen Vorhandensein sich für die Meisten lediglich aus der Tatsache ableitet, dass man viel leichter glaubt zu wissen, was man nicht ist, folglich es etwas geben muss, das man ist.

Der nicht zu unterschätzende Vorteil unseres langen Lebens zeigt sich unter anderem darin, dass wir schon so lange mit uns zusammen unterwegs sind, und es somit reichlich Gelegenheiten gab sich näher kennen zu lernen, auch wenn das Ergebnis dieser Begegnungen selten unseren Vorstellungen über unser famoses Ich-Bild entsprach. Einer der Gründe, warum der Eintritt ins Rentenalter zu den Top-Ten-Stressoren gehört, ist die schmerzhafte Erfahrung, dass die vielen Träume von einem grandiosen Leben zu diesem Zeitpunkt an der Tatsache zerplatzen, das sich das eigene Dasein nun unverhüllt als durchschnittlich, vielleicht sogar banal offenbart. Zudem wird offensichtlich, dass die Vergangenheit nicht mehr korrigierbar ist und sie sich als Aneinanderreihung verpasster und verpatzter Gelegenheiten darstellt. Insgeheim stellt man sich die Frage: Wollte ich wirklich diesen Beruf, diesen Partner, diese Kinder, dieses Haus, dieses Leben?

Anbetracht dieser bedenklichen Tatsachen erscheint es manchen von uns gerade jetzt, da uns im letzten Abschnitt des Lebens eh viele Gewissheiten und Vertrautheiten entgleiten, wenig zweckmäßig, wenn nicht sogar gefährlich, nach unserem *wahren* Gesicht oder gar nach unserem *wahren* Ich zu suchen. Diese Abneigung verstärkt sich noch dadurch, dass in unserer Generation der Suche nach dem wahren Selbst ein Geruch von miefigen Schwitzhütten und sinnsuchenden Jüngern indischer Gurus anhängt, zudem hat sie sich gegenwärtig immer mehr zur Luxus- Freizeitbeschäftigung reicher westlicher Gesellschaften entwickelt. Ihrem fragwürdigen Image ist ebenfalls nicht zuträglich, dass die Suche nach ihrem wahren Selbst besonders bei

Menschen mit einer narzisstischen Selbstüberschätzung beliebt ist. Buddhisten dagegen empfehlen leise lächelnd: Kein Ego, keine Probleme!

Gut und schön, die Sache mit der Ego-Transformation mag Buddhisten schon in die Wiege gelegt worden sein, wir dagegen haben noch ein recht munteres Ego, dessen An- und Umtriebe uns größtenteils verschlossen bleiben. Dies alleine ist schon ein recht bedenklicher Zustand, wird aber zum echten Problem, wenn dieses verwirrte Ego auf eine verwirrende, sich tagtäglich rasant verändernde Welt trifft. Wo Menschen ihr Leben als dauerhafte Vorläufigkeit empfinden, könnte die wachsende Sehnsucht nach Authentizität, dem *wahren Selbst,* auch die Hoffnung auf einen Anker der Beständigkeit im Unsicheren sein. Dann wäre der allgemein zu beobachtende Rückzug in die Individualität, in die Fixierung auf den eigenen Körper und die eigenen Gefühle vielleicht auch als eine Abwehr der immer komplexer werdenden Welt da draußen zu erklären.

Wer kann heute schon von sich behaupten eindeutig zu wissen, was eindeutig gut oder was eindeutig schlecht ist, wogegen oder wofür man sein soll. Die Dinge haben mindestens zwei Seiten, zumeist undurchschaubare vielschichtige Zusammenhänge – was Täuschung oder echt ist, ist für den Einzelnen trotz Google kaum zu unterscheiden, weder in der Politik, noch an der Fleischtheke. So weiß ich noch nicht einmal, was an meiner Hühnermettwurst echt Huhn ist oder wie viel von einer echten Traube sich in meinem Wein befindet. Da helfen mir auch nicht diese für jugendliche Adleraugen entworfenen Inhalts-Deklarationen, die mir zwar Informationen geben, für deren Deutung ich allerdings ein Hochschulstudium der Chemie-, Agrarwissenschaft und Trophologie benötige.

Nicht nur die Dinge da draußen sind verwirrend, nein, auch in meinem Inneren ist die Lage alles andere als klar. Die meiste Zeit meines Lebens hatte ich keinen blassen Schimmer, was mich da gerade steuert: Meine Konfliktscheuheit, meine Angepasstheit, meine Feigheit, meine Unsicherheit, meine Ängstlichkeit, mein Zweifel, also das Rudel meiner inneren Schweinehunde oder mein Mut, mein Selbstvertrauen, meine

Entschlossenheit, meine Stärke, meine Intelligenz, mein Vertrauen, mein Humor? – zweifellos die Seiten an mir, von denen ich nur zu gerne mehr besitzen würde. Auch gefällt mir die Idee ganz und gar nicht, dass alle Anteile, nicht nur die vermeintlich guten, sondern auch die vermeintlich schlechten, zu mir gehören sollen und alle zusammen Aspekte meiner Gesamtpersönlichkeit sind. Da tröstet es mich auch nicht, wenn schon Goethe klarstellte: „Wer immer es war, der sagte, wir hätten nur zwei Seelen, die in unserer Brust kämpfen, unterschätzte die Anzahl um ein Beträchtliches."

Dabei ist die Anerkennung dieser erstaunlich vielen Repräsentanten, die da offensichtlich mit ihren unterschiedlichsten Meinungen und Qualitäten in uns existieren, der erste Schritt, um unsere mal grandiose, mal durchschnittliche Einmaligkeit zu entdecken. Denn unsere *wahre* Authentizität, unsere *wahre* Echtheit entsteht genau aus der einzigartigen, individuellen Mischung von kooperierenden und widersprüchlichen Anlagen, großen und weniger großen Talenten. Niemandem, der vor uns gelebt hat und wahrscheinlich Niemandem, der nach uns kommt, stehen oder standen diese Ressourcen je zur Verfügung. Irgendetwas muss schiefgegangen sein, denn wie sonst konnten wir vergessen, dass wir nicht authentisch werden müssen, sondern es schon sind?

Man kann die Welt oder sich ändern.
Das Zweite ist schwieriger.

Mark Twain

Die Alten Griechen verbanden mit ihrer Wortschöpfung *Authentizität* hehre moralische Ziele des Gemeinwohls. Authentisch bedeutete für sie „echt" und Echtheit ist das Gegenteil von Unaufrichtigkeit, Täuschung, Fälschung. Damit postulierten die Griechen eine moralische Haltung, welche seit tausenden von Jahren die Grundlage des menschlichen Miteinander ist; na ja, sein sollte, die sich aber bedauerlicherweise selten hat durchsetzen können.

Die heutige Forderung nach Authentizität nur für eine modische, selbstverliebte Attitüde zu halten, verschleiert, dass die Macht des Marktes, des „Habens statt des Seins", wie der Sozialpsychologe Erich Fromm schon 1976 schrieb, nicht nur unser Streben nach Authentizität, nach Echtheit, sondern alle unsere Werte und Normen grundlegend verändert hat. Gegenwärtig ist Authentischsein, das Echtsein, zum „Richtigsein" verkommen, und was und wer „richtig" ist, bestimmt fast immer der ökonomische Erfolg." „Die Entwicklung unseres Wirtschaftssystems der Freien Marktwirtschaft wird nicht mehr durch die Frage: *Was ist gut für den Menschen?* bestimmt, sondern durch die Frage: *Was ist gut für das Wachstum des Systems?* Die negativen Auswirkungen dieses Verhaltens versuchte man durch die These zu verschleiern, dass alles, was dem Wachstum des Systems (oder auch eines einzigen Konzerns) diene, zwangsläufig auch das Wohl der Menschen fördere. Diese Behauptung wurde durch die Hilfskonstruktion abgestützt, wonach genau jene menschlichen Qualitäten, die das System für seinen wirtschaftlichen Erfolg benötigte – Egoismus, Selbstsucht und Habgier – dem Menschen angeboren seien; sie seien somit nicht dem System, sondern der menschlichen Natur anzulasten", schreibt Erich Fromm in seinem gesellschaftkritischen Werk „Haben oder Sein".

Wer gehofft hatte, dass Fromms knallharte Kapitalismusanalyse nach 40 Jahren längst überholt sei, wurde bitter enttäuscht, denn sie ist gerade in unserer Zeit zwischen Globalisierung, Korruption und Bankencrash von erschreckender Gültigkeit. Mittlerweile haben die Gesetze der Ökonomie, die „heilige Effiziens", wie Thomas Assheuer in der *Zeit* schreibt, alle Lebensbereiche durchdrungen. Der richtige Beruf, der richtige Partner, das richtige Aussehen, das Ziel eines selbstbestimmten Lebens ist das „richtige" Leben, und das Richtigsein ist er ökonomische Erfolg. Der Zwang zur Effizienz bestimmt unser Leben, von *German Next Top Model* bis zum richtigen Handyvertrag. Mit dem Konsum und Besitz der richtigen Dinge glauben wir unsere wahre Persönlichkeit auszudrücken und nehmen billigend in Kauf, dass dieser Geltungskonsum uns zur Gebrauchsware auf dem Persönlichkeitsmarkt degradiert.

Die Folge ist, dass auch wir unsere Mitmenschen ebenfalls wie Gebrauchsgegenstände danach beurteilen, ob sie für uns begehrenswert sind, für uns einen Nutzwert zur persönlichen Effizienzmaximierung haben oder nicht. Uns alte Menschen zwingt dieses inhumane Wertesystem alles Erdenkliche zu unternehmen, um begehrenswert zu bleiben und somit nicht aus der richtigen Gruppe – das sind die Jungen – ausgeschlossen zu werden. Wenn wir diesem Weg folgen und zulassen, dass unser Wert abhängig ist von unserem Marktwert, dann muss unser Kampf um Anerkennung sich jeden Tag überbieten, weil er in seinem inneren Kern eine Schimäre ist und der Mensch seine Anerkennung nicht für sein *Sein* bekommt, sondern für sein *Haben*.

Diese Vorgehensweise ist heute in der New Economy ein allgemeingültiger Codex und zwingt nicht nur uns Alte, sondern auch Junge zur flexiblen Anpassung an sich ständig verändernde Regeln und Gebote des globalen Marktes. Dieser Anpassungsmechanismus ist der neurotische Königsweg, um unsere Angst vor der Nichtanerkennung, dem Nicht-dazu-Gehören zu lindern, dabei steht uns überall und jederzeit zur Kompensation unserer heimlichen Ängste das wirkungsvollste Mittel zur Verfügung – Shoppen! Denn durch Besitz der richtigen Dinge – von einer Prada-Tasche bis zu einem Porsche SUV, oder, wenn wir nicht in der Luxusliga mitspielen, dann eben durch die neusten Zalando Hits – glauben wir der Welt ohne Umschweife klar und unmissverständlich zeigen zu können, „wer wir sind" – Wir sind erfolgreich! Wir haben Geld, Macht, und somit endlich Bedeutung! Dass wir es selbst sind, die dabei Haben mit Sein verwechseln, zeigt sich meist nur durch ein latentes nächtliches Unbehagen, welches es mit erneutem Konsum von noch mehr Statussymbolen oder – auch ein sehr verbreitetes Ersatzmittel – noch schneller wechselnden Beziehungen zu betäuben gilt.

Um in allen Lebensbereichen begehrenswert zu sein und damit anerkannt zu werden, sind wir zu narzisstischen Selbstoptimierern geworden. Eine Selbstdressur mit dem Ziel des Richtigseins, einem Ziel, das immer in der Zukunft liegt. Wir jagen einem Wunschbild von Vollkommenheit hinterher, in dem alle Körper- und Seelenmaße nicht mehr zu verbessern sind. Dieser grassierende Zwang zur Perfektionierung unserer Körper und unseres Geistes zeigt einen Rückzug in die Selbstbezogenheit von Menschen, denen offensichtlich das Schmelzen ihres Bauches wichtiger ist als das Schmelzen der Pole.

Zudem hoffen wir, dass der Rückzug in unsere Ego-Blase und die lebenslange Arbeit, unsere Ich-Präsentation auf Hochglanz zu polieren, uns von lästigen Fragen nach der eigenen Wahrhaftigkeit perfekt ablenkt oder gar von Fragen nach unserer *wahren* Natur – vergessene Stimmen in uns, deren Vorstellungen von einem guten und authentischen Leben vielleicht ganz andere sind. Um uns nicht durch sie verunsichern zu lassen, schlüpfen wir wie gewohnt lieber in Ichvarianten, von denen wir glauben, dass sie sich in unsere jeweilige Lebenssituation reibungslos einfügen. Die Sache hat bedauerlicherweise einen Haken, denn nun setzt sich unser Selbstbild statt aus einem konstanten Ich aus vielen unterschiedlichen Rollen zusammen, mit denen wir uns in jeder neuen Szene den Gegebenheiten und Anforderungen Anderer anpassen: „Ich bin so, wie Du mich haben willst". Die Folge ist, dass wir, anstatt authentisch zu leben, nur zur Schauspielern in unserem Leben werden.

In der freien Marktwirtschaft, auch als Kapitalismus bekannt, ist der Druck des Kampfes um Anerkennung zur akzeptierten Lebensführung geworden. Wer sich dem verweigert oder nicht mithalten kann, dem droht, aus dem sozialen Zusammenhalt in den Versagerabgrund zu fallen. In Gesellschaften, in denen Anerkennung ausschließlich dem ökonomischen Erfolg unterliegt und nicht aus Fürsorglichkeit, Verbundenheit und Gemeinsinn wächst, sondern auf Besitz, Täuschung und Eigennutz beruht, in denen Charakterzüge wie Zurückgezogenheit, Unentschlossenheit, Zweifel als Systemfehler gelten, die schnellstens zu korrigieren sind, da werden die Menschen krank und die Aufforderung zur Authentizität zur leeren Floskel.

Dass wir Alten diese heutige kranke Welt der Gier, der Intoleranz, der Destruktivität nicht verhindert, wenn nicht sogar miterschaffen haben, ist kaum mit einem „hab ich so nicht gewollt, tut mir leid" zu entschuldigen, um es sich dann als gutsituierter Rentner im

Fernsehsessel bequem zu machen und die Aufräumarbeiten auf diesem Planeten den Kindern und Enkeln zu überlassen. Es ist jetzt die Zeit zur beinharten Selbstreflexion und Selbsterkenntnis.

Mut führt dich zu den Sternen,
Angst zum Tod.

Jüdisches Sprichwort

Leider gibt es Reife und Weisheit im Alter nicht als Bonusgeschenk für schlichtes Durchhalten von Lebensjahren. Um in den hehren Zustand der Abgeklärtheit überhaupt zu gelangen, ist es hilfreich, früh mit Übungen zum Bewusst-Sein zu beginnen. Dabei sind diejenigen, die zur Grundausstattung einen stabiles Selbstbewusstsein mitbekommen haben, im Vorteil. Alle anderen – wahrscheinlich die Mehrheit – müssen sich unermüdlich anstrengen, um der erforderlichen Weisheit zur Selbsterkenntnis überhaupt nahe zu kommen. Sollte dies gelingen, dann kann die Einsicht folgen, die zum Leben gehörenden vielfältigen Krisen als Herausforderung anzunehmen und sich nicht als tragisches Verfolgungsopfer durchgeknallter Götter zu empfinden. Denn bedauerlicherweise beziehen wir unsere Intelligenz, unsere Lebendigkeit, Einzigartigkeit und Authentizität gerade aus unseren Probleme und unseren Zusammenbrüchen. Dies ist eine hehre und zugleich entspannende Aussicht, vielleicht aber nur dann, wenn man nicht gerade selbst im Zentrum eines solchen Lebenstornados steht.

Wenn unsere Authentizität durch Krisen den Feinschliff bekommt, dann zeigt sich erfreulicherweise für uns Alte jetzt ein weiterer Vorteil, denn Krisen und Probleme nehmen in unserer Generation ganz von selbst durch den natürlichen Prozess des Alterns zu. Wieweit diese den Einzelnen bereichern oder verzweifeln lassen, hängt nicht so sehr von der Größe der Heimsuchungen ab, sondern auch davon, wie wir die Höhen und Tiefen unserer vorangegangenen Lebensphasen gemeistert haben.

Untersuchungen belegen, dass die Kraft, Lebenskrisen zu durchstehen, in erster Linie davon abhängt, während seines Lebens – und vor allem in der Kindheit – unterstützende und fördernde Beziehungen erfahren zu haben. Der mir bedingungslos zugewandte Andere – am Anfang unseres Lebens zumeist Mutter und Vater – erschafft mein Vertrauen in das Leben und in mich. Die Erkenntnis mag ja stichhaltig sein, sollte aber in der eigenen Kindheit etwas schief gelaufen sein, ist bei uns über 60ziger das damalige elterliche Fehlverhalten wohl kaum noch revidierbar. Anstelle die Schuld für das mangelnde Selbstvertrauen immer noch den längst verstorbenen Eltern zu geben, ist es jetzt die überfällige Aufgabe, dass eigene Fehlverhalten zu ändern.

Es erfordert heroischen Mut, die in unserem Leben bisher hoch angesehene Anpassungsfähigkeit an das „Richtigsein" nun im Alter in Frage zu stellen oder gar als Selbstbetrug zu entlarven; besonders, weil wir anstelle der Wiederauferstehung unseres *wahren* Ichs zumeist erst einmal in ein nebliges Nichts blicken. Sollte sich die Sicht klären, wird das, was wir dann als authentisch erkennen, gewöhnungsbedürftig sein: Die nackte Tatsache, dass wir ein alter Mensch sind!

Dies zu akzeptieren fällt vielen von uns Ü60 schwer, darum neigen wir eher dazu, unser zunehmendes Alters-Selbst in der Öffent-lichkeit sozial kompatibel abzugleichen, um dem gewünschten Bild eines aktiven, gesunden, junggebliebenen Senioren gerecht zu werden. Dass es uns trotzdem an gesellschaftlicher Anerkennung mangelt, liegt an dem biologischem Widerwillen, den das Alter leider vielfach hervorruft – und, es ist ein offenes Geheimnis – vor allem bei uns Alten selbst!

Denn dieses äußere Bild unseres wahren Alters-Selbst weckt unsere Ängste vor dem Altsein und Ältersein und Ganzaltsein. Erkenne ich die Tatsache, ein alter Mensch zu sein, an, dann kann ich mich auch nicht mehr um die Erkenntnis herumschummeln, dass ich zunehmend Furcht empfinde. Ich fürchte mich vor meiner Hinfälligkeit, mich demnächst schon nicht mehr alleine versorgen zu können, abhängig von anderen Menschen zu werden und nicht mehr in der Lage zu sein, alleine auf die Toilette zu gehen.

Wir alle haben uns unser Leben lang so sehr angestrengt, erwachsen und unabhängig zu werden, um uns nie mehr als das hilflose, auf unsere Eltern angewiesene Kind zu fühlen. Heute müssen wir befürchten, dass unsere jetzige Entwicklung in Richtung alt, älter und ganz alt uns stetig mehr in eine kindähnliche Abhängigkeit und Ohnmacht treibt – eine Lebensoption, die es doch mit allen Mitteln zu verhindern gilt, seitdem wir als Dreijährige aus dem Sandkasten geschubst wurden oder auch nur einen süßen Bruder bekamen, um den sich von nun an alles drehte und den die Eltern offensichtlich viel mehr liebten als uns. Um dieses Gefühl des Ausgestoßenseins nie mehr zu erfahren, schielten wir unser Leben lang danach, was die anderen Menschen über uns denken und verwechseln somit Angenommensein mit Anpassung.

Unserem Verhalten liegt das tiefe Bedürfnis zu Grunde, der Bindungslosigkeit, der Einsamkeit zu entkommen und mit anderen Menschen in liebevolle Beziehung zu treten. Eine höchst komplizierte Angelegenheit, denn menschliche Beziehungen erfordern eine ständige Balance zwischen den persönlichen Bedürfnissen und den gesellschaftlichen Erwartungen, zwischen Selbstbestimmung und Fremdbestimmung und bergen folglich auch immer das Risiko von Ablehnung in sich. Um sich nicht in diese Gefahr zu bringen, zeigen wir der Welt nur unsere netten, gefälligen und liebenswerten Seiten, während wir die miesen Aspekte unseres Charakters unter Verschluss halten. Das, was wir den anderen Menschen präsentieren, ist ein Bild von uns, dass signalisiert: Ich gehöre dazu.

Diese allgemein gebräuchlichen Verhaltensmuster haben für den Einzelnen selbstschädigende Auswirkungen. Der Mensch wird krank, wenn er sich nie erlaubt, das Wesentliche, das Echte seiner Existenz zu leben. Wenn wir zu uns selbst – das heißt, zu allen Anteilen unserer Persönlichkeit – keinen Zugang haben oder sie unterdrücken, dann sind wir auch nicht in der Lage, wahrhaftige, echte Bindungen zu Anderen zu erleben. Die Folge ist, wir fühlen uns immer weiter abgetrennt von unseren Mitmenschen und der Welt. So führt die Anpassung uns nicht in das Angenommensein, das wir so herbeisehnen, sondern in die Isolation von anderen Menschen und die Entfremdung von uns selbst.

Statt die daraus folgenden authentischen Gefühle der Furcht und der Angst mit Antidepressiva oder Dauer-Fernsehen zu betäuben, können wir die Chance ergreifen, auch diese als einen lebendigen Ausdruck unserer Menschlichkeit anzunehmen und wertzuschätzen. Ängste haben die Aufgabe, uns zu beschützen. Sie warnen uns vor Gefahr. Meine Angst heute ist dagegen die Angst vor der morgigen Angst. Wie Mark Twain einmal sagte: „Ich bin ein alter Mann und habe viel Schreckliches erlebt, aber zum Glück ist das meiste davon nie eingetroffen." Auch meine Angst ist nur meine Besorgnis, meine Furcht vor einer unbekannten Zukunft: Alt, älter, uralt. Der Wunsch, nicht alt zu werden, geschweige denn, die Anstrengungen, nicht alt auszusehen, ist die Verschleierung der Angst vor dem Alter und letztendlich die Angst vor dem eigenen Tod. Sie ist eine Überlebensstrategie der Evolution, die schon lange, bevor die ersten Lurche an Land krochen, existierte. Ohne Todesangst würden unsere tierischen Vorfahren nie überlebt haben, denn sie hilft, das zu vermeiden, was uns bedroht. Was einst für Frösche überlebensnotwendig war, wenn sie nicht als Sättigungsbeilage eines Tyrannosaurus verzehrt werden wollten, wirkt 68 Millionen Jahre später als Warnsystem immer noch in uns heutigen Menschen weiter und sitzt als Überlebensrepertoire in den archaischen Speicherzellen unseres Reptilienhirns fest. Dieses Überlebensgen ist der *wahre* Kern unseres Seins.

Gut und schön, das mag den Dinosauriern zum Überleben ausgereicht haben – wir benötigen mehr. Wir wollen Sinn. Jetzt haben wir Alte mindestens 20, wenn nicht gar 30 Jahre Ruhestand, folglich genug Zeit, nach neuen Erfahrungen und überfälligen Antworten zu suchen und uns somit von dem schlichten Überlebenstrieb der prähistorischen Wirbeltiere abzugrenzen. Denn uns geht es jetzt, 2,5 Millionen Jahre später, nicht mehr nur um das Überleben, sondern ums Leben – hier und jetzt.

Um die ewige Jugend zu erlangen,
würde ich viel tun,
mit der Ausnahme von
Gymnastik und frühem Aufstehen.

Oscar Wilde

Unser Überlebenstrieb erfordert zwar eine hohe Anpassungsbereitschaft, aber was uns Menschen von unseren tierischen Mitgeschöpfen trennt, ist die Befähigung zur Transformation – wir haben immer die Wahl. Wir können sie nutzen oder nicht. Veränderung beginnt mit dem Infrage stellen bisheriger Gültigkeiten.

Waren es früher feste Altersrollen, die zumeist mit Rückzug und Einschränkungen verbunden waren, sind wir heute, auch als Alte, Individuen, die ihre eigene Geschichte schreiben, auch wenn diese von Abhängigkeiten, Zwängen und Feigheit handelt. Der Vorteil des Alters ist, endlich die unzähligen Illusionen über unser Ich zu verlieren und voller Freude zu begreifen, dass wir nicht nur durch unsere Befähigungen, unsere Anlagen, sondern gerade durch unsere Irrtümer, unsere Unvollkommenheit, unsere Träume und unsere Falten einzigartig sind. Wie mehr oder weniger es uns gelingt, die Widersprüchlichkeit un-serer Persönlichkeit zu leben, sich immer wieder auf neue Situationen, Beziehungen und Menschen, mit allen Konflikten und Schwierigkeiten, einzulassen, ist unser echtes Ich, der authentische Kern unseres Wesens.

Das veränderte Verhalten allein bleibt aber ein Lippenbekenntnis, wenn wir es nicht mit dem Wichtigsten verknüpfen – der Akzeptanz! Ohne Bewertung und mit offenem Herzen unsere Vielfältigkeit anzunehmen, ist das Abenteuer, das wir *unser Leben* nennen. Akzeptieren wir *das was wir sind*, dann steht uns statt Trübsal und Resignation eine spannende, aufregende Zeit bevor, denn alt und authentisch bedeutet, nicht mehr durch Macht, in welcher Verkleidung auch immer sie daher kommt, manipulierbar zu sein. Vorbei die Zeiten der faulen Kompromisse, Schluss mit der Harmoniesucht, Anpassung und dem Optimierungswahn – dafür Rückgrat zeigen und Konflikte wagen.

Auseinandersetzungen nicht nur riskieren, sondern sie auch aushalten, anstatt sie wie gewohnt unter den Teppich zu kehren.

Mit der Akzeptanz unserer Vielfalt können wir auch lernen zu unterscheiden, wer da in uns aus welchen Motiven spricht. So kann die Frage „Was kann ich für dich tun?" der Ausdruck von Mitgefühl, Verbundenheit und den eigenen Kompetenzen sein, während die gleiche Frage dagegen, deren Grundlage der Mangel an Selbstwert ist, die Mitmenschen zur Kompensation eigener Bedürftigkeit benutzt.

Jetzt, im Alter, bietet sich die letzte Chance, nicht nur unser fremdbestimmtes Selbst abzulegen, sondern auch endlich die falschen Freunde los zu werden, indem wir deren Bedürfnisse nicht mehr widerspruchslos erfüllen, ihre Projektionen nicht mehr bedienen. Wer es jedoch aus Angst vor möglicher Einsamkeit vorzieht, sich lieber weiterhin emotional ausbeuten zu lassen, statt den freigewordenen Raum mit neuen Menschen zu füllen, die in liebevolle Bindungen mit uns treten, uns achten und wertschätzen, dem sei unser Mitgefühl versichert, aber unsere Bereitschaft, die Endlosschleifen ihrer Beziehungsdramen zu erdulden und damit unsere kostbare Lebensrestzeit zu verschwenden, verwehrt.

Die freigesetzte Energie können wir für unser eigenes Wohlbefinden nutzen, indem wir sie für die längst überfällige Entfaltung aller Seiten unserer Persönlichkeit einsetzen. Wir können mal ausprobieren, was wir immer schon sein wollten: neugierig oder faul, mutig oder vorsichtig, still oder laut. Die Folgen dieser Verwandlung sind ebenso erlösend wie unvorhersehbar, wenn ich zum Erstaunen meiner Umgebung völlig neue Charakterzüge an den Tag lege und mich damit dem Belastungstest von langjährigen Freundschaften aussetze, sowie die Toleranzakzeptanz meiner Familie überprüfe.

Nicht das Verhalten an sich – man kann das Richtige auch aus falschen Gründen tun –, sondern die Motive unseres Verhaltens machen den Unterschied. Um die Echtheit unseres Handelns zu erkennen, bedarf es einer mutigen Antwort auf die Frage: „Was ist der geheime Gewinn meiner Handlungen?" Krank zu sein hat zum Beispiel den Gewinn von Aufmerksamkeit, von Mitgefühl, Versorgung durch andere

Menschen, wie aber auch von der Macht, Andere mit seinem Leiden manipulieren zu können. Alt zu sein vermag ein Gewinn von Rücksicht und Zuwendung durch Andere bedeuten, wie auch die Chance, endlich den eigenen Egoismus gegenüber Mitmenschen hemmungslos auszuleben.

An dieser Stelle darf nicht unerwähnt bleiben, dass gerade auch ältere Menschen dazu neigen, Authentizität mit dem Freibrief zur Rücksichtslosigkeit zu verwechseln. Diese zeigt sich oftmals als gefürchtete Altersschamlosigkeit – vom genussvollen Ohrschmalzpulen bis zur eruptiven Zurschaustellung von Nagelpilz. Dahinter mag der beginnende Rückweg in die Zustände einer unschuldigen Kindheit stehen, in der einst Autoritäten unsere Selbstbezogenheit und Verantwortungslosigkeit als „Oh, wie niedlich"-Entwicklungsphase duldeten.

Es steht zu befürchten, dass einige der Alten dieses unschöne und peinliche Verhalten als durchaus authentischen und somit gerechtfertigten Ausdruck ihrer Persönlichkeit sehen, wie sie auch gerne betonen, dass ein wahrhaft authentischer Mensch nicht nach den Glaubenssätzen und Vorstellungen anderer Menschen handelt, sondern seinem eigenen Wertesystem folgt, auch wenn er sich dadurch Nachteile einhandelt. Dies würde in der logischen Konsequenz bedeuten, dass auch ein aggressiver, engstirniger, schwachköpfiger, asozialer Mitmensch sich per Definition als durchaus authentisch erlebt, wenngleich sein Verhalten auf Kosten seiner Mitmenschen geht, und er durch sein Benehmen leugnet, ein soziales Wesen zu sein, und somit außerhalb unseren Rechts- und Moralvorstellungen steht. Die Authentizität des Einzelnen ohne die wertschätzender Bezogenheit zu anderen Menschen ist Autismus.

Das Alter sollte eigentlich die Zeit sein, in der die lebenslange Selbstüberschätzung von einer erleichternden Nüchternheit abgelöst wird, sodass wir mit Oscar Wilde sagen können: „Ich bin nicht mehr jung genug, um alles zu wissen". Wir können auch entspannt zugeben, wenn wir keine Ahnung haben, was unser wahres Selbst ist, oder wo es sich zur Zeit aufhält. Das entbindet uns aber nicht zu erkennen, was wir eindeutig nicht sind – jung. Darum ist es unwürdig und letztendlich selbstverachtend, sein Alter zu leugnen – zudem nichts älter macht, als sich für jung zu halten! Der entscheidende Schritt, diesem peinlichem Selbstbetrug Einhalt zu gebieten ist, das Alter und alle seine Anzeichen, von Falten bis zu grauen Haaren als Tatsache zu akzeptieren und – für ganz Fortgeschrittene – sogar als authentischen Ausdruck unseres wahren Selbst stolz der Welt zu präsentieren. Anna Magnani, die große italienische Nachkriegsschauspielerin, drohte ihrem Maskenbildner: „Nimm nicht eine einzige Falte weg. Ich habe für jede bezahlt."

Wir benötigen tagtäglich Mut zum Leben, aber wir brauchen eine Kompaktladung davon, um erhobenen Hauptes durch die Minenfelder des Alters zu gelangen. Hilfreich ist uns dabei, dass wir, während wir älter werden, auch immer mehr Zeit haben zu erkennen, was das wirklich Wichtige in unserem Leben ist. Denn das Prägende ist keine Frage des Kontostandes, sondern ein Geschenk der lebenslangen Erfahrung von Hoffnung und Enttäuschung, von Freude und Trauer, von Liebe und Verrat. Diese Gefühle erlebt, angenommen und überlebt zu haben, ist die Voraussetzung für unsere Authentizität, für das Glück, ein einmaliges Leben gelebt zu haben und zu leben.

Dieses immer mehr zu erkennen, bedarf es manchmal der nächtlichen Einsicht in unsere Bedeutungslosigkeit – ein nachhaltiger Sinn-Durchbruch. Wir lassen endlich davon ab, etwas anderes sein zu wollen als das, was wir sind und gestatten uns eine zuerst nur zögerliche Annäherung an die Möglichkeit des eigenen Todes und der nicht mehr auszuschließenden, persönlichen Endlichkeit, und dann vielleicht, wächst in uns eine kluge Resignation, eine altersmilde Akzeptanz und ein weises Staunen.

Authentizität im Alter bedeutet, voller Freude sich selbst immer bewusster zu leben, wie auch die tiefe Verbundenheit mit allen anderen Geschöpfen zu erkennen. Das ist der *richtige* Weg in unsere Würde, unsere Integrität, unsere Einmaligkeit, auch, wenn wir uns dabei in unangemessene Greise verwandeln sollten, die endlich sagen, was sie denken und tun, was sie wollen. Lasst uns endlich wagen verrückt zu sein. Normal waren wir lange genug.

Dazu werden wir alt.

3. Möglichkeit
Alter und Genuss

Jeder, der sich die Fähigkeit erhält
Schönes zu erkennen,
wird nie alt werden.
Franz Kafka

An einem warmem Sommertag im Jahre 294 v. Ch. wandelte in Griechenland der Philosoph Epikur mit Schülern durch seinen Garten und verkündete Revolutionäres – Wenn Du einen Menschen glücklich machen willst, dann füge nichts seinem Reichtum hinzu, sondern nimm ihm einige von seinen Wünschen. Lebensfreude, vernahmen die staunenden Zuhörer weiter, entsteht nur, wenn der Mensch bereit sei, seine Begierden zu überwinden und im befreiten Sein jeden Moment des Lebens zu genießen.

Zweiausenddreihundert Jahre später sind dem Genuss in unseren Breiten keine Grenzen gesetzt, aber trotzdem genießt eigentlich Niemand mehr, denn statt zu genießen, konsumieren wir Genuss-Mittel. Unser Alltag ist zum Geschäft geworden, und die Gesetze des Marktes vereinnahmten auch den Genuss. Die Wahrheit ist, wir leben in freudlosem Wohlstand, Lichtjahre entfernt von Epikurs Garten der Lebensfreude. Genuss oder gar Genießen hat für effizienzbewusste Digital-Natives den Beigeschmack von betulicher Nachhaltigkeit, von altersbedingter Entschleunigung und wird in extreme Zeiten wie Urlaub und Weihnachten abgeschoben, wo der Genuss mit Sicherheit im hintersten Kämmerchen der guten Vorsätze jämmerlich eingehen würde, gäbe es uns Alte nicht. Denn zum Genießen bedarf es vor allem einer ziellosen Unbekümmertheit, sowie der Gewissheit, dass jedes Fest ein Ende haben wird – folglich der Vorteil des Alters!

Statt in stiller Resignation in lauen Sinnesebenen auf den Tod zu warten, verheimlichen wir Ältere immer weniger unseren reifen Übermut, sei es durch kesse modische Accessoires oder sinnliche Ausschweifungen aller Art. Niemand kann leugnen, dass uns jetzt die Grundbedingungen für den Genuss zur Verfügung stehen: Zeit, Ruhe, das Ende unseres Profilierungszwanges und für viele auch noch beachtliche Rentenbezüge. Drum, lasst uns genießen, was das Leben uns tagtäglich an Erfahrungen und Möglichkeiten schenkt, wohltuende wie nachteilige, erhabene wie triviale – zum Beispiel Essen oder/und Sex.

Genussvoll

Zurzeit gibt es mehr Kochsendungen im abendlichen Normalo – Fernsehen als Beischlafszenen, es sein denn, man wählt gleich einen Porno-Kanal. Sind daran die vielen alten Zuschauer schuld, die lieber Starköchen beim Zubereiten raffinierter Gerichte zusehen statt jungen, knackigen Schauspielern bei Kopulations-Stellungen, die ihnen aus vie-lerlei Gründen nicht mehr möglich sind? Und die zudem mit William Somerset Maugham die bittere Erkenntnis teilen: „Im Alter bereut man vor allem die Sünden, die man nicht begangen hat." Auch wenn es eine altersbedingte Sentimentalität sein mag, frage ich mich: Hat es nach Julie Christie und Donald Sutherland in *Wenn die Gondeln Trauer tragen* je wieder einen sinnlicheren Sex im Kino gegeben? Wenngleich bei unseren Lebenslangzeitpartnern *Der letzte Tango in Paris* nicht nur wegen der epochalen Bitte Marlon Brandos „Hol schon mal die Butter!" stärker im Gedächtnis geblieben ist. Trotzdem, oder gerade deswegen, müssen wir Alten uns bei diesem Thema die Frage stellen, ob wir mal wieder nur genussneidisch in der *Früher war alles besser*-Falle sitzen. Zugegebenermaßen nötigen uns Wadenkrämpfe oder angeknackste Bandscheiben einige der artistischsten Stellungen des Kamasutras auszulassen, aber deswegen blicken die meisten noch lange nicht missgünstig auf pathologisch Sexsüchtige, Pubertieren-de und andere bedauerliche Männer, die auf diese armseligen Pornos in Hotelfernsehkanälen oder trostlose Links im Internet angewiesen sind.

Zurück zum genüsslichem Essen und zum Genuss im Allgemeinen: „In gewisser Weise bemisst sich Intelligenz an der Intensität, mit der wir unsere Sinne erfreuen", hielt dankenswerterweise schon der Wissenschaftler James E. Lovelock fest. Es geht beim Genießen um Spaß am Genuss, und Vielen ist diese lockere Leichtigkeit auf ihrem Lebensweg irgendwie, irgendwo verloren gegangen, so wie auch das Ritual des Sonntagsessen, das in meiner Kindheit fast so schön „besonders" war wie das Weihnachtsessen. Wo ist es geblieben? Stattdessen SundayBrunch mit Croissants, Graved Lachs und veganen Würstchen. Wohin sind die Königinpastete, das Zungenragout, die falschen Hasen, die Majala Creme, der Amerikaner und die Pumpernickel-Käse-Ecken entschwunden? Dass es diese mega-leckeren Mohrenköpfe nicht mehr gibt, erklärt sich schon aus unserer inzwischen politically correct-en Lebenseinstellung. Aber was war falsch an dem *Kalten Hund*, wer hat den entsorgt? Gott sei Dank, überleben noch einige Genüsse unserer Kindheit in Gasthöfen zumeist strukturschwacher, ländlicher Gegenden. Diese Gasthöfe geben sich gerne Tiernamen wie *Zum Hirschen* und widersetzen sich jeder modischen Attitüde durch rustikale, zeitlose Hässlichkeit. Folglich sind sie geeignete Reservate zur Bewahrung von ebenso wertbeständigen wie überflüssigen Traditionen.

Unerwartete Begegnungen mit der eigenen Genussgeschichte lauern aber auch in trendigen Wohnungen urbaner Großstädter: Eine 40-jährige Freundin bewirtete uns anlässlich eines Abendessens mit *Toast Hawaii*. Alle, außer mir, waren im Alter der Gastgeberin und fanden dieses 50-er Jahre-Relikt megaschick und superlecker. Ich fand den Toast Hawaii lappich und fad – wieder eine Kindheitsverklärung weniger.

Zurück zu den Kochshows im Fernsehen, deren Erfolg ich nicht nachvollziehen kann, was für die Kochsendungen ohne Bedeutung ist, mich aber zunehmend irritiert. Ich bin nicht interessiert an Fußball, Video-Spielen und Chat-Rooms, kann aber trotzdem irgendwie verstehen, dass andere es sind. Es ist mir aber unerklärbar, warum Menschen, die sich erwiesenermaßen komplett durch minderwertiges Junk-Food ernähren, stundenlang zusehen, wie Koch-Gurus lässig die raffiniertesten Gerichte kreieren. Zugegeben, ich bin keine leidenschaftliche Köchin. Das Koch-Gen ist bei mir unterentwickelt, und zudem bin ich nicht in der Lage, mir nach Rezept ein Gericht vorzustellen. Dazu benötige ich ein Foto, und zwar ein professionelles Food-Styling-Foto der Premium-Klasse. Schon der Anblick muss mir versprechen, mich glücklich und satt zu machen. Das mag der wahre Grund sein, warum so viele Koch-Banausen stundenlang im Fernsehen zuschauen, wie Küchen – Götter erlesene Gerichte zubereiten. Glückshormone werden allein schon durchs Betrachten ausgeschüttet, wie Hirnforscher beweisen konnten. Vorfreude auf unbekannte Köstlichkeiten entsteht, das Erwartungssystem läuft auf Hochtouren. Dopamin, der Botenstoff des Begehrens, schießt in unser Nervensystem und drängt auf schnelle Befriedigung. Nach neuesten neurologischen Erkenntnissen erzeugen Filme, in denen andere Menschen einen Traumurlaub erleben oder heißen Sex haben, ebenfalls gute Gefühle beim Zuschauer. Das ist die gute Nachricht, die schlechte ist, dass sie mich in meinem Fernsehsessel weder befriedigen noch satt machen. Denn wie erkläre ich den frustrierten 3000 Geschmacksknospen in meinem Mund, dass, trotz meines mit Dopamin hochgepuschten seelischen Wohlgefühls, im Kühlschrank nur zwei Stangen Sellerie und ein abgelaufener Joghurt stehen? (Die Parallele zum Sex ziehe ich jetzt nicht!)

Genuss und Sex im Alter? Diese vermeintlich kühne Fragestellung müffelt nach 1000 lustfeindlichen Jahren mit ihren Verboten und heimlichen Phantasien. Dabei ist es ganz einfach: wer Lust am Sex hat, wird lustvollen Sex haben. Wer keine Lust dazu hat, lasst es bleiben. Es wäre ja noch schöner, wenn der Zwang zum ständigen Jahrhundert-Beischlaf auch unsere Rentnerliga erreichen würde.

In dem Film *Wolke 9* aus dem Jahre 2008 von Andreas Dresen waren die ersten Anzeichen dieses neuen Verhaltenskodexes unübersehbar. Wehret den Anfängen und lasst uns Alte in Ruhe! Lasst uns die sein, die wir Lust haben zu sein, mit Sex und ohne Sex oder mit und ohne.

Laut Umfrage behaupten 83 % der Männer und 63 % der Frauen über 60, dass Sexualität im Alter ihnen nach wie vor sehr wichtig sei. Ich kenne niemanden, der Lust hätte, sich als Sexmuffel zu outen, weder mit 30 noch mit 70. Das ist in einer Gesellschaft, deren Leitmotive Spaß und Potenz sind, genau so peinlich, als wäre man zusammen mit Heino fotografiert worden oder gar mit Melania Trump. Wir neuen Alten zeigen uns weder im Alltag noch im Bett bedürfnis- und geschlechtslos. Die Zeiten sind endgültig vorbei! Und dank Opas *Little Helper* ist lebenslanger Sex kein Problem mehr. Dass wir Frauen darauf bestehen, dabei unten zu liegen, ist kein Zeichen wiedererwachter Prüderie, sondern beinharte Erkenntnis: Es sieht einfach besser aus.

Sich von alten Ansichten zu lösen, ist nicht nur für die Evolution unerlässlich, sondern erhöht zudem den Spaß am Leben, aber bestimmt den Spaß am Sex. Seitdem es den besagten Film *Wolke 9* über eine bisher im Kino unentdeckte Randgruppe – die der über Sechzigjährigen – gibt, müssen sich nicht nur die Jüngeren vom Klischee der liebes- und sexmüden Alten verabschieden. Der Film zeigt eine alte Frau und einen alten Mann, die miteinander eine leidenschaftliche Liebesaffäre und (!) leidenschaftlichen Sex haben. Dieser Tabubruch hat in den Medien genauso viel Beachtung gefunden, wie Jahre zuvor der Eisbär Knut. Ich schaue nicht besonders gerne Menschen beim Sex zu, weder alten, noch jungen. Auch Filmszenen, in denen Menschen dauernd essen, finde ich eher überflüssig – von blutrünstigen Morden à la *Kettensägen-Massaker* ganz zu schweigen. Es gibt für mich Dinge, die mir zu persönlich oder zu unappetitlich sind, als dass ich Lust verspüre, sie mir – von nagenden, müffelnden, Mief ausdünstenden Popcorn-Essern begleitet – im Kinosessel anzusehen. Aber wahrscheinlich bin ich in Wahrheit immer noch viel zu verklemmt. Damit gegen das Coolnessgebot zu handeln, hat mich früher verunsichert, heute, als 72-Jährige, ist mir das völlig egal.

„Zu alt, um sexy zu sein?" fragt ein bekannter Kosmetik-Hersteller und bringt eine ‚Pro-Ages'-Gesichtspflege auf den Markt mit dem Slogan *Schönheit kennt kein Alter*. Scheinbar glaubten die Marketingleiter dieses Produktes, uns alte Frauen damit zum Kauf ihrer Gesichtscreme zu verführen, vergaßen dabei aber, dass wir inzwischen schmerzhaft gelernt haben zu erkennen, wann man uns aus Eigeninteresse ausnutzt und belügt. Denn, bis auf ein, zwei Freundinnen von mir, wissen die meisten von uns doch genau, dass das Attribut „sexy“, für uns alte Frauen eher zynisch ist.

Zudem wird in dem Slogan sexy mit schön gleichgesetzt, was eine Erniedrigung der Schönheit ist, denn sie ist viel mehr als nur sexy, sie ist eine sinnliche Erkenntnis, eine tiefe Erfahrung von Auflösung der Getrenntheit des Einzelnen und der Welt. In der Kunst, in der Musik, in der Natur und in einem anderen Menschen die Schönheit zu erkennen und zu empfinden, basiert auf dem Prinzip der Resonanz und lässt uns „in einem Kontinuum liebender Verbundenheit stehen“, wie der indische Psychoanalytiker Sudhir Kakar es beschreibt.

Leider finden wir uns in unserem Alltag selten in diesem Kontinuum wieder, sondern zumeist als Zaungäste der *Gala*-Welt, wo Jugend-, Geld- und Schönheitsterror herrschen, wo Schönheit nicht mystische Erfahrung, sondern Be –Wertung ist, abhängig von den Wertvorstellungen der Gesellschaft in der wir leben. Diese Werte sind: konsumierende, anpassungsfähige Effizienz, ein Wettbewerb um Konkurrenzvorteile, in deren Überbietungsdynamik das Alter zu einem lästigen Entsorgungsfall degradiert, wo der Begriff „Schönheit“ in diesem Zusammenhang zum Unwort wird.

Wer hat da noch den Mut zu behaupten, dass Alter „an sich“ schön ist, beziehungsweise, auch schön sein kann. Dass dagegen die Jugend immer schön ist, behaupten zumeist nur diejenigen, die diese Zeit lange hinter sich gelassen haben. Zumeist ältere Herren, die versuchen, mit dem senilen Beäugen von Frischfleisch ihre geringer werdenden Testosteronschübe und die damit verbundene Triebflaute wiederzubeleben. Genau für diese bedauernswerte, aber stetig zunehmende Zielgruppe brachte die Industrie Kontaktlinsen und Viagra auf den Markt. Jetzt können diese Männer nicht nur alterslos gucken.

Mit der Pille, Oswald Kolle, Swinger-Clubs, Beate Uhse, Gruppensex und Vibrator vertrieben einst die Feministinnen den 1000jährigen Begattungs-Beischlaf aus den muffigen Federbetten. Diese Frauen, heute 60 und älter, konnten bestimmen, ob sie schwanger werden wollten oder nicht - sie waren berufstätig, heirateten und ließen sich scheiden, hatten Affären und *Sex and the City*. Zumeist berichten diese Frauen, sie hätten ein äußerst erfülltes und befriedigendes Sexualleben gehabt. Wen wird es da wundern, dass diejenigen, die ihr Leben lang eine positive Einstellung zur Sexualität hatten, auch im Alter Spaß am Sex haben. Bei den angeblichen 40 Prozent, die zugeben, dass Sex ihnen nicht mehr so wichtig ist, sollte man hinterfragen, ob sie a) zu den 50 Prozent der Single-Frauen über 60 gehören und somit einen erschwerten Zugang zu willigen Sex-Partnern haben, b) sich mit dem Gatten bei dem immer gleichen Ritual langweilen oder c) tatsächlich lieber ein gutes Buch lesen.

Auch wenn es dem neusten Werbebild der immer noch attraktiven und sexuell aktiven Frau über 60 widerspricht, gestehen immer mehr Mutige von uns, dass ihre Lust auf Sex genauso dahinschwindet wie ihre Sehkraft – statt „Feuchtgebiete" Trockenzeiten. Dies bringt sicherlich Probleme, wenn sich der Lebensendzeitbegleiter an ihrer Seite gerade mit Viagra hochgeputscht hat. Da helfen keine vorgetäuschten Kopfschmerzen, sondern Klarheit: „Achtet und wertschätzt mein Partner meine Bedürfnisse und meinen Körper?" „Achte und wertschätze ich seine Bedürfnisse?" „Achten und wertschätzen wir uns?" Wer diese Fragen spontan mit Ja beantwortet, hat schon den beneidenswerten Zustand der Alters-Verklärung erreicht. Uns restlichen 99 Prozent ist der Mangel von Anerkennung und Wertschätzung zwar seit Kindestagen vertraut, was aber den Zustand natürlich auch nicht besser macht!

Zurück auf die *Wolke 9*, wo außer Sex etwas wirklich Sensationelles geschieht: Nicht etwa, dass sich zwei Menschen bedingungslos ineinander verlieben und bereit sind, dafür ihr bisheriges Leben aufzugeben – das ist in Filmen gang und gebe – die Sensation ist, dass die Akteure Mitte 60 und Ende 70 sind. Jetzt ist es raus: Liebe ist alterslos, immer möglich, und Sex ebenfalls. „Das Image der Pille für geile, alte Säcke, die keinen mehr hochkriegen, wird sich bald ändern", ist die frohe Botschaft der Zukunftsforscherin Corinna Langwieser.

Sex im Alter ist wie Essen im Alter. Wer sein Leben lang Spaß am Essen gehabt hat, wird auch im Alter Wert auf gutes Essen legen. Genauso ist es beim Sex. Und, wie in vielen Gebieten im Reich der Alten, geht es auch hierbei nicht mehr um hormongesteuerte Quantität, sondern um reifere Leistungen im Bereich der Verfeinerung – ein vielversprechendes Entwicklungsgebiet für uns Senioren.

Schon vor 2300 Jahren argwöhnten sogar die sonst so klugen Griechen, dass Genuss zumeist etwas mit Sex und Essen zu tun hatte. So unterstellten sie ihrem Philosophen Epikur, er rufe zu Schwelgereien und sonstigen lustvollen Exzessen auf, dabei traf man sich in seinen berühmten Garten, um miteinander zu diskutieren, wie menschliche Begierden, Furcht, Schmerz, zu überwinden seien. Epikurs höchstes Ziel war es, die von niedrigeren Beweggründen ungetrübte Lebensfreude durch den Genuss eines jeden Augenblickes zu erreichen, um bei Lebzeiten Seelenruhe zu erlangen.

Genusswert

Heute sind wir erschreckend weit von dieser Seelenruhe entfernt, und mit einigen der trendigen Genuss-Ideen entfernen wir uns immer weiter aus dem Garten des Epikus. Zum Beispiel glauben wir angeblich so aufgeklärten Menschen fest daran, dass es einen kausalen Zusammenhang zwischen Genuss und Geld gibt: Ein folgenschwerer Irrtum, keinesfalls für die Gewinne der Konzerne, sondern für unser ganz persönliches Wohlsein.

Natürlich gibt es viele Genussgüter, vom Theater-Abonnement bis zur Erster- Klasse-Suite auf der Queen Mary, die nur mit Geld zu erkaufen sind. Ob es sich dann wirklich für den Einzelnen als rauschhafter Genuss darstellt oder sich in die Kette seiner Enttäuschungen einreiht, sei dahingestellt. Viele, auch viele Alte, können vieles nicht kaufen, somit auch kein sinnloses, krankmachendes, Umwelt verschmutzendes Zeug. Das ist schlussendlich ein großer Vorteil für Alle.

In unserem bisherigen Leben folgten wir recht bedenkenlos dem Glauben, dass der Konsum von Genussmitteln uns glücklich machen würde und somit Zufriedenheit käuflich zu erwerben sei. Dagegen war uns selten klar, dass die Glücksversprechungen der Genussmittelindustrie – *Genießen Sie jeden Tag* (Kaffee), *Perfekter Genuss* (Backöfen, *Das Leben schmeckt schön* (Bestecke– keine Lebensbereicherung, sondern Versprechungen sind, deren Erfüllung immer unerreichbar in der Zukunft liegt. Wie Hunde, denen eine Wurst vor dem Maul baumelt, hechelten wir als Konsumenten dem Glück hinterher, das auf diese Weise doch nie zu erreichen ist. So kauften und kauften wir weiter und weiter, denn würden wir mit dem Kaufen aufhören, käme der Konsum zum Stillstand und damit einer der wichtigsten Götter der Neuzeit ins Wanken geraten – das Wachstum.

Der sogenannte „Einbruch des Wachstums" wird als worse-case-scenario dargestellt und toppt als Katastrophenmeldung die Nachrichten des Tages. Es ist an der Zeit für uns mündige Bürger einmal nachzufragen, um wessen Einbruch es sich hier handelt, und ob dies wirklich so grauenvolle Rückwirkungen auf unser persönliches Leben wie auch auf die Umwelt haben wird. Wenn wir schon dabei sind, unsere Altersweisheit zu benutzen, könnte uns allmählich auch klar werden, dass wir keine Dinge kaufen, sondern Hoffnungen und Träume – Lebensoptimierungsillusionen. „Längst haben wir Werbebotschaften als Wahrheit akzeptiert, echtes Leben bedeutet zu viel von allem, exzessives Shoppen sei ein adäquates Hobby und Konsum von zu vielen Genussmitteln ein Zeichen von Freiheit." schreibt *Die Zeit* im Oktober 2012.

Auch wenn keiner es wahrhaben will, geschweige denn, sich danach verhält – Konsumgenuss, der über die Primärbedürfnisse Essen, Trinken, Schlafen hinausgeht, macht tatsächlich selten satt, weder den Körper noch die Seele. Bedürfnisse sind die Dinge, derer wir bedürfen, Begehren sind die Dinge, die wir haben wollen. Trinken, zum Beispiel, ist ein Bedürfnis, ein Champagner Krug jedoch ein Begehren. Dieses Prinzip gilt auch für Handtaschen, wobei sich hier die Sachlage noch eindeutiger zeigt: Weder ein Zalando-Schnäppchen noch eine völlig überteuerte Prada-Tasche befriedigen langfristig. Sie machen nur Hunger auf mehr. Die Zahl der unersättlichen Kinder in der trügerischen Gestalt von Erwachsenen wächst, auch wenn sie äußerlich wie

Uli Hoeneß oder Jamie Dimon, dem Chef der JPMorgan-Chase Bank, aussehen. Sie bleiben innerlich bedürftige kleine Jungs, die immer noch überzeugt sind, nie genug zu bekommen. „Es ist genug da für jedermanns Bedürfnisse, aber nicht für jedermanns Gier“, sagte klipp und klar einst Gandhi. Jede Gier ist unstillbar. Die Gier ist ein Fass ohne Boden, und darum auch niemals wirklich zu befriedigen.

Die Gier ist im Buddhismus eines der drei Geistesgifte. In Gesellschaften, die die Gier zum Lebensprinzip erklären, damit die Menschen weiter konsumieren und kaufen – in solch einer Gesellschaft ist jeder sich der Nächste, denn wo Gier herrscht, da kann kein Mitgefühl und keine Solidarität sein. Gierige Menschen sind Seelenkrank, und wenn man sie nicht ärztlicher Aufsicht übergibt, verbreitet sich ihr Geistesgift schneller als Fußpilz in öffentlichen Schwimmbädern.

Wir sollten uns von niemandem einreden lassen, dass alles zusammenbricht, wenn die Wirtschaft nicht mehr wächst. Wenn wir ehrlich sind, ist jedem von uns doch klar, dass wir ein Zuviel von Vielem besitzen – genug Autos, genug TV-Geräte und genug Cappuccino-Maschinen; was wir dagegen dringend bedürfen, sind weniger Angst, Neid, Hass, Gier und Dummheit.

Die Gründe für das selbstzerstörende Verhalten der Menschen beschrieb vor Jahrzehnten der Psychoanalytiker Erich Fromm, und sie sind immer noch gültig: „Das Leben hat seine eigene Dynamik; es hat die Tendenz zu wachsen, sich Ausdruck zu verschaffen, sich zu leben. Wird diese Tendenz vereitelt, dann scheint die auf das Leben ausgerichtete Energie einen Zerfallsprozess durchzumachen und sich in Energie zu verwandeln, die auf Zerstörung ausgerichtet ist(...) Destruktivität ist das Ergebnis ungelebten Lebens“.

Diese innere Destruktivität zeigt sich bei vielen Menschen als äußerer Mangel an Empathie. Ihnen fehlt das Gefühl der Verbundenheit mit allen Geschöpfen auf dieser Erde; oftmals flüchten sie in eine manische Selbstbezogenheit, einem ständigen Kreisen um sich. So sitzen sie einsam zwischen ihren Statussymbolen und haben Schwierigkeiten zu fühlen, dass außerhalb von ihnen noch etwas existiert. Die Anderen dienen ihnen als Stichwortgeber, Claqueure, Zuhörer, Projektionsflächen für die Eitelkeit, den Neid und die Gier eines durchgeknallten Homo sapiens.

Sehen wir über den Tellerrand unserer hausgemachten Katastrophen, erblicken wir die Folgen unseres pathologischen Verhaltens in so unvorstellbaren Ausmaßen, dass wir uns schnellstens wieder in unsere hübschen Reihenhauskrisen zurückziehen. Wir haben Waffen gebaut – zumindest niemanden daran gehindert –, die in der Lage sind, das ganze Leben auf diesem Planeten auszulöschen. Vorher zerstören wir noch schnell die Natur, rotten Tier- und Pflanzenarten aus, und alle fünf Sekunden stirbt auf unserer Welt ein Kind an Hunger. Die Empörung und das Entsetzen über die Amokläufer und Selbstmordattentate sind groß. Wie groß müsste das Entsetzen sein, wenn wir erkennen, dass wir alle ebenfalls Selbstmörder oder gar Mörder sind?

Diesen Blick auf sich selbst zu zulassen, ist hart. Jetzt, wo uns kaum noch genug Zeit bleibt unsere Taten wiedergut zu machen, ist die Versuchung groß, unsere Restzeit hier in kuscheligen Wohlfühlzonen einfach nur zu genießen und erleichtert zu sein, dass wir uns der düsteren Zukunft nicht lange mehr werden aussetzen müssen. Trotzdem, klammheimlich haben wir ein schlechtes Gewissen, dass wir nicht die wurden, die wir geplant hatten zu sein und ahnen, dass es mit „Tut uns leid" auch irgendwie nicht getan ist. Bevor wir nun unsere Gewissenbisse durch Dauerfernsehen mit RTL-Bespaßung neutralisieren, sollten wir auf eine Befähigung zurückgreifen, die allen Unkenrufen zum Trotz, uns Alten zur Verfügung steht – Weisheit. Psychologen der Universität of Michigan haben herausgefunden, das es so etwas wie Altersweisheit tatsächlich gibt. In Befragungen aller Altersgruppen stellte sich heraus, dass ältere Menschen, wenn es um soziale Konflikte geht, viele ausgewogener Urteile fällen als jüngere.

Otto von Bismark bemerkte schon: „Das muss ein Esel sein, der mit sechzig noch die gleiche Meinung hat wie mit dreißig!" Sollten wir selbst nun Anflügen von Einsicht ausgesetzt sein – meistens morgens, so gegen vier, wenn wir Alten nach der ersten Pinkelattacke wieder ins Bett kriechen – dann dämmert uns, dass unsere Kauf- und Konsumattacken das Gegenteil von Genuss sind, von Zufriedenheit ganz zu schweigen. Die Genussmittelindustrie ist eine Verdrussmittelindustrie. Der Gedanke, irgendwie total auf dem Holzweg gelandet zu sein, macht uns elend und beschert uns ein paar schlaflose, dunkle Stunden. Und das ist gut so. Diese Zeit können wir nutzen, um einen Ausweg aus dem Schlamassel zu finden, und uns fragen: „Worauf bin ich in Wirklichkeit hungrig? Was bereitet mir wirklichen Genuss?"

Versuchungen sollte man nachgeben,
wer weiß, ob sie wiederkommen.
Oscar Wilde

Um Genüsse zu entdecken und sie dann auch zu genießen, ist es für mich hilfreich, die Vorteile meiner 72 Lebensjahre zu nutzen: Weil ich alt bin, bin ich übervoll mit Leben, ein gigantisches Archiv voller Erinnerungen, Informationen, Erfahrungen, Gedanken. Vieles wiederholt sich, hat seine Schärfe verloren, die Reibungsverluste werden weniger, ich gewinne Abstand. Die Selbstbelohnung durch Konsum und die Verlockungen des „Kauf mich und ich mache Dich glücklich," auf die ich zu oft reingefallen bin, langweilen mich zunehmend. Dabei erinnere ich mich nur zu gut an diesen Adrenalin-Thrill, ein unglaublich preiswertes Designer-Schnäppchen nach Hause geschleppt oder gar eine unverantwortlich hohe Honorar-Summe in ein Kleines Schwarzes von Jil Sander versenkt zu haben. Heute ist meine pathologische Fehlfunktion überlagert von der vielfachen Erfahrung eines kurzen High, gefolgt von der schnellen Ernüchterung, dass sich mit diesem Kauf nichts wirklich Wichtiges oder sogar nichts Wirkliches ereignet hat und ich weiterhin in meiner Bedeutungslosigkeit feststecke. Diese Einsicht mit Resignation zu verwechseln liegt nahe, dabei handelt es sich aber um einen dringend nötigen Erkenntnisschub Richtung genussvoller Lebensfreude.

Erfahrungen sind der Schatz des Alters und der Schlüssel zur Weisheit, unsere Süchte und Konsumzwänge, die unserem Wohlbefinden noch nie dienlich waren, in den Sack mit Lebensmüll zu stopfen, um ihn schleunigst auf der Sonderdeponie für giftige Stoffe zu entsorgen. Der Entschluss, weder seinem Körper noch seinem Bewusstsein weitere Gifte zuzuführen, ist die beste aller Möglichkeiten, seine alten Tage randvoll auszukosten. Jetzt können wir genussvoll das Ende der Konsumkette sein und in aller Ruhe und Gelassenheit schauen, was es für uns Alte da draußen noch so zu genießen gibt.

Denn Genuss im Alter oder sogar das Alter genießen ist allen Unkenrufen zum Trotz möglich und machbar. Wir Alten haben den Wettkampf um Macht und Erfolg hinter uns gelassen und jetzt mehr als genug Zeit zum Genießen wie auch die Möglichkeit, das Genießen zu erlernen! Und wieder mal ist es in Wahrheit ganz einfach – wir müssen, wie schon Epikur es vor zweitausend Jahren seinen staunenden Mitmenschen empfahl, unsere Begierden vergessen, unsere Sinne öffnen und genießen!

Genuss ist genießen und genießen kann man unendlich viel: Augenweide, Ohrenschmaus, Gaumenfreude, Sinneslust – alles wartet auf uns: Das Lächeln eines Unbekannten – wieder in seine Lieblingshose zu passen – Schwimmen im Meer – endlich seinen Schreibtisch aufgeräumt zu haben – die ersten, warmen Sonnenstrahlen nach einem langen, kalten Winter – die Blüte an einem Rosenstock, der seit Jahren keine mehr trug – im Arm des Partners einschlafen. Genuss und Glück sind ein Stück hinschmelzender Schokoladenkuchen, obwohl man gerade Diät macht. Genuss und Glück sind eine winzige, weiße Wolke am Sommerhimmel, während man auf einen verspäteten Zug wartet. Genuss und Glück – mit deinen liebsten Freundinnen im Kino einen echt kitschigen Frauenfilm anschauen. Genuss und Glück – eine warme Kinderhand ...

Wer jetzt meint, dies höre sich nach senilem Poesiealbumkitsch oder gar betulicher Naturromantik an? Herrlich! Wer Bedenken hat, sollte sich dringend fragen, welch genussfeindlicher und sicherlich auch völlig humorloser Oberlehrer denn da noch in seinem Kopf herumspukt? Er soll sich gefälligst um die Kontoauszüge kümmern, da muss dringend mal jemand nach dem Rechten sehen. Aber den Genuss, den soll er doch bitte uns überlassen. Schließlich sind wir jetzt endlich die Bestimmer!

„Ich habe mich eine Million Mal aus dem Glück hinausgedacht, aber nicht einmal hinein." schreibt der US-amerikanische Schriftsteller Jonathan Safran Foer. Denken wir uns hinein, denn Genuss ist kein Recht, sondern nur Bewusstsein, und davon haben wir alle so viel, wie wir wollen; außerdem ist Genuss durch Achtsamkeit und Aufmerksamkeit stetig zu steigern. Der Genuss wie auch das Glück beruhen einzig auf der eigenen Entscheidung, glücklich zu sein. Und wer will das nicht? Damit es nicht bei einem Lippenbekenntnis à la „Nimm die Absicht als die Tat", bleibt, müssen wir als nächstes auch unser Verhalten unserem Ziel anpassen. Wenn mein Ziel ist, glücklich zu sein, wenn ich zehn Kilo weniger auf die Waage bringe, dann werde ich es nicht erreichen, wenn ich jeden Tag zwei Stückchen Sahnetorte verputze. In einem buddhistischen Text heißt es: „Aus der Absicht entspringt die Tat, aus der Tat entspringt die Gewohnheit, aus der Gewohnheit der Charakter, aus dem Charakter das Schicksal."

Unser Gehirn lernt. So hatten wir immerhin die Möglichkeit, uns von einem Einzeller zu einem Albert Schweitzer zu entwickeln. Bedauerlicherweise gelang es nur Wenigen, in diese Top-Liga aufzusteigen, obwohl doch die Regeln recht einfach sind: „Lust suchen und Schmerz vermeiden" ist der Motor menschlicher Evolution. Emotionen geben die Richtung an, indem sie uns vermitteln: Du kannst einen Fehler machen, aber mache ihn nicht ein zweites Mal. Wähle einen anderen Weg, verhalte dich neu, und wenn es Dir gut tut, wiederhole es. Wenn es dir schadet, lass es sein.

Unser Geist wird durch Erfahrungen geformt: Positive Gefühle sagen uns, was wir tun, negative, was wir lassen sollen. Dabei reagieren wir leider stärker auf unerfreuliche Situationen als auf glückliche. Dies ist ein Erbe der Evolution, das unseren Vorfahren einen kräftigen Ausschlag der Hirnströme bescherte, damit sie, statt unbekümmert weiter in der Sonne zu dösen, aufsprangen, weil das Rascheln im Unterholz einen ausgehungerten Bären ankündigte. Angst warnt uns vor lebensbedrohlichen Situationen und hilft uns zu überleben. Gleichzeitig hat uns die Natur auch angenehme Gefühle eingebaut. Sie sind genauso wichtig für unser Überleben, denn sie locken uns in lebensfördernde Situationen wie Liebe, Freude und Genuss. Untersuchungen belegen, wer diesen Gefühlen immer größeren Raum in seinem Leben ermöglicht, lebt im Schnitt sieben Jahre länger als derjenige, der sich verbittert, überflüssig und unglücklich fühlt.

Die Entwicklung unseres Gehirns entsteht durch die Verstärkung von Synapsen, neuronaler Verknüpfungen. Wir können diese Prozesse in Richtung negative Emotion lenken, wie auch unsere Glücksgefühle stärken. Wir allein sind es, die die Verantwortung dafür tragen, ob wir schlechtgelaunt oder gutgelaunt sind, ob wir den neuen Tag unseres Lebens willkommen heißen und bereit sind ihn zu genießen. Der Arbeitsaufwand unseres Gehirns ist der gleiche. Ähnlich wie im Fitnessstudio, wo ein gelegentlicher Besuch kaum Muskeln wachsen lässt, brauchen wir, um unser Gehirn umzuprogrammieren und neu zu verdrahten, Ausdauer und regelmäßiges Training. Gute Gefühle können wir erlernen und jetzt im Alter schaffen sie mehr intensive Lebenslust, als es ein Gucci-Täschchen je gebracht hat.

Genuss ist ein ebenso erstrebenswerter wie leider auch vergänglicher Zustand. Wobei seine Vergänglichkeit seinen Wert ausmacht, eben weil er nicht von Dauer und nur im Hier und Jetzt zu erleben ist, macht er uns glücklich.

Das Begehren hingegen ist stets in die Zukunft und auf das Objekt des Begehrens gerichtet. Genuss ist an den Augenblick gebunden – er zieht vorbei wie eine Wolke am Himmel. Statt dies zu bedauern, betrachten wir einfach mit Genuss, wie die nächste Wolke am Himmel aufzieht, oder kaufen uns mindestens drei Kugeln unseres Lieblingseises. Wir können trainieren, unseren Genuss leichter zu finden. Und die Redensart *Genug ist besser als zuviel* mag zwar für manchen zügellosen Kneipengast gelten, aber nicht für unser auf Glück ausgerichtetes Gehirn. Hier ist zuviel vom Guten besser als zu wenig. Denn Unglücklichsein schadet dem Körper, während Glück ihn heilt.

Zufriedenheit, Dankbarkeit und die altmodische Tugend der Demut sind es, die uns befähigen, sich der Lebensrealität „Alt“ zu stellen, in guten wie in schlechten Zeiten. „Jedes Ereignis, jede Situation, in der Sie sich befinden, hat immer positiven Wert – selbst die Dramen, die Tragödien, der Blitzschlag aus heiterem Himmel“ ermuntert uns Arnaud Desjardins, französischer Produzent von Filmen über östliche, spirituelle Themen. Wenn wir anfangen, diese Sichtweise einzunehmen, sind wir auf dem Königsweg zu einem heiteren Herzen. Oder wie der weise Epikur es im Schatten eines Olivenbaumes zusammenfasste: *Genuß ist der Beginn und das Ende eines gesegneten Lebens.* Genießen wir das was ist, dann verwandelt sich sogar unsere triste Vorortstrasse in den Hain Epikurs.

Fast 2300 Jahre später schreibt ein Jünger Epikus, Jochen Bittner, in der in der *Zeit*: „Genussfähigkeit ist Glücksfähigkeit. Und wer glücklich ist, dem fällt es ebenso schwer zu hassen, wie es ihm leichtfällt zu lieben. Genuss macht bewusst, wie wertvoll, wie heilig das Leben ist, und zwar nicht nur das eigene. Wir dürfen also nicht nur, wir sollten: unsere Seelen füttern mit Sinnlichem.“ Wohlan, lass uns satt werden von sinnlichen Genüssen.

Zum Schluss ein kleiner Tipp aus meinem Glücksverstärkungs-Repertoire löst zudem Einschlafprobleme, bewirkt schöne Träume und tiefen Schlaf: Jeden Abend vor dem Einschlafen sich fünf Momente des Glücks und des Genusses des vergangenen Tages in Erinnerung rufen – große, kleine, vermeintlich belanglose – oder Genüsse von der Größe eines Urknalls – es spielt keine Rolle. Wichtig ist dabei nur, die Situation noch einmal mit allen Sinnen zu durchleben – sehen, hören, riechen, schmecken und tasten. Währenddessen schießen die Neuronen durch unsere Köpfe und schalten unser System auf Freude und Glück – (übrigens, guter Sex bewirkt das gleiche) –. Dies wiederum bewirkt die Reduzierung von Stresshormonen, unsere Immunreaktion wird gestärkt, sodass Krankheiten vermieden werden können.

Mark Twains viel kürzere Empfehlung lautet: „Gib jedem Tag die Chance, der schönste deines Lebens zu werden.“ Das Glück genießen heilt den Körper. Auch den alten Körper. Die Seele sowieso.

Dazu werden wir alt.

4. Möglichkeit

Alter und Vollkommenheit

In den alten Zeiten lernte man,
um sich selbst zu vervollkommnen,
heute tun man es, um auf andere Eindruck zu machen.
Konfuzius (551-479 v. Chr.)

Als Gott den Menschen erschuf,
war er bereits müde; das erklärt manches.
Mark Twain

Ich liebe meinen Garten. Er ist chaotisch, eigenwillig und verweigert sich meinen gestalterischen Verbesserungen durch Wildwuchs oder gar Wachstumsstillstand. Er überrascht mich mit einem Meer von wild ausgesäten Fingerhüten voller mattrosa Blüten oder lässt blau blühende Hortensien über Nacht dunkelrot werden. Ich setze mich auf eine Bank und betrachte ihn, insgeheim Verschönerungen planend. Mein Garten blickt still zurück. Er wird wachsen, blühen und niemals perfekt sein. Darum ist er von vollkommener Schönheit, aber leider in meinen Augen nie von schöner Vollkommenheit.

Eine buddhistische Lehre sagt „Glücklichsein bedeutet nicht, dass alles perfekt ist. Es bedeutet, dass du dich entscheidest, die Unvollkommenheit für diesen Augenblick zu akzeptieren". Das mag für einen Garten zur Not noch gelingen, aber bei der Annahme, dass unsere eigene Unvollkommenheit ein Dauerzustand bleiben wird, mobilisieren sich alle inneren Stimmen der Abwehr zu einem großen Nein! Die Möglichkeit, dass Vollkommenheit nie erreicht, sondern nur vorbereitet werden kann und somit die Unvollkommenheit als Tatsache anzunehmen und gutzuheißen ist, erscheint den meisten Menschen schlichtweg für ausgeschlossen.

Von Jahrtausende währender Fremdsteuerung durch Kirche und Potentaten befreit, haben wir Menschen uns der Eigensteuerung unterworfen. Wir sind zu Hyperindividualisten geworden, die Selberkenntnis und Selbstoptimierung zu ihrer Religion gemacht haben – eine Massenobsession der Selbstüberwachung, Selbstkasteiung, Selbstbestrafung. Diese Selbstausbeutung ist viel gnadenloser und konsequenter, als es die Herrscher des Mittelalters je waren. Körper und Geist stehen Tag und Nacht unter strenger Beobachtung und unbarmherziger Diktatur des Selbst, das sich immer nur in Diskrepanz zu seinem Idealbild sieht.

„Das Dilemma des modernen Menschen liegt darin, dass er sich überall breit macht, jedoch niemals bei sich zu Hause ist", sagt der buddhistische Meister Sogyal Rinpoche. Die Diskrepanz zwischen Ideal und Wirklichkeit ist der Kern unserer Verwirrung und unseres Unglücklichseins. Hinter dem Streben nach Vollkommenheit können wir Menschen unsere tiefe Grundverunsicherung und den stetig an uns nagenden Verdacht, in Wahrheit nicht gut genug zu sein verstecken. Ein aussichtloses Ich-Projekt, weil Vollkommenheit für unser menschliches Dasein nun mal nicht vorgesehen ist.

Vollkommenheit ist ein Zustand, der sich nicht mehr verbessern lässt. Eine Nullfehlerexistens, die dem Leben in all seinen unbändigen, expansiven Ausdrucksformen nicht entspricht. Zwar ist das Bestreben nach Verbesserung der Motor zu unserer Weiterentwicklung, zugleich aber auch eine Quelle unserer Neurosen. Das Streben nach Vollkommenheit hat vielfältige Wurzeln - es kann der Ausdruck einer puritanischen Selbstbeherrschung sein, die wir eigentlich für tot erklärt hatten, die aber in den Abgründen unserer Seelen immer noch sehr lebendig ist und alles lustvolle, lebensbejahende verteufelt. Ebenso ist es möglich, dass der Wunsch nach persönlicher Vollkommenheit einen narzisstischen Geltungsdrang bemäntelt, hinter dem die Angst vor Ablehnung steht, aber genauso vermag es auch eine lebensbejahende Haltung sein, indem er unser Streben unterstützt, aus dieser Welt eine bessere zu machen. Die Gratwanderung zwischen diesen Möglichkeiten ist das, was wir „unser Leben" nennen.

Das Alter, das man haben möchte,
verdirbt das Alter, das man hat.

Paul Heyse

Für meine, nach dem Krieg geborene Generation galt es als unumstößliche Tatsache, dass Zukunft immer die Garantie auf Verbesserung, Vervollkommnung bedeutete. So wurden wir unsere eigene Optimierungsvorlage, hielten uns und unser Leben für ein stets nach Oben, zum Besseren zu korrigierendes Basismaterial – nun wird uns die Zukunft knapp, und statt endlich die Früchte unserer lebenslangen Bemühungen zu ernten und perfekt und vollkommen zu sein, sind wir alt.

Heute gilt das Stigma *alt* als Kapitulation vor der Vollkommenheit. Und in der Tat, schauen wir in den Spiegel und auf unser Geburtsdatum, sollten wir schleunigst anfangen, uns mit unserer zunehmenden Unvollkommenheit anzufreunden. Für Manchen mag es ein Trost sein, wenn Mitmenschen behaupten, es gäbe so etwas wie Altersschönheit, wie Andere auch nicht bemerken, dass „Oh, Du siehst aber viel jünger aus!" ein Kompliment ausschließlich für Alte ist, denn zu Jungen sagt man es nicht.

Um nicht als alt und dumm zu gelten, entlarven Mutige diese Schmeicheleien als einfältig, bestenfalls zynisch, wogegen die 98 Prozent der „ich will doch niemanden vor den Kopf stoßen" – Menschen den Ärger runterschlucken und auf einen, weniger persönlichen Aspekt der Altersschönheit hinweisen: Zum Beispiel eine Kommode im Shabby-Chic, für die die Regel gilt – je älter und vom Leben gezeichneter, desto wertvoller –, wie auch 150 Jahre alter Cognac, alte Meister und sogar alte Telefonkarten auf Auktionen Höchstpreise erzielen. Nur wir Menschen haben uns von dieser Wertschätzung des Alters ausgeschlossen, wie auch die gängigen Vorstellungen von Vollkommenheit uns mit dem Zustand des Altsein absolut unvereinbar erscheinen.

Mit der Schönheit liegt die Sache etwas anders. Es gibt schöne Menschen. Es gibt schöne alte Menschen, wie zum Beispiel die 83-jährige Allround-Künstlerin Yoko Ono, oder das 85jährige Model Carmen dell'Orefice. Es ist anzunehmen, dass diese beiden schon immer schön gewesen sind. Alter an sich ist nicht schön, Jugend an sich auch nicht. Nur ist Schönheit im Alter überaus selten, wenn überhaupt, dann ist sie überraschend und meist auch etwas frivol, da ihr immer noch etwas Ungehöriges anhaftet.

Ob es uns passt oder nicht, die Ideale des Zeitgeistes bestimmen: Der schöne Körper ist ein junger Körper, das schöne Gesicht ist ein junges Gesicht. Der ewigen Sehnsucht nach Jugend und Schönheit gab Hieronymus Bosch schon im Mittelalter in seinem Bild *Der Jungbrunnen* Ausdruck. Heute sind wir überzeugt, dass jede Sehnsucht sich auch erfüllen kann, wenn wir nur das Richtige kaufen, und darum glauben wir, was uns die Werbung verspricht: dass Schönheit von innen kommt durch den Konsum von teuren Nahrungsergänzungsmittel, dass Sportclubs uns schlank, Anti Aging-Produkte uns jung und Schönheit OPs uns vollkommen machen werden. All das ist eine kommerzialisierte Täuschung: Tatsache ist, wir sind alt und werden noch älter, aber auf keinen Fall mehr jünger! Jung sind jetzt die Anderen, und wer jung ist, der ist per se schon richtig. Wer jung und außerdem noch schön ist, ist perfekt. Allerdings fühlt sich „Perfekt" kaum eine junge Frau, aber erst recht nicht wir alten.

Die RTL-Frauenbeschämungsshow *Germany's Next Top Model* ist für uns Durchschnittsfrauen und besonders für uns alte Durchschnittsfrauen die Gelegenheit unseren Frust zu kompensieren, indem wir unsere fiesen, sadistischen Seiten ungestört ausleben und mit hämischem Vergnügen zusehen, wie bildschönen und blutjungen Frauen das Gleiche zustößt wie den meisten von uns tagtäglich – sie versagen, verlieren und werden gnadenlos aussortiert. Nach dem gleichen Prinzip strömten schon im alten Rom die Zuschauer ins Kolosseum, um dort mit einer Tüte gerösteter Wachtelzungen in der Hand genüsslich zuzusehen, wie Gladiatoren abgeschlachtet oder Sklavinnen von Löwen vernascht wurden. Auch dort war es eindeutig weitaus angenehmer, auf der Seite des Publikums zu sitzen, als sich den zumeist sehr flüchtigen Ruhm eines dahingemetzelten Showstars einzuhandeln.

Im ehrlichem Rückblick auf unser Leben zeigt sich auch, dass der Wahn, dem angesagten Schönheitsideal zu entsprechen – zumal für uns Frauen – schon immer eine Garantie zum lebenslangen Unglücklichsein war. Zwischen dem Ideal und der Wirklichkeit liegen drei Kleidergrößen. Entgegen der gesunden Haltung der Männer, die, wenn ihnen eine Hose nicht passt, die Schuld daran nicht ihrem Bierkonsum, sondern dem entrückten Designer geben, schleichen wir Frauen uns mit dem immer noch zu engen XL-Teil aus den Umkleidekabinen, im Kopf den Endzeitgedanken „Hilfe, mein Körper ist falsch! Ich bin falsch!" Danach werfen wir uns zuerst in die verständnisvollen Arme einer Freundin, anschließend in die Heilversprechungen jedes noch so fragwürdigen Gurus oder Schönheitschirurgen.

Selten akzeptieren Frauen während ihres Lebens ihren Körper so, wie er ist. Er ist immer eine Optimierungsvorgabe, ein Durchgangsstadium für bessere, vollkommenere Zeiten. Hätten wir damals, vor dreißig Jahren, nur gewusst, dass wir uns heute wünschen so dünn zu sein, wie damals, als wir dachten, wir wären dick. Aber nicht nur Frau Klum wird eines Tages von den Gesetzen der Erdanziehung heimgesucht werden und gezwungen sein, sich mit der Tatsache vertraut zu machen, eine alte Frau zu sein, somit ein weiteres Mitglied in dem Club der großen Erschlaffung.

Apropos „Erschlaffung" – ich muss zugeben, nicht ohne stille Altershäme stelle ich mir vor, wie die Tattoos und Arschgeweihe der jungen, knackigen Body-Junkies dereinst auf faltiger Haut durchs Altersheim geschoben werden. Welchem dieser kraftvollen 30jährigen ist schon klar, dass bereits mit 20 Jahren die ersten Abbauprozesse ihres Model-Körpers begonnen haben? Denn kaum ist die Pubertät überlebt, lassen die Fähigkeiten des Körpers nach, Störungen zu verhindern oder Schädigungen zu reparieren. Die Folgen, wenn auch Spät-Folgen, sind Falten, graue Haare, Weitsichtigkeit, nächtlicher Harndrang und dergleichen Unzulänglichkeiten, die dann im Alter auf die Menschheit lauern.

Überraschend ist dabei nur, dass unser altes Gesicht, nicht, wie erwartet, unser junges Gesicht plus Falten ist, sondern ein neues, anderes. Die Nase dehnt sich aus, die Ohren werden größer, unser Gesicht wird zu einer Überspitzung seiner Charakterzüge. Was nun ans

Licht der öffentlichen Zurschaustellung drängt, sind hinterhältiger Weise hauptsächlich die unschönen Merkmale unseres Körpers, die wir bisher mit allen kosmetischen Tricks oder vorteilhafter Bekleidung versucht haben zu verbergen. Ich zum Beispiel, trage meinen Po jetzt vorne und meine Lieblingshose kommt aus der Mama-Kollektion von H & M. Diese selten vorteilhafte Metamorphose nicht als bösartige Missbildung oder gar heimtückische Krankheit, sondern als natürlichen Alterungsprozess zu erleben, ist eine wahrhaft heroische Herausforderung an unser selten stabiles Ich. Besonders jetzt, da uns die Selbsttäuschungsmanöver und Abwehrmechanismen unseres geschäftigen Vorrentnerdaseins nicht mehr zur Verfügung stehen. Die Job-, Kinder-, Haus-Ausreden fallen größtenteils weg, sodass wir endlich die Muße und zugleich die Möglichkeit haben, uns ohne Ablenkungen einen klaren Überblick zu verschaffen und eine Bestandsaufnahme von uns zu machen: Was ist mir wirklich wichtig? Womit möchte ich die Restzeit, die mir bleibt, verbringen? Wirklich mit Salatblättern ohne Dressing, stillem Mineralwasser, täglichem Sportpensum und frühem ins Bett gehen?

Schade, dass die Zeit zwischen
"zu jung" und "zu alt" so kurz ist.

Charles de Montesquieu

Der Leistungsdruck der Fit-Aktiv-Produktiv-Gesellschaft, d er jedes abweichende Verhalten als Disziplinlosigkeit an den Pranger stellt, macht auch vor dem, was einstmals Ruhestand genannt wurde, nicht halt. Er sitzt in den Köpfen ergrauter Senioren genauso fest, wie in dem restlichen Teil der noch um Job und Erfolg Kämpfenden, und treibt uns Alte an, statt in Ruhe unseren Lebensabend zu genießen, schneller, besser, vollkommener alt zu werden. Wieweit uns dieses Effiziensbewußtsein schon besetzt hat, zeigt sich darin, dass wir unsere Selbstoptimierung für Selbstbestimmung halten.

Die Branche, die als erste die Veränderungen des Zeitgeistes wahrnimmt und thematisiert, ist die Werbung. Wie ein Seismograph zeigt sie auf, dass das Bild von alten Menschen dabei ist, sich zu verwandeln. Bisher sah man Ältere nur zaghaft zwischen Heino und Hannelore in Yello-Press-Magazinen für Medikamente gegen Blasenschwäche, Arthritis und Nierenwickel lächeln. Jetzt haben junge Kreative uns, die konsumstarken und sich neu orientierenden New-Ager, entdeckt. In Anzeigen und TV-Spots tummeln sich attraktive, aktive und gutsituierte Alte, die bereit sind, für ihre Lebensoptimierung – sei es für Reisen, Autos oder Vitamintabletten – Geld auszugeben. „Diese Entwicklung ist sehr zu begrüßen, weil sie negativen Altersstereotypen in der Gesellschaft entgegenwirkt", betont Una Röhr-Sendlmeier. Die Psychologin an der Universität Bonn verfolgte, wie sich das Bild älterer Menschen in der Anzeigenwerbung gewandelt hat. „Werbung bietet langfristig Orientierungsmuster, die das Selbstbild langfristig beeinflussen. Und das in der Werbung vorherrschende Bild stützt die Befunde der Altersforschung vom kompetenten, älteren Menschen."

„Klasse ist zeitlos" ist der Slogan für eine Luxusuhr. Dazu lächelt eine bildschöne alte Frau, sie hat weiße Haare und ist schamlos geliftet oder retuschiert. Wahrscheinlich beides. Offensichtlich ist „Klasse" dann zeitlos, wenn sie faltenlos ist. In der Tat ist das Bild der kompetenten Alten, das immer häufiger in Annoncen und Werbespots gezeigt wird, auf den ersten Blick beeindruckend. Sie tun Dinge, die eigentlich nur Testosteron gesteuerten Heranwachsenden vorbehalten waren: verwegen am Steuer schnittiger Rennboote, cool beim Wasserski und dynamisch beim Snowboarden. Ohne Anstrengung laufen diese grauhaarigen Gutausseher Marathon und erklimmen lässig die Eiger-Nordwand, lernen Chinesisch, machen ihren Doktor in Physik, hüpfen mit einem ebenfalls attraktiven Partner händchenhaltend ins Meer oder blicken, sich romantisch umarmend, in den Sonnenuntergang. „Zuerst wirken diese Bilder erfrischend und befreiend, aber irgendetwas stimmt daran nicht. Die neue Art, alte Menschen zu zeigen, besteht darin, ihre Ähnlichkeit mit der Jugend hervorzuheben. Alten wird gehuldigt, weil sie aussehen und sich verhalten wie Jugendliche. In gewisser Weise ist dieser neue Stereotyp von den „jungen Alten“ noch tyrannischer als der von den „alten Alten“ früher“, beklagt dagegen die Psychologin Patricia Tudor-Sandahl. Die Werbebotschaft ist klar: Es ist erwünscht, ein alter Konsument zu sein, aber nicht erlaubt, dabei alt auszusehen.

Hier wird offensichtlich unsere Fähigkeit, die Manipulation unseres Käuferverhaltens zu durchschauen oder gar zu boykottieren, unterschätzt. Schließlich sind wir die „alt“68-Generation und haben einst den Protest, wie auch die Konsumkritik erfunden! Die mit nicht verdeckter Medienhäme als „Wutbürger“ bezeichneten Über 60jährigen, die gegen Missstände unerschrocken demonstrierten, sind nur der Anfang. Diese zahlenmäßig immer stärker werdende Generation zeigt jetzt schon ein konsumkritisches Verhalten, das als Lebenshaltung der Trend der Zukunft sein wird und zunehmend von einer immer größer werdenden Anzahl der jüngeren Generationen geteilt wird: Weniger ist mehr! Schluss mit dem Optimierungsquatsch!

Die einzige Methode, gesund zu bleiben,
besteht darin, zu essen, was man nicht mag,
zu trinken, was man verabscheut,
und zu tun, was man lieber nicht täte.

Mark Twain

Gut und schön, wer von uns würde nicht begeistert sein, endlich nicht mehr gut altern zu *müssen*, weil das vielfach nur bedeutet, auf unsere alten Tage jung, flexibel, dynamisch und aktiv zu sein. Die Folge: Hyperaktive Alte mit neurotischer Anpassungsflexibilität, die in illusionärer Grenzenlosigkeit ihr Leben verjubeln. Das ist ebenso unschön, wie auch gesundheitsschädlich, zudem äußerst peinlich.

Über unsere heutige Körperfixiertheit, über unsern „Forever Young-Wahn“ würden manche unserer Ur-,Urahnen ungläubig die Köpfe schütteln. Sahen diese Menschen im Älterwerden doch kein „Weniger“, sondern ein „Anders“. Junge waren somit nur anders als

Alte. Diese Art der Betrachtungsweise verzichtet auf eine Bewertung und zeigt eine Haltung die das Gegenteil der Dogmen ist, die unsere heutige Kultur bestimmen. Wir bewerten heutzutage alles – Dinge, Menschen, Natur, sogar Liebe und Glück. Wertschätzung ist an Werte gebunden, Preise an Marktgesetze von Angebot-und Nachfrage. In unserer *Alles hat seinen Preis* – Welt reduzieren wir unser menschliches Sein auf Tauschgeschäfte und dabei haben wir Alten schlechte Wettbewerbsaussichten, denn alles an uns wird weniger: weniger Haare, weniger gute Figur, weniger Kraft, weniger Hören, Sehen, Riechen, Schmecken. Das einzige, was offensichtlich zunimmt ist unser Wertverlust.

Wertlosigkeit weckt Scham und Selbstzweifel, unangenehme Gefühle, die es schnellstens zu beruhigen gilt. Je deutlicher sich unsere Realität *alt* zeigt, desto stärker ist unser Bedürfnis nach Verleugnung des Alters und Anbetung der Magie der Jugend. Wir bringen dem Götzen *Forever Young* jedes Opfer, damit er gnädig gestimmt ist und uns verjüngt, um nicht als baldige Todeskandidaten erkannt zu werden. Jung auszusehen trennt uns sichtbar von der Greisenliga und gaukelt uns vor, dem Tod durch unser Fitsein und *Good Looking* ein Schnippchen schlagen zu können. Um diesen kollektiven Realitätsvervust tagtäglich auszuhalten, sind wir süchtig nach Zaubersprüchen wie „jeder kann fit und beweglich bleiben" und greifen nach Zaubermitteln wie „Kigelia Africana: Das Hautgeheimnis des dunklen Kontinents!" sowie Zauberworten der Schönheitschirurgie: Gesichtsstraffung & Facelift im 2-Schicht-Verfahren aus den USA, Halsstraffung (Neck-Lift), Augenlidkorrektur (Blepharoplastik), Stirnlift / Augenbrauen-Lift, Nasenkorrekturen (Rhinoplastik), Ohrkorrekturen & -anlegung (Otoplastik), Korrektur des Gesichtsprofils (Kinn & Wangen), Lippenmodellierung & -korrektur, Haartransplantationen, Faltenglättung mit Kollagen & Hyaluronsäure oder Eigenfetttransplantation, Botox gegen Achselschweiß, usw. usw – wir sollten Abwrackprämien erhalten.

Bis dies geschieht, folgen die Meisten ebenso vertrauensselig wie einfältig der Lebensverlängerungsindustrie, die uns suggeriert: „Jung gleich glücklich“ und deren Umsatz steigernde Wirksamkeit genau darauf beruht, dass sie eine Chimäre ist. Durch die sich nie erfüllende Hoffnung auf Vollkommenheit bleiben wir weiterhin willige und manipulierbare Konsumenten des globalen Marktes. Der amerikanische Psychoanalytiker James Hillman fasst die bisweilen an Hysterie grenzende Anti-Aging-Welle der letzten Jahre mit dem Satz zusammen: „Alt werden ist zur Grundangst einer ganzen Generation geworden.“ Das Alter war immer schon mit Angst und Abscheu besetzt. Nicht nur bei unseren Vorfahren im Jungbrunnen von Hieronymus Bosch. Seit Menschengedenken wurde versucht, dem Alter mit den verschiedensten Mittelchen beizukommen – aber wir glaubten auch einst, die Erde sei eine Scheibe.

Sollten in uns irgendwelche Zweifel im tagtäglichen Wettkampf um die Selbstoptimierung Richtung „Forever young!“ aufsteigen, bietet uns eine gewaltige Vertuschungsindustrie ihre Hilfe an. „Nichts ist unmöglich!“ Das ist im Prinzip richtig, aber daraus abzuleiten, Falten mit dem Rattengift Botulinum-Toxin auszubügeln, weist auf pathologische Verhaltensstörungen hin. Natürlich ist es möglich, sich die Haut immer wieder glatt ziehen zu lassen, bis durch die Spannung die Augendeckel nicht mehr schließen, die Nasenlöcher waagerecht liegen und der Mund beim Lachen Ähnlichkeit mit einem Briefschlitz hat.

Wenn wir uns selbst als Material betrachten und glauben, dass unsere Verbindung zur Welt, zu anderen Menschen und unser Einbindung in die Welt nur durch unseren Körper möglich ist, dann sollten wir in der Tat den langsamen Verfall dieses Körpers mit allen Mitteln zu unterbinden versuchen. Wer in diesem Glauben, diesen Gedankenmustern gefangen ist, der findet es auch völlig in Ordnung, dass unser Körper bald ein Ersatzteilendlager ist und wir Teile, die nicht mehr funktionieren, reparieren oder durch neue ersetzen. Jährlich werden deutschlandweit ungefähr 200.000 künstliche Hüftgelenke implantiert und nicht mehr funktionierende Herzen, Nieren, Lebern durch Leichenteile ersetzt. Alles ist möglich, aber glauben wir wirklich, dass wir dadurch vollkommener oder gar glücklicher werden?

Wer trotz dieser wahnsinnigen, gefährlichen und teuren Reparaturen immer noch überzeugt ist, nur ein perfekt funktionierender, folglich junger Körper sei der einzige Weg zur Zufriedenheit, sollte wissen, auf ihn warten noch viele weitere dubiose Verlockungen am dornigen Wegesrand der Altersvertuschung: Gedächtnistraining, Vorsorgeuntersuchungen, Leistungsmaximierung, Bluttuning und Haartransplantationen! Straffe Regeln, hohe Kosten, viel Zeit und ohne Rücktrittsgarantie bei Mangelerscheinungen. Dabei ist das Ergebnis im besten Fall, dass ein neu gestrafftes Gesicht auf dem alten Hals sitzt. „Nichts macht so alt, wie der Versuch jung auszusehen." soll Karl Lagerfeld mal wieder treffend bemerkt haben.

Wir altern alle. Punkt. Nur wie wir altern, liegt an uns. Dies hängt nicht von unserer Bereitschaft ab, Unsummen in die Reparaturmaßnahmen zu investieren, sondern von unseren Genen, unseren Gedanken und unserer bisherigen Lebensweise . Studien belegen, dass Menschen, die sich vorwiegend durch Gemüse, Obst, Hülsenfrüchte, Fisch und Öl ernähren, deutlich weniger Falten haben als diejenigen, die Weißbrot, Schweinebraten und Sahnetorten bevorzugen – von Zigaretten und Alkohol ganz zu schweigen. Auch scheint die Altersdemenz weit seltener bei Menschen aufzutauchen, die ihr Leben lang geistig und körperlich aktiv waren.

Wer wir im Alter sind, ist das Ergebnis unseres Lebens und nicht einer Anti-Aging-Creme für 220 Euro. Das mag für einige eine herbe Enttäuschung sein zu erfahren, dass Gesundsein für fast jeden Menschen machbar ist und zudem, entgegen der üblichen Panik „Gesundheit ist teuer", völlig kostenlos. Das Rezept? Zum Beispiel: Jeden Tag eine Stunde spazieren gehen! Wenn wir zudem noch kontaktfreudig sind, regen Gedankenaustausch mit Freunden und der Familie pflegen, uns gesund und ausgewogen ernähren, dann steht unserer Lebensqualität im Alter nichts mehr im Weg. Und damit sind wir der Vollkommenheit schon ein großes Stück näher gekommen.

„Wie oft in deinem ganzen Leben bist du überhaupt schon mit dir selbst in Kontakt getreten?", fragt der tibetische Meditationslehrer Chögyam Trungpa Rinpoche. Die ganz Forschen unter uns werden daraufhin mit einem gequälten „Na, ja …?" antworten, wir anderen wissen zumeist nicht, wovon er spricht.

Bedauerlicherweise ist das Selbst, das wir da in uns haben, an den entscheidenden Stellen von im Geheimen operierenden Besatzungsmächten okkupiert, die schon sehr lange bestimmen, wer wir sind und was wir sein sollen. Die Folge ist ein „Ich bin so, wie du mich haben möchtest" – Mensch, der nicht merkt, dass er mit seinem Streben nach Perfektion, nach Optimierung, wie eine Marionette an den Fäden fremder Interessen hängt.

Jetzt im Alter ist es höchste Zeit, die machtvollen Okkupanten auf Nimmerwiedersehen nach Hause zu schicken. Der Abzug wird sich je nach Anzahl der Besetzer etwas hinziehen, aber wir können schon mal mit den Vorbereitungen zu unserer Unabhängigkeit beginnen und uns fragen; Was sind unsere eigentlichen Stärken und Ressourcen? Wie steht's mit unserem Mut? Wie bereit sind wir, uns so, wie, und was wir heute sind, zu akzeptieren? Zu akzeptieren, dass wir unvollkommen und gleichzeitig einzigartig sind. Dann können wir auch erkennen, dass niemand vor uns je unser Leben gelebt hat, niemand hat je unseren Körper besessen, denn wir sind ein kostbares, einzigartiges Einzelstück – mit wem sollten wir uns vergleichen?

Der amerikanische Schauspieler Clint Eastwood soll gesagt haben: „Facelifting? Nein, dann würde ich ja alle diese großartigen Falten zerstören." Seinen Mut benötigen auch wir, um ebenfalls zu erkennen: Mein Gesicht ist Spiegel und Summe meines Lebens, alle Träume, alle Niederlagen, alle Tränen und alles Glück sind hier verzeichnet, mein Äußeres stimmt mit meinem gelebten Leben überein. Mit dieser Erkenntnis geben wir das mühselige und aussichtlose Streben auf, etwas anderes sein zu wollen, als wir sind.

Auch sollten wir bedenken, dass uns in einem gelifteten, mit dem Nervengift Botox behandelten Gesicht etwas Unangemessenes, Befremdliches entgegentritt. Wir werden gezwungen in diesem Antlitz etwas zu sehen, gerade weil es so offensichtlich von seiner Trägerin verleugnet wird: Es enthüllt eine Bedürftigkeit, da durch dieses glatte, künstliche Gesicht die verletzte, notleidende Seele sich schonungslos offenbart. Dieses erweckt im Betrachter Ablehnung, weil er dadurch mit seinen eigenen Ängsten konfrontiert wird. Wenn wir in unserem Gesicht, unserem Körper die Lebensspuren löschen, um unserer Angst vor dem Alter, der Vergänglichkeit und letztendlich unserem Tod zu entkommen, enden wir als Einheitsgesichter auf Einheitskörpern. Wir verlieren damit unser menschliches Antlitz, unsere Einzigartigkeit, unsere Menschlichkeit.

Unser Gesicht bedeutet noch viel mehr: für alle Menschen Beweis und Erkennen vom Anderen, etwas, was ich nicht bin. Darum hat das, was wir unserem sichtbaren Bild antun, soziale Folgen. Wenn es seine individuelle Unvollkommenheit nicht mehr entblößt, dann geht die ursprüngliche Grundlage für fürsorgliches Verhalten verloren, auf denen der gesellschaftliche Zusammenhalt beruht. Die sichtbare Hilfsbedürftigkeit von Babys, kleinen Hunden, Kranken und alten, gebrechlichen Menschen gibt uns die Möglichkeit, uns als gütig, barmherzig und hilfsbereit zu erfahren. Würden wir nur vollkommenen, glatten Robotern gegenübertreten, würde eine Eigenschaft, die wir als einzige Lebewesen auf diesem Planeten besitzen, verkümmern – unser Mitgefühl. Ohne Mitgefühl ist es uns nicht möglich, uns mit anderen Menschen zu verbinden. Verbundenheit ist ein archaisches Grundbedürfnis, eine Überlebensstrategie, der die Angst vor dem Ausgestoßenwerden zu Grunde liegt. Sie ist noch größer als die Angst vor dem Tod. Nur im Mitgefühl lösen sich die Grenzen des Getrenntseins auf, wir atmen auf und lächeln, nehmen die Hand des anderen und sind auf dem Weg nach Hause.

„Alles, was das Alter meinem Körper mit Gewalt nimmt, gewinnt meine Seele an unsterblicher Jugend und strahlender Liebe!“ schrieb einst Simone de Beauvoir. Ihr epochales Werk *Das Alter* ist eine der umfassendsten Materialsammlungen zu diesem Thema, beeindruckend klug und schrecklich deprimierend. Ob sie ihren vergötterten Sartre dadurch abhalten konnte, nach der Schönheit von jungen Frauen zu schielen, wage ich zu bezweifeln. Wir alten Durchschnittsmenschen haben den Vorteil, auf weniger anstrengenden Wegen als Simone de Beauvoir zur entscheidenden Erkenntnis zu gelangen, dass die Verfallserscheinungen des Alters oftmals nur Symptome der Veränderung, der Neuorientierung sind. Die Veränderung fragt jetzt nicht nur „Was ist gut für meinen Körper?“, sondern „Was ist gut für meine Seele?“

Warum dies nicht als Aufforderung in die Egoblase der Ichbezogenheit zurückzufallen verstanden werden sollte, beschreibt der indische Autor und Psychoanalytiker Sudhir Kakar, „Die Seele ist bedeutungslos, solange sie in ein individuelles Selbst eingesperrt bleibt. Nur in der Verbundenheit enthüllt sie ihre Bedeutung und ihre Wonne. Je ausgeprägter dabei unsere Individualität ist, desto schwächer wird das Bedürfnis, unser individuelles Selbst mit dem Panzer der Selbstverherrlichung zu ummanteln ...“

Unser Altsein mit seinem eindeutigen Abbau von Vitalität, macht es uns leicht den Panzer der Selbstverherrlichung abzulegen, statt Bewegung Ruhe, statt Flexibilität Reife, statt Veränderung Inhalt. Wir Alten besitzen Lebenserfahrung, mehr als genug, und manchmal mehr, als uns lieb ist. Wir verstehen zwar nichts von HTML-Programmierung, aber dafür mehr vom Leben. Wissen mag wichtig sein, Bewusstsein ist für uns Alte wichtiger. Mit unserem neuen Bewusstsein können wir das Streben nach Selbstoptimierung, Vollkommenheit, nach Makellosigkeit als selbstschädigend erkennen und uns seelenberuhigt entweder ein Nickerchen gönnen oder über den Sinn des Lebens nachdenken – Zeit genug dazu haben wir.

Möglicherweise entdecken wir etwas Vergessenes – in jedem Leben gibt es einen Moment der absoluten Vollkommenheit. Er kommt ohne Vorwarnung, meist im Nebensächlichen, zudem sehr kurz, aber, wenn es geschieht, gibt es keinen Zweifel, dass er da ist. Man nennt diesen Moment „Den magischen Augenblick“ oder „den „perfekten Moment“ oder den „Flow“. Er geschieht unerwartet, ohne Planung, er

„ist“ nur. Es ist ein Moment, in dem alles vollkommen ist, alles richtig, alles an seinem Platz, sogar man selbst ist vollkommen. Mein Flow geschah an einem warmen Sommerabend im Garten. Ich war den Weg zu einer versteckten Bank schon unzählige Male gegangen, auch barfuß, wie an diesem Abend, das Licht fiel schräg durch die Bäume, irgendwo lachten Kinder, Musik wehte aus unserer Küche und da geschah es, der perfekte Moment – alles in Vollkommenheit. Ich vergaß zu atmen, weil es keine Zeit mehr gab, kein Anderswo, Anderswie, als wenn aus der Tiefe des Seins ein Flügelschlag des Allumfassenden mich berührte. Mir traten Tränen in die Augen, und ich dachte: Jetzt kann ich sterben.

Es ist über 15 Jahre her. Ich bin nicht gestorben. Es scheint sich bei dem *perfekten Moment* um ein Phänomen, vielleicht ein klein wenig ähnlich der Erleuchtung zu handeln, und über die sagt der Buddhismus: „Vor der Erleuchtung fegt man den Hof und nach der Erleuchtung fegt man den Hof.“ Ich bleibe noch eine Weile in der Unvollkommenheit meines Lebens und fege weiterhin zwischen Absurdem und Alltäglichem meinen Hof.

Leider sind außergewöhnliche Bewusstseinszustände selten ein Alltagsvorteil. Da ist die Bemerkung von Albert Einstein „Man muss die Welt nicht verstehen, man muss sich nur darin zurechtfinden.“, ein viel nützlicherer Hinweis, sich nicht mit aussichtslosen Unternehmungen wie das Erlangen der Vollkommenheit aufzuhalten, sondern unsere nüchterne Alters – Klarsicht zu nutzen, um die Paradigmen unseres Restlebens neu zu bestimmen: Noch lebe ich! Was will ich noch leben? Wovon will ich mehr? Wovon weniger? Wer will ich sein? Und eventuell bringe ich sogar den Mut auf mir vorzustellen, es gäbe Gott, und der würde mich am Ende fragen: „Was wäre ohne dich nicht geschehen? Was ist dein Geschenk an das Leben gewesen?“ Wenn das passieren sollte, hätte ich gerne eine bessere Antwort als „ich habe ferngesehen!“

„Solange man versucht, etwas anderes zu sein, als man tatsächlich ist, erschöpft sich der Geist“, sagte der indische Philosoph Krishnamurti. Schlicht gesagt: Raus aus den Selbsttäuschungen, rein in die Souveränität. Statt nach der Vollkommenheit zu trachten die Unvollkommenheit akzeptieren, die eigene, wie auch die der anderen Menschen. Jetzt, da ich alt bin, will ich mich vor allem mit mir selbst wohlfühlen und, wie der amerikanische Sänger Art Garfunkel dringend empfiehlt „für sich selbst interessant bleiben."

Immer mehr von uns neuen Alten legen den Glauben an die Möglichkeit von Vollkommenheit in die Rumpelkammer der Illusionen zu den Osterhasen und dem Weihnachtsmann und kündigen das Gesetz „Jung gleich Selbstwert" – „Alt gleich Unwert" gleich mit auf. *Forever Young* enttarnen wir als Frustfalle und spenden die Honorare für Schönheitschirurgen lieber für heimatlose Hunde in Usbekistan. Die besten Anti-Aging-Mittel sind kostenlos: Freundschaften, soziales Engagement, Hobbies und Interesse an Mitmenschen, der Kunst und an der Natur. Psychologische Studien zeigen immer wieder, dass die Zufriedenheit und das Wohlbefinden im Alter weder von finanziellen Mitteln, noch von Krankheiten abhängig sind, sondern von der Eingebundenheit in die Gesellschaft, dem Zusammenhalt, der Zugehörigkeit, der Zuneigung und der Wertschätzung von Freunden, Familienangehörigen und Partnern.

Na bitte, mit diesem Wissen können wir Alte uns doch recht locker von Kontroll-Apps, Fitness-Folter-Geräten, Selbstvermessungsinstrumentarien und Steinzeit-Diäten verabschieden, denn offensichtlich ist das Streben nach Vollkommenheit ein Glücks- und Zufriedenheitsverhinderer, und das ist unserer Lebensfreude und somit unserer Gesundheit sehr abträglich.

Dass wir Alten auf dem richtigen Weg sind, belegen Untersuchungen, die aufzeigen, dass die positive Einstellung der Menschen über 60zig zum Alter und zum Ruhestand in den letzten Jahrzehnten zunehmen. Diese erfreuliche Entwicklung widerspricht der verbreiteten medialen Berichterstattung, in der zumeist ein Unterton des Bedauerns, des zu Bemitleidenden einer Randgruppe mitschwingt. Wir Alten dagegen sind in der privilegierten Lage, diese Voreingenommenheit locker zu ignorieren und selbstbewusst den Jungen die Vorteile des Alters zu zeigen: Wir genießen, was wir noch haben und sehnen uns nicht mehr nach dem, was wir nicht mehr haben können. Diese weise Akzeptanz ist der eine Grund dafür, dass in Umfragen immer mehr alte Menschen angeben, zufriedener und glücklicher zu sein als 20- 30-jährige. Der andere Grund ist ein weiterer Vorzug des Alters, wie die Entwicklungspsychologin Ursula Staudinger erläutert: „Allein dadurch, dass wir älter werden, sind wir besser in der Lage, unser Wohlergehen sicherzustellen. Wir werden sozialkompetenter, zuverlässiger, emotional stabiler, widerstandsfähiger – alles automatisch." Offensichtlich ist ein weiterer Vorteil des Alters, zumindest dem Ideal menschlicher Vollkommenheit immer näher zu kommen.

Darum werden wir alt!

5. Möglichkeit
Alter und Gelassenheit

Gelassenheit ist eine anmutige Form des Selbstbewußtseins.
Marie Freifrau von Ebner-Eschenbach

Gisela war ein *It-Girl*, auch wenn es den Begriff in den 70er Jahren noch gar nicht gab. Sie wusste immer, Wo, Wie, Was und Wer angesagt und was total daneben war. Eiserne Disziplin und die sichere Kenntnis der In-Codes bescherten ihr eine erfolgreiche PR-Agentur, drei Ehemänner und drei Scheidungen. Jetzt ist sie 67. Als wir uns nach langer Zeit zufällig trafen, erzählte sie mir, dass sie mit einem um etliches jüngeren Gärtner zusammen lebe, der sie ständig mit anderen Frauen betrüge, dass sie mit großem Vergnügen scheußliche Figuren töpfere, die nicht mal jemand geschenkt haben wolle, dass sie zum ersten Male in ihrem Leben unbekümmert esse, worauf sie Appetit habe, dass sie dabei kräftig aus dem Leim gegangen sei und keine Ahnung mehr habe, welches Restaurant in der Stadt, welche Sonnenbrille und welcher Lampendesigner angesagt sei und wer nicht. „Und ob du es glaubst oder nicht – mir macht das nicht das Geringste aus! Ich fühle mich befreit und will in meinen restlichen Jahren jemanden kennen lernen, den ich bisher nur als Optimierungsmaterial betrachtet habe – Mich!“

„Wer älter wird“, schrieb Graham Greene, „wird dabei auch weniger kompliziert“. Dieser *Vorteil alt* ist auch eine Folge der Gelassenheit, des Loslassens von den fremdbestimmten Rollen des Arbeitslebens, dem grandiosem Selbstbild, dem Mythos des idealen Body-Mass-Index und dem damit verbundenen Zwang zur fortwährenden Selbstperfektionierung.

Die Gelassenheit des Alters ist eine medial höchst anerkannte Haltung, bleibt aber eine leere Phrase, wenn sich hinter dem schönen Schein Gleichgültigkeit, Desinteresse und Egozentrik des Gelassenheits-Trägers verbergen, der sich nur sorgt, wenn sein Cholesterinwert bedenklich über den Normalwert steigt. Gelassenheit, die sich nicht gleichzeitig in einer wertschätzenden Verbundenheit mit anderen Menschen ausdrückt, indem sie nicht nur das eigene Wohl, sondern auch das seiner Mitmenschen, wenn nicht gar größere Wohl der Gesellschaft anstrebt, ist schlichtweg nur kindliche, pathologische Selbstbezogenheit – das mal nur vorweg!

Gelassenheit kann weise Akzeptanz in die Unbegreiflichkeit des Lebens sein, aber auch ein gelassenes Hinnehmen von unerträglichen Zuständen und wäre dann in Wahrheit Trägheit oder Fatalismus. Der Theologe Reinhold Niebuhr fasst diese Ambivalenz in seinem Gelassenheitsgebet zusammen: „Gott, gib mir die Gelassenheit, Dinge hinzunehmen, die ich nicht ändern kann, den Mut, Dinge zu ändern, die ich ändern kann, und die Weisheit, das eine vom anderen zu unterscheiden." Wer kann das schon? Vor allem, wo wir Tag für Tag von den schlechten Nachrichten des Tages tief in unsere Fernsehsessel gedrückt werden, und uns zwischen Ohnmacht und Resignation nur noch dazu aufraffen können nach dem Weinglas zu greifen. *Empört Euch!*, dazu rief nicht etwa ein junger Weltverbesserer auf, sondern der 93-jährige ehemalige Widerstandskämpfer und UN-Diplomat Stéphane Hessel. Sein Aufruf fand weltweit große Beachtung und wurde über 1 Million mal verkauft.

Empörung ist der erste Schritt zum Widerstand gegen unmenschliche und lebensfeindliche Zustände. Ich bin gerne empört und auch mit großem Vergnügen ungelassen. Es gibt um mich herum zu viel, das meine Nicht-Gelassenheit geradezu herausfordert: vom Aussterben der Flusspferde im Kongo wie auch des Feldhamsters in Sachsen-Anhalt, um nur einige von über tausend bedrohten Arten zu nennen; vom Paketboten, der, statt Pakete abzugeben, nur noch einen Abholschein in den Briefkasten steckt, vom Cellulitis-Licht in den Umkleidekabinen von H & M, bis zur Aufzucht von 30-Kilo-Hühnern in der Massentierhaltung – von Folter, Kriegen und Massenvernichtungswaffen ganz zu schweigen. Ich bin zwar alt, aber mir ist doch trotzdem noch nicht alles egal!

Dennoch bemerke ich eine Veränderung – ich bin viel häufiger gelassen als früher. Das könnte auch daran liegen, dass in den vielen

Jahren meines Lebens unzählige meiner Träume an der Wirklichkeit zerplatzt sind. Das war oft bitter, aber wenn ich heute auf mich blicke, bin ich insgeheim stolz, dieses Debakel überhaupt immer wieder überlebt zu haben. Aber wessen Leben entspricht schon den eigenen Erwartungen? Wahrscheinlicher ist es, stattdessen auf eine Kette von verpassten und verpatzten Gelegenheiten zurück zu blicken. Diesem resignierenden Rückblick gegenüber gelassen zu sein ist genauso schwierig, wie sich damit abzufinden, dass wir alten Frauen immer schwerer die hässlichen Pfunde loswerden, die uns von Größe 38 trennen. Zugegebenermaßen befinde ich mich noch auf der Gelassenheits – Übungsstrecke, hier gilt es viele Illusionen aus dem Weg zu räumen, tief durch zu atmen, den Überblick zu gewinnen und als erstes vergebliche Kämpfe aufzugeben, wie den Lebenspartner zu verändern oder gar an den Erfolg einer Wunderdiät zu glauben. Denn es wäre mir unglaublich peinlich, wenn es sich schlussendlich herausstellt, dass der Gedanke, den ich in meinem Leben am meisten gedacht habe, doch: „Ich bin zu dick!", gewesen wäre.

Trotz guter Gründe für Aufbegehren, Empörung und Protest nimmt, wie gesagt, meine Gelassenheits-Kompetenz zu, weil langsam und sicher mein Bedürfnis abnimmt, mich über andere Menschen aufzuregen, wenn ihr Verhalten mit meinen Vorstellungen kollidiert. Dies liegt einerseits an meiner neuen Kompetenz, meine Ansprüche altersweise herunter zu schrauben, andererseits daran, dass ich die Energievampire und Egomonster langsam aus meinem Leben entsorge. Die gefräßigsten von ihnen lässt man sowieso mit Beendigung des Berufslebens hinter sich.

Gelassen reagiere ich auch, wenn man mir sagt, ich sei eine Frau in den besten Jahren. Obwohl es mich stutzig macht, dass mir das in den vergangenen, folglich jüngeren Jahren noch niemand gesagt hat. Der Verdacht, dass derjenige, der von „besten Jahren" spricht, keine Ahnung vom Leben jenseits der 60 hat und wahrscheinlich ein junger 40-jähriger Spund ist, halte ich für zutreffend und ist somit meinem realitätsnahen Erwartungsmanagement dienlich. Wer nun meint, er könne sich auf der Ebene der gemäßigten Erwartungen zur

Ruhe setzen, ist im Irrtum, denn auch ab 60 gilt es, sich entschieden gegen Alltagsdiskriminierungen zur Wehr zu setzen. Zum Beispiel, wenn der dicke Gemüsehändler uns fragt „Was darf's denn sein, junge Frau", sollten wir ebenso gelassen wie konsequent handeln, indem wir seinen Laden hocherhobenen Hauptes verlassen und den Ort unserer öffentlichen Demütigung nie wieder betreten.

Zu oft schon wurden wir in unserer langen Vergangenheit aus Desinteresse, Eigennutz oder Einfältigkeit mit heuchlerischen Komplimenten weggelobt. Und Wachsamkeit, besonders im Alter, ist keinesfalls das Gegenteil von Gelassenheit. So drängt es mich ebenso zu bekennen, dass mein Leben in einigen Bereichen zunehmend komplizierter wird und sich ständig auf Kollisionskurs mit meinem Streben nach Gelassenheit befindet. Es handelt sich dabei um Bereiche der technologischen Must have-Produkte, die in den Media-Märkten des Zeitgeistes verkauft werden und von denen man uns verspricht, dass durch sie unser Leben einfacher, bequemer, entspannter wird.

Da ich nicht jetzt schon meinen Enkeln als Auslaufmodell erscheinen will, kaufe ich Dinge, die ich nicht bedienen kann: digitale Kameras, Handys, Navis, Notebooks, DVD-Recorder, Fernbedienungen, MP3-Player, E-Pads, E-Books, von fernzusteuernden Küchenherden mal ganz abgesehen. Es beruhigt mich zwar, mit meiner digitalen Dummheit nicht alleine dazustehen, bringt mich aber letztlich auch nicht weiter. Eine Umfrage des Marktforschungsinstituts GfK ergab, 6,5 % der über 60-Jährigen können mit Hilfe der Bedienungsanleitung selbstständig ein neues elektronisches Gerät in Betrieb nehmen. Das bedeutet, dass 93,5 % es nicht können! Mit mir eingeschlossen sind fast alle der 16 Millionen alter Menschen nicht in der Lage, ihre technologischen Errungenschaften einzuschalten, geschweige denn zu bedienen, und sind somit auf die gnädige Hilfe wohlmeinender Enkel angewiesen. Auch wenn das Arrangement des Generationenvertrages von uns Omas und Opas durch Geldzuwendungen großzügig ausgeglichen wird, sollten wir uns nach gelasseneren Alternativen umsehen. Zum Beispiel: Wir pfeifen auf die Innovationen des Kommunikationszeitalters und statt auf einer Facebookseite rumzuposten, setzen wir uns auf eine Bank in die Sonne, um vielleicht mit einem zufriedenem, ebenfalls digitalen Versager ein Schwätzchen über alte Zeiten zu halten oder genüsslich über den alltäglichen Wahnsinn der Postmoderne, des vernetzten Individualismus oder des lausigen Wetters herzuziehen – ebenso lustige wie unerschöpfliche Themen. Zeit dazu besitzen wir ja jetzt genug, und nach dem Sinn des Lebens im Allgemeinen und im Besonderen halten wir bekannter weise eh Ausschau.

Nicht nur auf den Seniorenbänken im Park, sondern auch an den Bars von Kreuzfahrschiffen, wie auch bei opulenten Essen und haltlosem Trinken mit gleichaltrigen Freunden, wenn wir folglich unter uns sind, können wir uns eh viel gelassener und meist auch ausgelassener geben, als unsere Kinder und Enkel es sich vorstellen können. Mit einem guten Glas Rotwein in der Hand schäme ich mich dann auch nicht zuzugeben, dass ich mich nach den guten alten Zeiten zurücksehne, in denen es an sämtlichen Elektrogeräten einen Knopf für „An" und einen für „Aus" gab. Auch mit „On/Off" bin ich fertig geworden. Wie so vieles, sind diese praktischen Knöpfe bedauerlicherweise verschwunden, genauso wie Lametta und der schon erwähnte „Kalte Hund".

Mein Mann betont sein Bemühen um die Zugehörigkeit zur jungen, digitalen Welt, indem er unser abendliches Fernsehprogramm und die seiner Meinung nach dazugehörigen Geräte mittels sechs Fernbedienungen bedient. Verzweifelt versucht er seit Jahren, mir ihre Funktionen und Doppelbelegungen zu vermitteln. Leider langweilt mich dies dermaßen, dass ich einfach nichts behalten kann. Er unterstellt mir mangelnde Bereitschaft, mich in der medialen Welt zu behaupten. Dass er damit völlig im Recht ist, behalte ich für mich. Wenn er abwesend ist, genieße ich den Abend fernsehbefreit und treffe mich mit Freundinnen, die für weinselige Endlosgespräche über das Leben im Allgemeinen und den „Mann an sich" immer zu haben sind. Ich vermisse nichts und reduziere zudem mein Depressionsrisiko.

Amerikanische Forscherinnen stellten in einer Studie fest, dass im Internet chattende Teenies zu mehr Ängsten und Depressionen neigen als ihre Altersgenossinnen, die ihre Probleme im direkten und vor allem realen Austausch mit der besten Freundin lösen. Wo diese direkten und persönlichen Beziehungen fehlen, nehmen physische und psychische Erkrankungen zu. Nach diesen Ergebnissen erscheinen unsere Old-Ladies-Cappuccino-Treffen in neuem Licht und sollten als Präventivmaßnahmen von den Krankenkassen bezahlt werden.

Unsere mediale Inkompetenz als senile Technikfeindlichkeit zu diffamieren, hat sicherlich seine Berechtigung. Höchstwahrscheinlich aber sind wir Alten mit dieser Ablehnung in Wirklichkeit die Trendsetter eines Wertewandels, der fragt, was gut für die Menschen ist, was ein gutes Leben ausmacht und der sich nicht nur der Konjunktur, nennen wir es doch beim Namen – „dem Kapital" dienend, widerspruchslos dem Götzen des Wachstums unterwirft. Auch könnten wir Alte zu bedenken geben, dass ständig das „Neue", ob I-Phones oder facebook-Freunde, besitzen zu müssen auf einen folgenschweren Suchtcharakter schließen lässt.

Wo Gelassenheit ist, kann Sucht nicht sein. Sucht ist Zwang, Gelassenheit ist Besonnenheit und Besonnenheit das Gegenteil von jugendlicher Naivität und Impulsivität, somit ein Verhalten, das eindeutig ein Vorteil des Alters ist.

Die Jungen müssen dagegen planen, sich und die Welt neu erfinden, neu denken. Trotzdem versteckt sich im Götzen des Neuen, des Wandels, oftmals eine Entwicklung, die menschen- und lebensfeindlich ist. Darauf mahnend hinzuweisen oder gar eine Unterschriftensammlung für den Erhalt eines Baumes zu organisieren, wird von Interessenvertretern gerne als romantische Verklärung von zumeist alten Erregungsbürgern diffamiert, mit dem Zweck, das Renditestreben von internationalen Unternehmungen zu verschleiern, die an der Stelle des Baumes einen mehrgeschossiges Haus mit Luxusappartements bauen wollen. „Neu gleich besser" ist erstrebenswert für Kleinkinder, die beginnen ihre Welt zu erobern, wir Erwachsenen, besonders wir alten Erwachsenen, sollten uns immer die Frage stellen, wem das „Neue" dient. Verbessert es mein Leben und das Leben der Menschen auf diesem Planeten oder macht mein neues IPhone 6, dann, wenn ich es für das IPhone 7 in den Müll werfe, die Welt noch kränker, als sie jetzt schon ist?

Gerade aus dem Tal der Egomanen, wie die *Zeit* die Nerds von Silicon Valley beschreibt, kommt immer wieder die Klage, wir Alten wären ohne Hoffnung auf eine lange Zukunft, rückwärtsgewandt, würden zwanghaft Neues diffamieren, um Erhalt von Altem kämpfen, auf dem Status quo beharren, Veränderungen verweigern und somit der Bremsschuh für eine bessere Gesellschaft sein. Ja, es stimmt, wir Alten haben ein nicht zu beschönigendes Interesse an Bewahrendem, Bewährtem, Bekanntem, Vertrautem, an Wiederholungen von guten Erfahrungen.

Nachhaltigkeit ist das neueste Trendwort. Wohlmöglich deswegen, weil mit dem Zwang zur ständigen Anpassung an die sich jede Minute verändernde Welt die Nachhaltigkeit ein tiefes Bedürfnis unseres verwirrten Ichs ist? Nachhaltigkeit ist auch Wiederholung. Darum wiederholen wir Alten so gerne. Dies ist kein Anzeichen von Gedächtnisverlust oder Einfältigkeit, wie uns gerne unterstellt wird, sondern Verstärkung von guten Gefühlen. Sich jeden Sonntag im Café mit der Freundin zum Schwatzen und Kuchenschlemmen treffen, jeden Morgen im Bett die Zeitung lesen, jeden Abend die Blumen gießen. „Durch die Mittel der Wiederholung formt die Psyche aus Gewöhnlichem Bedeutung", erklärt der Psychoanalytiker Erich Fromm. Bedeutung zu erlangen, ist über alle Maßen verlockend, nicht nur für uns Alte, aber für uns Alte besonders.

Mit neuen Kompetenzen der Gelassenheit ausgestattet, gelingt es immer mehr alten Menschen, ihrem Leben mit all seinen Problemen eine neue Bedeutung zu geben. Denn was nützen uns unsere vielen Erlebnisse, wenn daraus keine Erfahrungen werden. Um notwendige Erfahrungen zu besitzen benötigen wir viel Zeit, viel Lebenszeit, damit die vielen flüchtigen Erlebnisse sich in uns aufbauen und sich mit unserem Leben verknüpfen können. Verknüpfungen benötigen die Gelassenheit der Beständigkeit, der Wiederholungen, um zu nachhaltigen Erfahrungen zu werden. Zudem liegt im Ritual der Wiederholung auch ein tiefes Versprechen auf Geborgenheit und Sicherheit – Es wird für immer und ewig so bleiben. Wir werden für immer und ewig sein – wir sind unsterblich. Das allerdings wird sich zeigen, und bis dahin sollten wir uns in Gelassenheit üben.

Festhalten oder Loslassen?

Der Vorteil des Alters ist auch, dass wir unsere Jugendsünden damals nicht auf Facebook gepostet haben. So können wir uns ganz locker und gelassen weiter unserer Big-Data-Kritik hingeben, wobei es uns immer weniger stört, damit alt auszusehen, denn offensichtlich sind wir Senioren Trendsetter eines sich durch alle Generationen ziehenden Bewusstseinswandels. Die Berliner Strategieagentur Different hat zum Beispiel herausgefunden, dass 60 % der Deutschen statt der digitalen Kontakte von Facebook & Co einen Freundeskreis im echten Leben bevorzugen. Auch andere aktuelle Umfragen ergeben immer klarer, dass uns Deutschen zunehmend die Dinge wichtig sind, die man mit Geld nicht kaufen kann: Zeit für sich zu haben, steht an erster Stelle. Hier stehen wir Rentner eindeutig als Winner da, denn Zeit besitzen wir jetzt bekanntlich genug. Weiter ergab die Studie, dass die Mehrheit der Menschen lieber zur Wissens- und Bewusstseinselite als zur Geld-Elite gehören möchten. Auf Grund unserer zumeist guten materiellen Versorgung und der zur Verfügung stehenden Freizeit können wir *Über 60* uns freuen, auch auf dem Gebiet der immateriellen Wertefindung die Vorreiter zu sein, indem wir eine Gelassenheit vorleben, die nichts mit Gleichgültigkeit zu tun hat, nichts mit Egozentrik oder Resignation.

Jetzt im Alter bedeutet Gelassenheit das Loslassen von Überflüssigem, von Vorurteilen, von Gewohnheiten, die uns davon abhalten besonnen und angemessen zu reagieren, ohne in dumpfe Gleichgültigkeit zu fallen. Um den Unterschied zwischen Gleichgültigkeit und Gelassenheit zu erkennen, bedarf es von Beginn an günstiger Wachstumsbedingungen, optimaler Haltung, vielem Seelendünger und einer lebensbejahenden, liebevollen Umgebung.

Wie viele andere Kernkompetenzen auch entwickelt der Mensch die Befähigung zur Gelassenheit, zur Besonnenheit, in der frühen Kindheit. Hier lernt das Kind, dass seine Eltern eine andere Art der Beziehung zueinander haben als zu ihm. Wenn es trotzdem von Mutter und Vater wertgeschätzt, respektiert und beachtet wird, erträgt das Kind sein narzisstisches Bedürfnis ständig im Zentrum der Aufmerksamkeit seiner Eltern stehen zu wollen, gelassener. Ebenso, erlernen wir bei Müttern und Vätern, die sich als Paar genauso liebevoll zugewandt sind wie uns Kindern als Eltern, es nicht als Bedrohung zu empfinden, dass es Beziehungen gibt, aus denen wir ausgeschlossen ist.

Wenn dagegen die Eltern ihr eigenes Wohlbefinden von dem „guten", wie auch dem „schlechten" Verhalten des Kindes abhängig machen, erlebt sich das Kind als Mittelpunkt der Welt. Es ist dann nicht in der Lage, die Trennung zwischen sich und den Anderen, zwischen Subjekt und Objekt, zu vollziehen und wird sich in seinem späteren Leben immer dafür verantwortlich fühlen, wie die Umwelt auf es reagiert. „Schwarze Pädagogik" nannte die Psychoanalytikerin Alice Miller diese Methode der Erziehung. In dem Spielfilm *Das weiße Band* des österreichischen Regisseurs Michael Haneke aus dem Jahr 2009 wurde diese kindliche Prägung besonders beklemmend dargestellt. „Ihr seid selbst schuld daran, dass Mutter und ich so traurig sind, weil wir euch schlagen müssen." sagt darin der Vater zu seinen Kindern. Wenn uns als Kind die Verantwortung für die Gefühle unsere Eltern gegeben wurde, müssen wir glauben, dass die Welt von unserem Verhalten abhängt. Verborgener Größenwahn ist die Folge, Perfektionismus, wie auch der Optimierungszwang, das Mittel der Abwehr von dahinter liegenden Versagensängsten.

Wer in diesen Mustern gefangen ist, benötigt therapeutische Hilfe, um zu lernen, sich von dem Wunsch, immer im Mittelpunkt stehen zu müssen, überall dazugehören zu wollen, sei es auch überall helfen zu wollen, auch wieder distanzieren zu können. Wir haben immer die Wahl, unseren selbstzerstörerischen Gedanken Einhalt zu gebieten, sie gelassen davon ziehen zu lassen und einen anderen, uns unterstützenden und uns wertschätzenden Gedanken zu denken.

Wer glaubt, keine Kontrolle über seine Gedanken zu haben, dem ist die Forderung nach Gelassenheit oftmals unbegreiflich und nur schwer erfüllbar – das ist die schlechte Nachricht. Die gute ist, jeder von uns kann Gelassenheit erlernen. Große Unterstützung können wir dabei von unserem zunehmenden Alter mit seinen natürlichen Einschränkungen bekommen, die das Loslassen von Selbstüberschätzungen, Überheblichkeiten und Allmachtphantasien ermöglichen, wenn nicht gar erzwingen. So ist die Lebensphase des Alters für viele die späte und zugleich allerletzte Chance, in Gelassenheit sich selbst zu erkennen und anzunehmen.

Wir treten zurück und schauen auf unser Leben, wo sich immer wieder das Thema Festhalten oder Loslassen wiederholt. Die Gelassenheit schenkt uns die Distanz, diesen Konflikt zu ertragen, sodass wir uns entscheiden können, ob wir die Dinge hinnehmen wie sie sind oder sie ändern wollen.

Gelassenheit ist auf keinen Fall das Gegenteil von Engagement, sondern eine Voraussetzung, um gesellschaftliche Probleme ohne Anhaftung an narzisstische Motive zu lösen. Vom Eigennutz zum Gemeinwohl ist erfreulicherweise durch alle Altersschichten als Lebensmodell erstrebenswert geworden, eine „Engagementelite" hat sich entwickelt. Zum Beispiel in der weltweit operierenden Internetorganisation *avaaz*, die mit ihren 3 Millionen Mitgliedern politische Kampagnen in Bereichen wie Klimawandel und Menschenrechte organisiert und durchführt.

Einfach mal loslassen ...

Leider gibt es in uns Menschen einen Mechanismus, der es uns sehr schwer macht gelassen zu sein, von der Befähigung loszulassen ganz zu schweigen. Der Grund dafür, dass wir von uns schädigendem Verhalten, seien es Süchte oder Beziehungen, nicht ablassen können, liegt nicht nur in unserer Bequemlichkeit, sondern daran, dass wir so ungern die Verantwortung für die Folgen unseres Handelns übernehmen wollen. Denn eine Veränderung unseres Verhaltens birgt immer auch die Gefahr des Scheiterns, der Angst vor Einsamkeit und Liebesverlust mit sich. Diesen Ängsten nicht zu erliegen, sondern trotzdem ins Unbekannte zu gehen, davon erzählen die Märchen den Menschen seit Tausenden von Jahren – von Rotkäppchen bis Harry Potter. Bedauerlicherweise haben die meisten von uns sich bisher nicht besonders heldenhaft gezeigt; vielleicht sollten wir jetzt im Alter einem in uns versteckten Helden endlich die Möglichkeit geben sich zu zeigen.

Manchmal zeigt sich die Gelassenheit der besten Jahre auch als verblüffende Altersmilde bei bisher starrköpfigen Familienmitgliedern. Vor jedem Weihnachtsfest, an das ich mich erinnern kann, zwang mich mein früh verwitweter Onkel Walter schon im Sommer dazu, konkrete und verbindliche Festabläufe mit ihm abzustimmen. Er hielt dies für nötig, weil Unsicherheiten jeglicher Art seinem schwachen Herzen abträglich waren, aber auch, weil er meine Familie, und vor allem mich – eindeutig von der mütterlichen Seite belastet –, für unzuverlässig und chaotisch hielt und wir somit ein unzumutbares Risiko für sein „Weihnachten-wie-immer" waren. So ertrugen meine Familie und ich Jahr für Jahr seine Anweisungen, vom zugigem Weihnachtsgottesdienst bis zum Gräten gespickten „Karpfen Blau". Ich gestehe, dass Weihnachten für mich ein emotionales Ballungsgebiet ist, sowie es mir auch in dieser Zeit besonders schwer fällt, meine altruistischen Züge zu kontrollieren. Zudem ist Onkel Walter mein letzter noch lebender Verwandter, und er betonte bei jeder seiner gefürchteten Festansprachen, dass dies das letzte Weihnachten im Kreise seiner Familie sein werde – sein Arzt sei ihm gegenüber da sehr eindeutig gewesen. Onkel Walter lebt immer noch und feiert immer noch Weihnachten mit uns. Allerdings haben wir ein paar Neuerungen eingeführt, seitdem mein Onkel mir vor fünf Jahren unter Tränen gestand, dass er Karpfen seit seiner Kindheit nicht ausstehen könne, ebenso wenig wie Weihnachtsgottesdienste. Er hätte dies nur uns zuliebe die ganzen Jahre mitgemacht. Obwohl ich ahnte, dass er log, freue ich mich seitdem auf Weihnachten.

Onkel Walters später Gesinnungswandel bedurfte der Gelassenheit des Alters um zu begreifen, dass vieles, was man glaubt tun zu müssen, seinen Mitmenschen und vor allem sich selbst, wenn nicht gar schadet, aber bestimmt den Spaß am Leben nimmt. Die Gelassenheit des Alters hilft auch mit, den sich regenden Geistern des Verfalls, der Wert- und Bedeutungslosigkeit ins Auge zu blicken. Diese Dämonen werden jetzt umso präsenter und mächtiger, je mehr wir es versäumt haben, ihnen in unserem langen Leben einen angemessenen Platz zuzuweisen. Sie benehmen sich dann wie maßlose, tyrannische Kinder, denen man keine Grenzen gesetzt hat.

Aber auch diese Dämonen haben zwei Seiten: sie sind zugleich auch unsere Behüter und Wegweiser, die sich um unserer körperliche und seelische Gesundheit kümmern, indem sie uns vor der Gefahr der Selbstüberschätzung und des Egoismus warnen. In diesem fortgeschrittenem Abschnitt unseres Lebens sollten wir sie als Verbündete begrüßen, die uns darauf aufmerksam machen, neue Wege für unser Wohlbefinden zu entdecken, durch neue Einsichten, neue Einstellungen und neue Lebensweisen.

Unterstützung dabei bekommen wir zum Beispiel durch Studien von Forschern aus Heidelberg und Colorado, die übereinstimmend ergeben haben, dass ältere Menschen ihre Gefühle viel besser regulieren können als jüngere. Alte sind in der Lage, ihre gute Laune zu stabilisieren und negative Erfahrungen schneller zu vergessen. Vieles wird nicht mehr so persönlich genommen, weil langsam das Interesse an der eigenen Person, dem aufgeblähten Ego, nachlässt. Diese sehr angenehme Distanzierung von dem Selbst lässt den Blick heben auf das Allgemeine, das Verbindende.

Jetzt im Alter hilft uns zudem die Gelassenheit zu akzeptieren, dass das Leben sich durch seine Komplexität, seine Unterschiedlichkeit und seine Widersprüchlichkeit auszeichnet. In der Unbestimmtheit sind wir schon so lange zu Hause, mit ihr haben wir uns irgendwie arrangiert. Alles andere verwirrt uns. Okay. Wenn dieser Zustand die beste unserer Möglichkeiten ist, sind wir eben unbestimmt und verwirrt – und genießen es. Wenn wir das nicht können, sollten wir eine Wahl treffen und die Spur wechseln, sofort. Sonst bleiben wir auf dem Genuss des Scheiterns sitzen – Und auch das ist eine Möglichkeit zu leben. Wie ein indischer Weiser lächelnd zu den Menschen sagte, die zu ihm mit ihren Problemen kamen: „Ich hoffe, du hast deine Freude daran."

Aus dieser freudigen und weisen Gelassenheit heraus können wir auch Fragen stellen, von denen wir wissen, dass es auf sie keine befriedigende Antwort geben wird: Wozu dieser gewaltige Aufwand der Evolution in Milliarden von Jahren? Nur, damit wir heute in der Lage sind glutenfreies Brot zu essen, nach Mallorca zu fliegen und den *Tatort* zu sehen? Dass hier etwas falsch läuft, erkennen wir meistens erst jetzt im Alter, denn nichts ist uns so lieb geworden wie das Aufschieben von Unangenehmem, Ungewohntem – wie zum Beispiel Fragen nach dem Sinn des Lebens. Wozu leben wir? Was ist nach dem Tod? Gibt es Gott? Und warum gewinnt ein Mann zweimal mit sechs Richtigen im Lotto und ich nie?

Manchmal, während unserer senilen Vieruhrmorgensschlafpause, hilft uns die glasklare Einsicht in unsere Bedeutungslosigkeit zum Durchbruch in höhere Sinnebenen. Wir erwägen die Möglichkeit davon abzulassen, etwas anderes sein zu wollen als wir sind und lassen uns gar ein auf eine zögerliche Annäherung an die nicht auszuschließende persönliche Endlichkeit.

Mit Hilfe der Gelassenheit lernen wir zu akzeptieren, dass unsere Lebenszeit zunehmend kürzer wird, ein Ende schon in Sicht ist, drum sollten wir statt vergeblich auf Antworten zu warten, entspannt den Tauben im Park zuschauen und überlegen, was wir in unserer verbleibenden Zeit noch alles erfahren, erleben und genießen wollen? „Ob ein Jahr neu wird, liegt bei uns. Ob wir es neu machen, ob wir neu anfangen zu denken, ob wir neu anfangen zu sprechen, ob wir neu anfangen zu leben." Darauf wies schon der Komponist Johann Wilhelm Wilms vor 250 Jahren hin.

„Lebe wild und gefährlich", riet auch der alte Osho. Das bedeutet nicht, sein Leben für ein Probe-Abo zu halten, das man bei Missfallen aufkündigen kann. Irgendwelche Sicherheiten sind hier unten nicht vorgesehen. Das Leben ist keine Waschmaschine mit Aqua-Stop-Garantie. Auch guten Menschen passieren ständig böse Sachen. Selten schaffen sie es ein Dornröschen wach zu küssen, geschweige denn, je eine angemessene Anerkennung für ihre Arbeit zu bekommen oder gar eine 1. Klasse Kreuzfahrt auf der Queen Mary zu gewinnen. Das Leben ist das reinste Chaos, übervoll mit Unbegreiflichem, Zufälligkeiten, Belanglosem, Fehlentscheidungen, und selten können wir etwas dagegen unternehmen. Akzeptieren wir dies in Gelassenheit, dann kann der Spaß beginnen.

Wirkliche Gelassenheit – und nicht nur die modische Attitüde einer Yoga-Generation – erleichtert uns jetzt im Alter die lang ausstehende Versöhnung mit uns selbst. Für die meisten von uns ist der Kampf um Anerkennung, Erfolg und Durchsetzung zu Ende. Die Vorhaben, die Lebensentwürfe, das Planen wird weniger. Wir fallen in das Jetzt, ohne uns mit der Zukunft vertrösten zu können. Die kürzer werdende Lebenszeit zwingt uns, aus dem Meer der Möglichkeiten aufzutauchen und dem lebenslangen Aufschieben des „Das mache ich morgen" Einhalt zu gebieten. Denn, wenn wir ehrlich sind, blieb in Wirklichkeit Vieles nur schlichtweg ungetan, nicht aufgeschoben. Besonders, weil vieles von dem – seien wir doch mal altersehrlich – was wir tagtäglich getan haben, in Wahrheit darin bestand, es hinter uns zu bringen, es abzuarbeiten: die Präsentation, den Zahnarztbesuch, das Weihnachtsfest – somit auch unser Leben.

„Nimm die Absicht als die Tat", ist eine Selbsttäuschung ersten Grades, deren heimliche Ursachen sowohl in Bequemlichkeit wie Versagensängsten liegen. Nur was wir tun zeigt, wer wir sind, und wenn wir nichts tun, dann sind wir eben ein nichtstuender Mensch. Womöglich können wir jetzt im Alter auch offen zugeben, dass wir Dinge nicht getan haben, weil wir sie nie tun wollten. Und wir können jetzt mit Gelassenheit entdecken, was wir wirklich wollen und was uns wirklich wichtig ist. So wird aus fremdbestimmtem Wichtigen persönlich Bedeutsames: Natur, Kinder, Kunst, menschliche Nähe und alles, was uns erfüllt mit der Freude, in diesem Moment am Leben zu sein.

Wenn wir mit kühner Gelassenheit den Herausforderungen des letzten Lebensabschnittes entgegentreten, wie den gesellschaftlichen

Ansprüchen alt und attraktiv und aktiv bleiben zu müssen, oder auch den vermeintlichen Einbußen des Alters, von Haarausfall bis Harndrang, dann sind wir in der glücklichen Lage unser Alter nicht als Verfall, sondern als Veränderung zu erleben. Dass es einen allgemeinen Abbau bei alten Menschen gibt, ist inzwischen widerlegt. Altern, wie das Leben überhaupt, ist eine individuelle Erfahrung. Auch wenn mancher Alte einiges vergisst, ist das zumeist eine für ein glückliches Leben gleichgültige Datenfülle. Sogar das Vergessen der Vergangenheit kann auf diese Weise als Befähigung gesehen werden, freier zu sein für die Gegenwart.

Möglicherweise ist auch die gefürchtete Demenz ein Rückzug vom Unwichtigen zum Eigentlichen, ein Wegfall der Masken. Demenz gehört wahrlich nicht zu den Vorteilen des Alterns, in erster Linie nicht für die betreuenden Kinder, deren Liebe und Zuneigung schweren Herausforderungen gegenübersteht, wenn während einer wichtigen Präsentation Papi mit vollen Windeln im Büro auftaucht. Die diskrete Beseitigung dieser peinlichen Alten – sie, zum Beispiel, ohne Papiere auf Autobahnraststätten auszusetzen, wie die Polizei zunehmend vermeldet – ist genauso wenig sozial akzeptabel wie eine Zukunft, in der wir einen Chip implantiert bekommen, damit man uns desorientierte verwirrte Alte wie verloren gegangene Hunde wieder findet.

In dem gleichen Maße, wie das Alter allmählich seinen Schrecken verliert, nimmt die Demenz an Grauen zu. Offensichtlich ist die Furcht vor dem Kontrollverlust über den eigenen Körper und des Geistes für uns, die sich bisher als stets zu optimierendes Material betrachtet haben, furchterregender als der Gedanke an den Tod. Man verliert den Verstand, die Kontrolle. Alles, was bisher unter Verschluss gehalten wurde, bricht ungehemmt heraus: Zorn, Wut, Gemeinheit – und lässt liebevolle Verwandte das Fürchten lernen. Bevor wir selbst betroffen sind, haben wir oftmals die schwere Aufgabe, unsere Eltern in ihr Vergessen zu begleiten. Auch wenn wir ihre Veränderungen durch die Demenz nicht verstehen, bleibt es unser Entsetzen und unsere Scham, dass der einst so dominante Vater wieder zu einem sabbernden Kind geworden ist. Verantwortungslos, schamlos, ohne Vergangenheit und Zukunft, freundlich, wenn er gestreichelt und liebkost wird, glücklich über süßen Brei. Der Begriff vom senilen Narzissmus mag stimmen, hat aber einen Beigeschmack zynischer Überheblichkeit Nichtbetroffener. Aber vielleicht geht es um etwas ganz anderes? Das Vergessen der Alltäglichkeit: „In den vom Nutzen erlösten Gegenständen! Mit dem Vergessen des Erlebten beginnt die Wiederverzauberung der Welt", schreibt Dietmar Bittrich in seinem mutigen Buch *Altersglück* und lässt die Vermutung zu, dass die Gedankendämmerung, die Altersdemenz ein stiller Protest, eine geheime Rebellion ist, nicht weiter mitzuspielen. Vergesslich, na und? sagt die Gelassenheit.

„Das Verschwinden des Ichs, der Bedürfnisse, Meinungen, Hoffnungen", bemerkt der Sozialpsychologe Erich Fromm, „ergibt eine Leere, in der Verbundenheit liegt. Diese Verlagerung des Selbst vom Zentrum zum unbestimmten Rand lässt uns mehr mit der Welt verschmelzen, so dass wir das Gefühl haben können, „Alles segnet uns".

Das Erlöschen der Persönlichkeit, die Ich-Losigkeit, die Absichtslosigkeit ist das Ziel aller Religionen. Millionen Meditierende nehmen absterbende Beine, körperliches Unbehagen und zunehmende Frustrationen in Kauf, um in diesen Zustand zu gelangen, den die Buddhisten Erleuchtung nennen.

Nicht-Anhaftung, Loslassen, Gelassenheit ist Anteilnahme am Leben im Vertrauen, dass der ganze Wahnsinn hier letztendlich doch einen Sinn hat, auch wenn ich befürchte, dass ich es bis zum Schluss nicht kapieren werde. Da wir ohnehin keinen Schimmer haben, worum es hier auf unserem kleinen Planeten eigentlich geht, können wir, anstatt darüber in manische Panik zu verfallen, auch in die Gelassenheit der vertrauensvollen Bejahung des Lebens gehen. Auch ob ein anteilnehmender Gott oder ein gleichgültiges Chaos im Universum herrscht, bleibt für uns Menschen ein beängstigendes Rätsel und ist zudem für unseren Alltag von relativ geringer Bedeutung. Das Eine ist so unbewiesen wie das Andere, nur, dass wir uns entschieden besser fühlen, wenn wir unser Nichtwissen mit Gelassenheit annehmen.

In der Gelassenheit des Alters lassen wir los von bequemen Selbsttäuschungen, von unerreichbaren Traumbildern und können voller Dankbarkeit jeden Tag, jeden Augenblick, das volle, wilde, einmalige, glückliche, traurige, berauschende, unbegreifliche, grandiose Wunder des Lebens auskosten, um dann, am Ende, „lebenssatt" wie es in der Bibel heißt, auch das eigene Leben loszulassen.

Dazu werden wir alt.

6. Möglichkeit
Alter und Wertschätzung

Was Menschen und Dinge wert sind,
kann man erst beurteilen, wenn sie alt geworden sind.
Marie Freifrau von Ebner-Eschenbach

„Ach," fragte der junge hippige Friseur meine 65jährige Freundin, als sie sich für ihre Verspätung damit entschuldigte, keinen Parkplatz gefunden zu haben, „Sie fahren noch Auto?"

Wertschätzung im Alter? Gar Wertschätzung des Alters? Sollten wir nicht ganz dankbar sein, wenn die Jüngeren uns wenigstens freundliches Wohlwollen entgegenbringen? Diese Art von Nachsicht, die man ebenfalls jungen Hunden erweist, auch wenn sie gerade unsere Designer- Pumps annagen, oder dem brüllenden Nachwuchs der Tochter der besten Freundin. Dabei können wir auf einige Entwicklungen hinweisen, die es ohne uns Alte nicht gäbe und die sich großem medialen Interesse erfreuen. Ein Beispiel – wir Ü60 haben als Greisenplage das Ungeheuer von Loch Ness erfolgreich abgelöst, das bis vor einigen Jahren noch zuständig für Auflagensteigerung und Zuschauerquoten in den Medien war, indem wir die Endlos – Themen „Altersarmut und Demenz", ermöglichten. Genüsslich raschelt es obendrein im Medienwald mit den Nachrichten, wir Alten würden die gähnende Leere unserer Tage mit oberflächlichem Erlebnishunger und Konsumsucht überdecken. Für uns klingt dies kaum nach einer angemessenen Wertschätzung unserer Lebenssituation zwischen 60 und Up, in der wir uns neu zurechtfinden müssen und uns identitätsstiftende Unterstützung wünschen, statt unverhohlener Häme und nutzlosen Ratschlägen.

Zumal wir uns Mühe geben zu kooperieren, indem wir alles tun, um nicht alt auszusehen, nicht auf lukrativen Arbeitsplätzen kleben bleiben, uns abfällige Äußerungen zur Facebook-Manie verkneifen – trotz allem Entgegenkommen von uns Alten scheint dies immer noch nicht auszureichen für ein Image-Relaunch. Wie sonst könnten die jüngeren Generationen von uns fordern, dass wir unsere zu erwartende, ca. 30-jährige Altersvollzeit dazu nutzen sollten, anstatt auf Kreuzfahrten deren Erbe zu verprassen, lieber still am heimischen Herd zu sitzen und darüber nachzudenken, was eigentlich der Sinn des Lebens ist. Aber Hallo! Unsere Generation hat einen Mann auf den Mond gebracht, die Emanzipation durchgeboxt, ebenso die sexuelle Freiheit, die Volljährigkeit mit 18, die Reform des Paragrafen 218 und die automatische Zahnbürste erfunden. Und jetzt wird von uns auch noch erwartet, dass wir für unsere Kinder und Enkel den Sinn des Lebens herausfinden, nur um dann von ihnen eine Eventuell-, Vielleichtmalschauen –Wertschätzung zu bekommen. Tut uns Leid, wir Rentner sind schon mit dem Installieren unseres Druckerprogramms überfordert, und da ihr, unsere Nachkommen, ja eh alles googelt, werdet ihr eine Antwort auf die Sinnfrage unter den 360.000 Einträgen schon selbst finden.

Bei dem Thema *Wertschätzung* wird es schon zeitaufwendiger, da bieten sich 3.980.000 Einträge an, vielleicht ist es hier ratsamer, mal bei denen nachzuschlagen, die schon vor 2500 Jahren einen recht guten Durchblick bei schwierigen Problemen hatten: Die Alten Griechen! Sie wussten bereits, dass Wertschätzung weniger mit unseren Taten als mit unserem Sein zu tun hat. Bedauerlicherweise bekam das Sein – wir sind nicht ganz unschuldig an dieser Entwicklung – in der Zwischenzeit eine völlig andere Bedeutung – es ist heute keine innere Haltung mehr, sondern äußere Darstellung. Im rastlosen Konkurrenzkampf um den eigenen Vorteil müssen soziale Codes sofort zu erkennende Symbole sein; so zeigt ein Mercedes S-Klasse im Bruchteil einer Se-kunde den Status seines Besitzers, während wir zum Erkennen eines freundlichen Charakters manchmal ein ganzes Leben benötigen. Wert-schätzung, die an äußere Werte gekoppelt ist, ist flüchtig und ohne wirkliche Substanz, Wertschätzung der inneren Werte eines Menschen dagegen ist ein geduldiger Prozess langsam wachsender Zuneigung und Verbundenheit.

Zurück zu den Griechen, in denen offensichtlich auch heute noch Formen antiker Wertschätzung überlebt haben. Es war Abend auf der Insel Ikaria, wir saßen mit einer englischen Freundin, die dort lebte, in einer der kleinen Tavernen am Hafen. Unter den einheimischen Gästen befanden sich erstaunlich viele hochbetagte Männer, die schwatzend und trinkend den Gastraum füllten. Mittelpunkt war ein alter Mann mit einem sonnengegerbten Gesicht voller Falten. Ich fragte meine Freundin, wer das sei, und sie erzählte die Geschichte von Yorgos. Er war weit über 80 und sein Leben lang Fischer gewesen, immer noch fuhr er jeden Tag mit seinem Boot raus aufs Meer, und, wie er stolz betonte, nur begleitet von seinem Sohn, der inzwischen auch Ende 60 war. Und jeden Abend säßen die beiden hier und erzählten den anderen Alten von ihren Abenteuern und den beeindruckenden Fischfängen des Tages, deren Grundlage seit eh und je Yorgos legendäres Geschick sowie seine Schlauheit, seine Ausdauer und sein Glück waren. Ich bedauerte an diesem Abend sehr, kein Griechisch zu verstehen, denn Yorgo und sein Sohn hielten mit ihren Erzählungen alle Anwesenden, ob jung oder alt, in ihrem Bann. Es wurde gelacht, getrunken, getanzt, und ich war von der Vitalität dieser alten Männer sehr beeindruckt, als meine Freundin mir zuflüsterte, dass Yorgos seit vielen Jahren kaum mehr etwas sehen könne, dass sein Sohn der Bäcker des Ortes sei und keinen Fuß mehr auf ein Schiff gesetzt habe, nachdem er als Kind fast ertrunken war. Ob die Anderen dies nicht wüssten, fragte ich erstaunt. „Alle wissen das!", erwiderte sie. Yorgo würde von ihnen fast jeden Tag mit seinem Boot zurück in den Hafen geschleppt werden, weil der Arme sich mal wieder draußen auf dem Meer verirrt hat. Damit dies ihn nicht bekümmerte, stellten die anderen Fischer einige ihrer Fischkisten in sein Boot und boten ihm an, seinen Fang später für ihn zu entladen. „Warum das ganze Theater?" fragte ich erstaunt. Meine Freundin zeigte lächelnd auf den Raum voller fröhlicher, glücklicher Menschen: „Na, darum!"

Es sieht so aus, als würde in den Genen der Griechen noch der Geist des Epikurs, der einst in seinem lieblichen Garten die Lebensfreude am Einfachen, an der Freundschaft und Zufriedenheit verkündete, auch über zweitausend Jahre weiterleben. Dies ist alleine schon ein Grund, die Griechen zu beneiden, während wir dagegen nicht nur durch unfreundliches Wetter, sondern anscheinend auch mit Nachkommen, denen es an oftmals Wertschätzung uns Alten gegenüber mangelt, bestraft sind. Nur weil wir diese durch den Generationenvertrag verpflichtet haben unsere Renten bezahlen, empfinden wir es doch ein wenig unschön, von uns als Gegenleistung zu verlangen, mit unseren Renten den Konsum anzuheizen, um damit die Arbeitsplätze unserer Kinder und Kindeskinder zu sichern.

Schämt Euch!

Die Wertschätzung, die wir Alten vermissen, diese Wertschätzung vermissen die jüngeren Generationen auch von uns. Ehrlich gesagt, nicht zu Unrecht, denn auch wir haben, trotz unseres hohen Alters, die Lust zu pauschalen Diffamierungen immer noch nicht hinter uns gelassen. Gebetsmühlenartig kommt aus unseren Reihen gerne die reflexartige Klage über junge, politikferne Twitterauthisten, leistungsorientierte Konsumjunkies und ängstliche Nesthocker. Wir lassen uns sogar dazu hinreißen, sie verächtlich „Generation Weichei" zu nennen, statt deren Art ihr Leben zu leben wertzuschätzen, auch wenn wir dies nicht verstehen.

Mangelnde Wertschätzung ist nicht nur die Klage alter Leute, sondern Wertschätzung ist in allen Generationen ein Sehnsuchtsort. Nur, dass im Vorrentner-Dasein die Schuld, sich nicht geschätzt und anerkannt zu fühlen, dem ignoranten Chef, dem gefühlskalten Partner, den undankbaren Kindern in die Schuhe geschoben werden konnte. Jetzt im Alter dagegen sind uns diese Ausflüchte verwehrt, und nun bleibt uns nur einschlägigen Frauenzeitschriften zu glauben, dass unsere Wertschätzung von einer einzigen Bedingung abhängig ist – jung zu bleiben und somit das Alter unsichtbar zu machen!

Von allen Seiten wird auf uns eingeredet, dass unser, vom Altsein eh unterwanderter Selbstwert demnächst total den Bach runtergeht, und dass wir noch froh sein können, vom Gedankennebel der Demenz erlöst zu werden, wenn wir nicht endlich brav sind und dem Zeitgeist mit seinen gnadenlosen Ratschläge „forever young", Folge leisten. So ist das wirklich Niederträchtige am Alter nicht das Altwerden an sich, sondern all die Ratschläge, wie wir dies gefälligst zu verhindern haben. Körper, Gedächtnis, Motorik, Denken, alles gilt es zu halten.

Erstaunlicherweise kommen die rigidesten Ermahnungen zum Dauertraining aus der uns nachkommenden Kohorte der Babyboomer. Vermutlich weil deren zukünftige oder gar nahende Bedrohung und die damit verbundene Angst auch selbst bald zu der Gruppe der Alten zu gehören, leichter zu ertragen ist, indem sie uns ersuchen, doch bitte unser tatsächliches Alter, oder sogar am besten uns Alte selbst, unsichtbar zu machen. Um ihre Zukunftsangst zu beruhigen, delegieren sie uns Regeln und Gebote, die in ihrer Rigidität klösterlichen Ordensregeln sowie staatlichen Zwangsmaßnahmen in Katastrophengebieten gleichkommen. So „müssen" wir tagtäglich Dinge auf uns nehmen, zu denen die Mehrheit der Jüngern selbst nicht im Traum bereit ist: Sport, Bewegung, Gedächtnistraining, gesundes Essen, wenig Alkohol, wenig Fernsehen, soziales Engagement, sinnvolle Hobbies, liebevolle Familienkontakte, stete Bereitschaft sich auf Neues einzulassen sowie hehre Sinnsuche.

Wenn wir faulen, uneinsichtigen Greise nur endlich alle diese gutgemeinten Ratschläge befolgen würden, könnten wir weiterhin jung, gesund und good-looking bleiben, sodass unsere Nachkommen sich nicht mehr vor unseren Krampfadern und Altersflecken sowie ihrer eigenen Altersphobie gruseln müssten. Das Alter wäre dann endlich nur eine bedauerliche Entgleisung, die man erfolgreich bewältigen kann, in dem man möglichst viele Attribute der Jugend bewahrt. Richtiges Altern ist dann folglich das „Nicht-Altern".

Unter diesen Maßgaben bedeutet Alters*natürlichkeit* keinesfalls den natürlichen Abbauprozess, sondern das generationsübergreifende Ideal der „Fit, gesund und makellos" – Perfektion – auch bekannt unter dem Phänomen der Klumnisierung, zu sehen in einer zynische Entwertungsshow junger Mädchen, die aber toxische Maßstäbe der Schönheit tief in unser Frauenbewusstsein gepflanzt hat, wo sie wächst und jedes Bedenken wegwuchert. Auch wir alten Frauen sind davon nicht ausgenommen, was besonders tragisch ist, da „alt aussehen" auf der Rankingliste der Verklumung ganz unten steht, nur dick ist schlimmer.

Wer diesem Zeitgeist-Kodex nicht entspricht, outet sich als offensichtlich zu geizig, zu dumm oder zu faul und sollte sich tunlichst voller Scham der Öffentlichkeit fernhalten und die Sache mit der Wertschätzung gleich mit vergessen. Unter diesen Kriterien ist es doch mehr als verständlich, dass wir Alte unermüdlich neue Vertuschungsstrategien entwickeln, um uns mit teuer erkaufter Jugendlichkeit vor beschämenden Anschuldigungen und Diskriminierungen zu retten. Verstrickt in unsere unsichere Alters-Identität ahnen nur wenige, dass es sich bei den Versuchen jung zu bleiben, zumeist um eine schmale Gratwanderung handelt, die uns von der Lächerlichkeit trennt: Rockkonzerte, Miniröcke, Cabrios und High Heels lassen uns in Wahrheit sehr alt aussehen. Sagt eine sehr blonde Rentnerin in tiefausgeschittenem engen Tiger-Top zu einer anderen, „... von wegen unsichtbar, mir schauen die Männer immer noch hinterher!" Darauf die Andere: „Das täten sie ebenso, wenn Du zwei Köpfe hättest!"

Weder ein Glitzerfummel, noch ein Motiv T-Shirt und auch nicht Fitnesstraining, Universitätsbesuch, vegetarische Kost, Yoga und Implantate können die schlichte Tatsache leugnen, das zu sein, was wir sind – alt. Mit dieser ebenso mutigen, wie zwingenden Selbsterkenntnis können wir beginnen uns einzugestehen, dass es kein Zufall ist, dass die meisten Menschen in öffentlichen Verkehrsmittel, Supermärkten, Schwimmbädern und Kinos jünger sind als wir, sondern Logik. Wir Alten stellen 20 % der Gesamtbevölkerung, folglich sind 80 % eindeutig jünger als wir. Jüngere füllen mehrheitlich nicht nur die Shoppingcenter, sondern ebenfalls die Hochglanzseiten von der Elle bis zur Gala und tyrannisieren uns Alte mit permanenten Bildern von schöner Jugend und junger Schönheit. Auch wenn es sich dabei um magersüchtige 14-jährige Models aus Niedriglohnländern handelt, bestimmen sie unser kollektives Wunschbild nach Vollkommenheit, die zu erreichen für uns Menschen schlichtweg nicht vorgesehen ist – mit Ausnahme von Mozarts *Ave Maria*, Matisse's *Schnecke* und dem Käsekuchen meiner Tante Ilse. Wen es tröstet, der sollte wissen, dass sogar die Traumkörper besagter minderjähriger Top-Models am Computer nachverbessert und auf Puppenglanz perfektioniert werden. Trotzdem finde ich es als überaus ungerecht, diesem seligen Zustand der Makellosigkeit während meines Lebens nicht mal in Teilaspekten nahe gekommen zu sein, zudem entferne ich mich jetzt davon tagtäglich immer mehr in Richtung ständiger Beanstandung. Das schmerzt. Das schämt.

Die schwedische Psychologin Patricia Tudor-Sandahl beschreibt diese Stigmatisierung: „Älter zu werden ist eine Schande und ein Unglück. Diejenigen, die nicht alles in ihrer Macht stehende tun, damit sie ihren jugendlichen Glanz bis zuletzt bewahren, sollten sich schämen!" Keine Angst, das tun wir! Die unerbittlichen Vorwürfe lauern in den Medien und in unseren Köpfen: Aus Zeitungen, Ratgeberbüchern und Talkshows tönt uns diese gnadenlose Drohung: „Wenn du alt aussiehst, hast du selber Schuld!", entgegen. „Hättest du dich mehr angestrengt und besser gelebt, geliebt, gearbeitet, genug Sport getrieben, die richtige Diät gemacht, den richtigen Mann geheiratet, die richtigen Kinder bekommen, den richtigen Job erwählt, dann würdest du heute nicht in diesem Dilemma stecken und dich beklagen, dass du nicht wertgeschätzt wirst." Wer diese Stimmen in sich hört, ist von der eigenen Wertschätzung so weit entfernt, wie Daniela Katzenberger vom Dalai Lama. Die feste Überzeugung von der eigenen Unzulänglichkeit lässt weder Selbstachtung noch Wertschätzung entstehen. Ganze Branchen, von der Kosmetik-und Pharmaindustrie über Kliniken bis zu Verlagen leben ausgezeichnet nur von unserer Scham, alt zu sein und vor allem, alt auszusehen.

Das wirklich Fiese am Schamgefühl ist, dass es nichts mit unseren Taten zu tun hat, dann würde es sich um Schuld handeln, sondern mit dem, was wir sind. Heute, da die Selbstverwirklichung Pflicht ist und jeder für sein Glück allein verantwortlich zu sein hat, sind wir selbstverständlich auch selber schuld, wenn wir unglücklich sind. Diese gnadenlose Verpflichtung zum individuellen Glück ist das lebenslange Freiticket der Ich-Generation in die Depression.

Laut Aussage der Universität Dresden ist in den vergangenen 20 Jahren eine Zunahme voll ausgeprägter Depressionen um 160 % zu verzeichnen. Zu den möglichen Ursachen dieser Entwicklung schreibt der französische Soziologe Alain Ehrenberg: „Die Menschen leiden heute an unentrinnbarer Individualisierung. Wir alle müssen nicht nur Status, Anerkennung und Glück aus eigener Kraft heraus erschaffen, sondern auch seelische Stabilität. Unser Ich-Projekt soll erfolgreich sein." Aber der Druck zur Selbstmaximierung produziert ein ständiges Gefühl der Unsicherheit und Überforderung. „Wo in der Welt des globalen Erfolgsrausches keiner mehr sagt, wo es langgeht, und Orientierung gibt, drohe das Scheitern und damit letztlich der Absturz in die innere Leere." Ehrenberg sieht die Depression deshalb als „Tragödie der Unzulänglichkeit".

Um die Scham über unsere Wertlosigkeit und das damit einhergehende Gefühl der Bedeutungslosigkeit nicht zu spüren, flüchten wir in die Illusion, durch Anpassung, Leistung und Konfliktscheue unsere uns ständig feindlich gesonnene Umwelt gnädig zu stimmen. Wenn nun zu alldem, worüber wir in unserem bisherigen Leben sowieso unglücklich waren – von Cellulitis bis zum Karriereknick – auch noch die zunehmenden und nicht zu leugnenden Verfallserscheinungen des Alters hinzukommen, ist das für manchen der Tsunami für seinen ohnehin immer schon instabilen Selbstwert.

„Das soll ich sein?" Wir blicken in den Spiegel und sind entsetzt. Möglicherweise bin ich nur müde, oder eine Erkältung ist im Anmarsch, oder ich habe schlecht geschlafen. Es geht schon wieder vorbei, morgen bin ich wieder die alte Junge. Nein, morgen, wie auch übermorgen, schaut mich das gleiche fremde Gesicht an. Es gefällt mir nicht. Es gefällt mir ganz und gar nicht. Diese unaufhaltsame Desillusionierung des Selbstbildes ist dann besonders hart, wenn das Selbstbild unser Leben lang ohnehin eine selbstverliebte Illusion war.

Narzissmus bedeutet Selbstverliebtheit, die oft mit einem Mangel an Beziehungsfähigkeit sowie einem Wechselbad von Größenwahn bei gleichzeitigen Minderwertigkeitsgefühlen einhergeht. Wenn wir uns in unserem Alltag und im Fernsehen umsehen, werden wir entdecken, dass der narzisstisch Gestörte zunehmend der Normalfall ist. Perfektion, Vollkommenheit, idealistische Bilder von sich und Anderen sind seine Ziele und nicht menschliche Beziehungen, die immer auch Konflikte, Kompromisse und Verlustängste mit sich bringen.

Auch die narzisstische Beziehung zum eigenen Körper folgt einem unrealistischem Idealbild, dessen Diskrepanz zur Wirklichkeit uns besonders schmerzhaft gewahr wird, wenn dieser sich zusehend von den Idealen der Gesellschaft entfernt. Darum empfinden viele Menschen ihr Altsein als etwas Unanständiges, Anstößiges, Obszönes, Schamloses, das zudem offensichtlich beharrlicher ist als Nagelpilz.

Wertvolle Konsumenten

Jemand sagte einmal, unserer Leben ist nur eine Geschichte, die wir erzählen. Wir lassen vieles weg, heben einiges hervor, erfinden Mögliches und beschönigen Tatsächliches, sodass unsere Vergangenheit dem Bild entspricht, das wir von uns haben wollen, um sicherzustellen anerkannt, wertgeschätzt und liebenswert zu sein. Dazu gehört auch, dass wir dazu neigen, während unseres Lebens unserer Erfolge für unser Werk zu halten, die Fehlschläge dagegen den Umständen anrechnen. So schieben wir die Verantwortung für fast alle Schwierigkeiten, fast alle Widrigkeiten in die Schuhe anderer, nur für den natürlichen Abbauprozess unseres Körpers fühlen wir uns erstaunlicherweise selbst schuldig, dabei liegt gerade dieser außerhalb unserer Verantwortung.

Da eigene Wertschätzung und Schuldgefühle sich gegenseitig ausschließen, stecken wir alten Menschen in einer unschönen Zwickmühle, zwischen äußerlichem Zwang und innerer Resignation. Dies ist zwar eine mühsame Art zu leben, aber für die Hoffnung, nicht im Ghetto der Altersscham den baldigen Tod herbeizusehnen, tun wir das, was wir unser Leben lang getan haben, wenn wir unglücklich waren – wir gehen shoppen!

Unsere narzisstische Selbstbezogenheit zeigt sich nach außen als zwanghafter Gesundheits- und Konsumfetischismus. Unglückliche, sich schlecht, schuldig und wertlos fühlende Menschen sind nimmersatte Konsumenten. Descartes Schlüsselsatz der Aufklärung „Ich denke, also bin ich" ist durch „Ich kaufe, also bin ich" ersetzt. So erliegen wir allzu bereitwillig den verführerischen Suggestionen einer gewinngierigen Industrie und glauben tatsächlich: „Keiner muss so alt aussehen, wie er ist." Um meine Geister der Wertlosigkeit zu bannen, werde ich, statt eine alte, neurotische und somit ungeliebte Nörglerin zu sein, wieder zu einem sehr nützlichen Mitglied der Gesellschaft – als Konsumentin.

Die Lebensverlängerungsindustrie liebt mich, denn ich habe Geld und Grund genug, es auszugeben. Entweder, um mir Verjüngungsprodukte zu kaufen oder – wenn ich mich gegenüber Neveraging-Produkten als beratungsresistent erweise – dann wenigstens als Spaß-Oma, um mit meiner Rente Reiseunternehmer, Hoteliers und Fluggesellschaften vor der Insolvenz zu bewahren. „Die ältere Generation ist ein wichtiger Wirtschaftsfaktor", sagte die ehemalige Bundesministerin für Familie, Senioren, Frauen und Jugend, Ursula von der Leyen. „Bei Angeboten für mehr Komfort und Lebensqualität für Ältere besteht ein großes wirtschaftliches Potenzial, das angesichts der demografischen Entwicklung weltweit stärker an Bedeutung gewinnen wird."

Zudem werden wir allein durch unsere Anzahl auch zu einem wichtigen politischen Machtpotenzial – denn wir stellen einen immer größer werdenden Anteil der Wähler. Schon jetzt sind rund ein Viertel der Wahlberechtigten älter als 65 Jahre. 21,3 Millionen Menschen über 60 waren bei der Bundestagswahl 2013 wahlberechtigt, davon haben laut des Statistischen Bundesamtes 79,8 % Gebrauch gemacht. Wir sind nicht nur von Politikern ein umworbener Markt, sondern als treue Kunden von Ärzten und zahlungskräftige Konsumenten der Pharmaindustrie. Im Jahr 2010 gingen in Deutschland 66 Prozent aller Arzneimittelverordnungen an Menschen der Altersgruppe ab 60 Jahren, und das, obwohl wir nur ein Viertel der Bevölkerung stellen.

Dass die ältere Generation für die deutsche Wirtschaft immer bedeutsamer wird, ergab auch eine Studie des Deutschen Instituts für Wirtschaftsforschung (DIW). Von den über 50-Jährigen kommt heute bereits jeder zweite Konsum-Euro. Ältere Menschen verfügen bereits heute über einen beachtlichen Anteil der Kaufkraft. Ihre Ausgaben betragen mit 316 Milliarden Euro jährlich fast ein Drittel an den Gesamtausgaben für den privaten Konsum. Dieser Anteil wird bis 2050 – rein demografisch bedingt – mit 386 Milliarden Euro auf mehr als 41 Prozent der Gesamtausgaben steigen! Wir Alte sind der Markt! Für unser gut gefülltes Portemonnaie bekommen wir Wertschätzung, in Statistiken, im Finanzteil der Presse, von Marketingstrategen, in den Reden von Politikern – nur irgendwie fühlt sich diese Wertschätzung falsch an. Schätzt man uns womöglich nur, weil wir so Viele mit vielem Geld sind?

Schon lange hege ich den Verdacht, dass dieser ganze Mega-Forever-Young-Rummel eine Lizenz zum Gelddrucken ist. Trotzdem kann ich der Versuchung nicht widerstehen, mich als umworbener Wirtschaftsfaktor in meiner neuen Bedeutung sehr wohl zu fühlen. Und folglich verdränge ich auch bereitwillig meine Bedenken, dass wir das Goldene Kalb sind, das mit allen Tricks dazu gebracht wird, sich selbst zu schlachten. Die Nutznießer unseres kollektiven Wahnsinns sind nicht die Jungen – die stecken selbst in ihren Problemen fest – sondern die Profitmaximierer globaler Konzerne, die ihre reichen Aktionäre und Vorstände noch reicher machen. Die Verjüngungsindustrie ist letztendlich krisensicherer als die Rüstungsindustrie, wo mancher Friedensvertrag den Nachschubbedarf an Waffen gefährden kann, während hingegen die Konzerne, die von unserer Altersangst leben, mit einer weiterhin erfreulichen Gewinnsteigerung rechnen dürfen. Denn immer mehr leben immer länger! Und sind immer länger alt! Und somit immer länger verhaltensgestört. Der um sich greifende soziale Autismus hat mit der Lebenserwartung seines ewig jungen, dynamischen Neurosen-Trägers – demnächst bis zu 120 Jahre alt – genügend Zeit, diesem Planeten endgültig den Rest zu geben!

Nimm die Erfahrung und die Urteilskraft
der Menschen über 50 heraus aus der Welt,
und es wird nicht genug übrigbleiben,
um ihren Bestand zu sichern.

Henry Ford

Die verlängerte Lebenserwartung vergrößert zwar unserer Konsumentenpotential, bringt uns mit Sicherheit aber nicht die Wertschätzung, die wir uns eigentlich wünschen. Wie alle anderen sind auch wir irgendwann dem Irrtum aufgesessen, dass Wertschätzung nur über Erfolg, Macht, Geld und Hyperaktivismus zu erreichen ist. Vielleicht braucht die Evolution, der liebe Gott oder Google uns immer zahlreicher werdende und langlebige Alte dazu, dieser bedrohlichen Entwicklung auf unserem kleinen Planeten seine Einseitigkeit zu nehmen. Mit unseren alten Werten wie Wissen, Ausdauer, Besonnenheit, Erfahrung, Gelassenheit, Menschenkenntnis und Kompromissfähigkeit könnten wir der dringend nötige Ausgleich zum Darwinismus des Marktes sein, dem die nachfolgenden Generationen immer stärker ausgesetzt sind. Zudem bestünde die Möglichkeit, die Überforderung der mittleren Generation durch Arbeit, Familie, Weiterbildung, die gerne mit dem Begriff *Work-Life-Balance* verharmlost wird, durch die Unterforderung der Älteren wettzumachen. Wäre es nicht wundervoll und eigentlich ganz einfach, wenn wir statt des Entweder-0der von jung oder alt, eine Balance, eine Art Generationengerechtigkeit schaffen könnten, indem wir unsere Ressourcen zusammen nutzen? Junge Flexibilität und alte Besonnenheit, junge Schnelligkeit und alte Ausdauer, junge Kreativität und alte Klugheit?

Schon jetzt zeigt sich ein beginnender Wertewandel, Junge und Alte finden zu gemeinsamen Einstellungen über die Gesellschaft in der sie leben wollen. Familie, Partnerschaft, Freunde erleben eine Renaissance der Wertschätzung, die sich in einem neuen „Wir“-Gefühl ausdrückt, basierend auf der Grundlage eines selbstbestimmten, unabhängigem Lebens. In der gegenseitiger Wertschätzung des Anderseins, nicht nur der Generationen, könnte eine Verbundenheit erwachsen, die es als gemeinsame Aufgabe sieht, das Gute zu bewahren, wie das Schädliche zu verändern.

Dazu werden wir alt.

7. Möglichkeit

Alter und Ehrlichkeit

Von allem,
was dem Menschen zustoßen kann
ist das Alter etwas,
was er am wenigsten erwartet.
Leo Trotzki

Als ich meine Freundin Karin Anfang der siebziger Jahre traf, legte sie großen Wert darauf, älter, erfahrener als ich zu sein und dies auch immer wieder bei jeder ihr sich bietenden, für mich allerdings zumeist peinlichen, Gelegenheit zu betonen. Irgendwann veränderte sich ihr Alter zu einer offenen Option und zu meinem Erstaunen waren wir in den Achtzigern ein paar Jahre gleichaltrig. Heute, wo ich Anfang siebzig bin, betont sie wieder ihre Distanz zu mir, wir feierten letztes Jahr ihren 62. Geburtstag.

Das Ehrlichkeit eine widersprüchliche Tugend ist, erkannten wir schon als Kinder. Immerzu wurden wir ermahnt nicht zu lügen, gestanden wir aber unsere Sünden, handelten wir uns als Dank zumeist lästige und leidvolle Strafaktionen ein. Das Ehrlichkeitsgebot ähnelte – nach zumeist väterlicher Neigung – eher einem Gerichtsverfahren, das nie im Zweifel für den Angeklagten entschied. Schnell begriffen wir, dass Lügen uns eindeutig mehr Vorteile einbrachte und verlangten folglich während unseres Lebens Ehrlichkeit zumeist nur von den Anderen.

Zu Allem, was die Sache mit der Ehrlichkeit zusätzlich erschwert, kommt noch ihre Einsatzflexibilität. Es gibt zwei Arten von Ehrlichkeit: die Ehrlichkeit im Umgang mit anderen Menschen, diese um des eigenen Vorteils willen nicht zu täuschen, zu manipulieren, und die Ehrlichkeit sich selbst gegenüber; erfordert sie doch eine ernüchternde Selbstreflexion. Beide Modelle sind ebenso anstrengend wie unattraktiv. Vor allem dümpelt die Ehrlichkeit uns selbst gegenüber in unzähligen Deutungsmustern herum, um uns mit kleinen oder mittelkleinen Selbstbetrügereien an den Realitäten unseres Lebens vorbei zu mauscheln. Sich ehrlich wahrzunehmen, nichts zu beschönigen, sind Verhaltensmuster, die bei den meisten auf ihrem Lebensweg verkümmert sind, damit der Glaube an die eigene Großartigkeit ungestört weiter wuchern konnte. Es erfordert heroischen Mut, dieses Selbstbild gerade jetzt im Alter abzulegen, da vieles, was wir nun erblicken, Verluste, Einbußen und Beeinträchtigungen sind. Ist es da nicht viel entspannter, folglich gesünder, unseren Seelenzustand mit stabilisierenden Beschönigungen und Selbstlügen erträglicher zu gestalten?

Außerdem ist uns doch hinreichend bekannt, dass der Mythos *Ehrlichkeit* nährbaren Seelenboden für pathologische Auffälligkeiten in sich birgt, der sich für uns zumeist bei unseren Mitmenschen als Selbstüberschätzung oder in Selbsterniedrigung zeigt. Zu Allem, was sich sonst noch in unserem Leben als heimliche Niedertracht erweist, wird die Ehrlichkeit gerne als Deckmantel benutzt, um mit ihrer angeblichen Wahrheit unseren Nächsten einen hundsgemeinen Dolch ins Herz zu rammen. Bei all diesen unschönen Begleitumständen und schädlichen Folgen der Ehrlichkeit ist es nicht verwunderlich, dass uns die Lüge als die eindeutig bessere, menschenfreundlichere Option erscheint.

Auf diesem Hintergrund ist es nachvollziehbar, dass das Auftauchen eruptiver Altersehrlichkeit als Anzeichen für beginnenden Seniorenstarrsinn pathologisiert wird. Dabei vergessen wir, die Ehrlichkeit als Möglichkeit zur Wahrhaftigkeit zu nutzen, wogegen die Lüge, die Selbstbeschönigung, auch ein Zeichen für unsere fehlende Selbstachtung, unser geringes Selbstvertrauen sein kann. Dies zu unterscheiden bedarf es aufrichtiger Selbstreflexion und Mut. Mut wiederum braucht Selbstvertrauen und das ist auf diesem Planeten genauso Mangelware wie pünktliche Klempner.

Wie viel Grundvertrauen wir besitzen oder wie wenig, dafür können wir uns bei unseren Eltern bedanken. Darum mahnt der Philosoph Paul Watzlawick „In der Wahl seiner Eltern kann man nicht vorsichtig genug sein“ Ich hatte Glück, denn ich wurde in punkto Selbstvertrauen von Anfang an gut versorgt. „Ohne dich wüsste ich nicht, was ich tun sollte!" war die Botschaft meiner Mutter an mich. So wuchs mein Selbstvertrauen zu verdecktem Größenwahn und in seinem Schatten eine geheim gehaltene Hilflosigkeit. Mit diesem Rüstzeug im Gepäck passte ich gut in die aufbegehrenden 68er. Nur stand ich damals noch unter dem „Wut-ist schlecht-„–Dogma der Kriegseltern, das Empörung nicht gut hieß. Außerdem war ich auch zu feige und zumeist zu unglücklich, um etwas Aufbegehrendes, Revolutionäres zu tun, außer „oben ohne" am Strand zu liegen.

Offensichtlich war ich damals nicht die Einzige, der es an einer ehrlichen Einschätzung darüber mangelte, wer ich war, noch, was ich gegen meine Orientierungslosigkeit unternehmen konnte. Einige von uns Verwirrten steckten sich Blumen ins Haar und setzten sich in einem indischem Aschram Bhagwan zu Füßen, während Andere ihre Karriereleiter hochstiegen, um Erfolg und Halt im Berufsleben zu finden. Um der großen allgemeinen Verunsicherung zu entkommen, wurde Selbstfindung oberstes Gebot und Selbstverwirklichung das Ziel der Zeit. Eine boomende Marktlücke für Heilsversprechungen von Gurus bis Schwitzhütten tat sich auf, um unsere Flower-Power-Sehnsüchte zu befriedigen.

Dies war die Geburtsstunde des Ichlings, eine Spezis dessen Suche nach sorgloser Individualität sich mit konsumsüchtigem Autismus paarte und der seine Lebensentscheidungen danach traf, ob sie seinem persönlichem Wohlbefinden dienten oder diesem eher abträglich waren. Diese Ich-Bezogenheit verschleiert, dass in ihrem inneren Kern ein Mangel von Grundvertrauen lebt, den sie mit dem äußerem Besitz von Dingen zu kompensieren versucht, aber auch mit einer egozentrischen Verliebtheit ins Leiden, einer Koketterie des Mangels oder dem Bedürfnis, als Drama-Queen ständig unsere Aufmerksamkeit abzufordern. Meist anstrengende Zeitgenossen, denen man – als reine Selbstverteidigungsmaßnahme – am besten nicht die eigene Telefonnummer gab.

Kompensation ist ein erprobtes Verfahren in unserem Beschönigungs –Alltag, denn wie sollten wir Ü60 sonst die Kränkung unseres narzisstischen Selbstbildes ertragen, beim täglichen Blick auf unseren alternden Körper? Ehrlichkeit – gut und schön, aber ehrlich gesagt, hier und da eine kleine Lüge, ein kleiner Selbstbetrug, eine kleine Realitätsverleugnung, das stärkt auch unser seelisches Immunsystem – was sollte daran schlecht sein?

Du siehst viel jünger aus ...

Um gekonnt zu lügen, muss man die Wahrheit kennen, um erfolgreich belogen zu werden, muss man sie ignorieren können. Bei der Lüge ist Intelligenz gefordert, sodass man davon ausgehen muss – um so klüger der Mensch, desto raffinierter ist er in der Lage zu lügen. Zudem zeigt die Evolution, dass Täuschung das Überleben sichert, wie zum Beispiel die klugen Blattraupen das Grün ihres Untergrundes annehmen, oder pfiffige Schneehuhnhasen im Winter weißes Fell und im Sommer braunes tragen, um für ihre hungrigen Feinde oder schießwütige Jäger unsichtbar zu sein. Oft ist die Realität für uns als Individuum nicht erkennbar, unsere Wahrnehmung ist ein individuelles Filtersystem, mit der Aufgabe, unser körperliches wie seelisches Überleben zu sichern. Dass die meisten Menschen dem Selbstbetrug nicht wiederstehen können, hat somit auch selbststabilisierende Gründe: wer sich als jung, gutaussehend, dynamisch und unwiderstehlich wahrnimmt, wird von seinen Mitmenschen auch als solcher wahrgenommen. Na ja, wahrscheinlich von denjenigen, die selbst auf so einem Betrugsmodus laufen, viele andere spüren jedoch sofort eine Unstimmigkeit und wittern die Lüge.

Trotz der nicht zu leugnenden Vorteile genetischer Überlebens-Programme und seelischer Ausgeglichenheit fühle ich eine leichte Überforderung im Ringen um eine nicht vom Siechtum stigmatisierte Altersidentität und sehne mich nach einer netten Schmeichelei, egal, wie sehr sie an den Haaren herbeigezogen ist. Diese kleinen Beschönigungen haben nichts mit unserem Alter, geschweige denn mit unserer Senilität zu tun, sondern mit unserem lebenslangen Verlangen nach

Anerkennung. Diese festsitzenden Verhaltensmuster machen uns immer noch so blind, dass wir nicht in Frage stellen, ob die Komplimente ehrlich gemeint sind oder nicht. „Ich hätte nie gedacht, dass du 50 ..., 60 ..., 70... bist! Du siehst mindestens 10 Jahre jünger aus!" Nur um dieses Kompliment zu hören, riskieren einige von uns bei dubiosen Fettabsaugern und Botoxspritzern bereitwillig ihre Gesundheit und obendrauf ihr Sparkonto. Hauptsache, man applaudiert uns! Jetzt ist es an der Zeit, endlich dieser Verlockung zu widerstehen und Lobhudeleien als das zu enttarnen, was sie sind: peinliche Selbstgefälligkeit, die kindliche Bedürftigkeit, mangelnde Ehrlichkeit und fehlendes Selbstbewusstsein verrät – und wer will schon alt und ein Psycho-Wrack sein?

Leider ist die Neigung zur Selbsttäuschung, Selbstüberschätzung und des Geltungsdranges nicht nur im Alter verlockend, sie befällt alle Lebensphasen und ist ein fester Bestandteil unserer Psyche, denn sie mindert erfolgreich unsere Ängste, nicht schön, intelligent, beliebt und jung genug zu sein. Die Angst vor Ablehnung und dem Nichtdazugehören war einst als Kind ein Überlebensreflex, als Erwachsener sind diese Ängste eine psychische Auffälligkeit, die sich im tagtäglichem Kampf um Anerkennung in allen Bereichen zeigt. Wir leben in einer Gesellschaft, in der jeder seinen Vorteil zu suchen hat; Ehrlichkeit erweist sich da als Erfolg hemmender Faktor. Dass dies eine allgemein akzeptierte Lebensform ist, zeigt sich in der Beschäftigung von schwarz bezahlten Putzfrauen, sowie Restaurantbesuchen, deren Quittungen wir ohne mit der Wimper zu zucken in der Jahressteuer als Geschäftsessen deklarieren, von im Betrieb mitgenommen Kugelschreibern und Toilettenpapier ganz zu schweigen.

Dass nur der Dumme ehrlich ist und sich Ehrlichkeit weder bei Selbstreflexion, noch beim Steuerzahlen auszahlt, zeigen uns auch wöchentlich die Reichen und Schönen auf den bunten Seiten der *Gala*-Welt. Sie sehen weder nach fiesem Plattenbau noch nach Bierbauch-Hartz IV aus, sondern sind zumeist super gut drauf. Zwar sind wir diesmal ehrlich bereit zuzugeben, dass uns diese Welt wahrscheinlich ohne Lotto-Gewinn nicht mehr zugänglich sein wird, wir, statt auf einer Jacht im Mittelmeer, im Schrebergarten in Bielefeld sitzen. Um darüber weder in Trübsinn zu fallen, noch sich dem Alkohol hinzugeben, greifen wir gierig nach unserer täglichen Lügendosis der „Du siehst mindestens 10 Jahre jünger aus"-Komplimente.

Wenn dieses fragwürdige Kompliment uns in Bielefeld glücklich macht – nun denn! In diesem Zustand der Beschönigungen selbstverliebt zu verharren, steht eigentlich, außer dem hehren Gebot der Wahrhaftigkeit, nichts im Wege, wären da nicht die Umwelt oder gar unsere zauberhaften Enkelkinder, die uns mit der A nsage „Du warst früher sicher sehr schön, Omi!" in die Realität zurückholen. In „ihre" Realität, und in der sind wir alt. Diesen unvermeidlichen Wahrnehmungsschock erlebte auch eine meiner Freundinnen. Ruth ist Mitte sechzig, blond, sportlich – goodlooking. In Jeans und T-Shirt kam sie gerade aus ihrem Reitstall, als ein junger Mann mit hoher Geschwindigkeit in ihren, vor einer roten Ampel stehenden Wagen krachte. Während sie von den Sanitätern in den Unfallwagen getragen wurde, hörte sie den jungen Mann in sein Handy brüllen: „Tut mir leid, ich kann nicht pünktlich da sein. Ich bin eben einer alten Frau ins Auto gefahren!"

Die bittere Wahrheit ist, das Leugnen des Alters hebt das Verleugnete noch stärker hervor, stellt das Altsein geradezu ins Rampenlicht der Betrachtung und damit der Beurteilung.

Der schöne Schein

Die Realität erwischt uns zumeist unerwartet, Knall auf Fall, wie eine Kopfnuss. Unerwartet, klar und schmerzhaft. Wie eine der vielen un-verblümten Aussagen einer berühmten Stilikone: Karl Lagerfeld – der geniale Modeschöpfer ist ein Vorbild, wie man zugleich wunderlich alt und wundervoll ehrlich sein kann. Seine berühmt – berüchtigte Ant-wort auf die Frage, wie er zu Facelifting stehe: „Eine geliftete 60-Jährige sieht aus wie eine 60-Jährige, die geliftet ist!"

Dieser Satz sollte über die Türen der Schönheitschirurgen gemeißelt werden oder sich zumindest jede Falten-Hysterikerin auf den Badezimmerspiegel und hinter die Ohren schreiben.

So weit, so wahr, aber soll ich mich auch verpflichtet fühlen, eine der größten Errungenschaften der Wissenschaften, die Haartönung, abzulehnen, weil ich alt und ehrlich sein will? Ehrlichkeit ist leider unsichtbar, graue Haare sind es nicht. Sogar in ländlichen Randzonen gibt es kaum noch Frauen mit grauen Haaren. Dabei habe ich Glück, mein aschblondes Haar, dem ich mein Leben lang durch helle Strähnchen versucht habe, Charakter zu geben, ist immer noch aschblond und immer noch dünn. Das mit den Strähnen habe ich irgendwann gelassen, ich fand, es machte mich alt, so, wie Pelze oder Parfüms alte Frauen alt aussehen lassen.

Meine schöne, schwarzhaarige Schwägerin wurde schon mit Anfang dreißig grau, genauer gesagt, weiß. Auch ich fand, dass dies einem Streich der Götter gleichkam und es nur mehr als gerecht war, dass sie färbte. Da stellt sich doch die Frage, wann – oder klarer – ab welchem Alter die Ablehnung des genetischen Codes „Weiße Haare – Jetzt!" mehr als gerecht ist, und in welchem Alter einfach nur albern? Grau zu Blond mag ja bei einigen Frauen, wie zum Beispiel der 80-jährigen Schauspielerin Jeanne Moreau, phantastisch aussehen, wobei ich befürchte, sie sieht seit eh und je phantastisch aus, und zudem ist sie auch noch klug, erkannte sie doch: „Frauen fürchten nicht das Alter. Sie fürchten nur die Meinung der Männer über alte Frauen". Ältere Männer dagegen haben ein viel unbekümmertes Verhältnis zu ihrem zunehmend entgleitendem Gesamtkörper, nur in einem Punkt zeigen auch sie sich verblüffend eitel – bei ihren Haaren. Hier greifen gerne nicht nur alternde C-Stars, sondern auch Bundeskanzler zur färbenden Waschlotion. Und genau denen möchte man zurufen:, Schwarz auf Weiß geht gar nicht!" Weder bei Frauen noch bei Männern. „Ansatzprobleme", flüstert die trendige 120-Euro-Hair-Stylistin, als hätte sie auf dem Kopf einer Freundin Läuse gefunden. Ansatzprobleme sind so widerlich wie Mundgeruch, und das Schlimmste daran ist, man bemerkt es selbst immer als Letzte.

Weil ich neuerdings festen Willens bin, mein Alter immer mehr zur problemfreien Zone zu entsorgen, werde ich meine Haare nicht färben. Das gleiche heroische Ansinnen gilt für sonstige Attribute des Alters, die ich, statt sie zu verstecken, zu betonen tapfer entschlossen bin. Dies zeigt Haltung und Mut. Eigenschaften, die – in meinem Leben zumindest – durchaus noch ausbaufähig sind. Tatsache, und somit ehrlich, ist: Graue Haare haben das Stigma: Alt! und offenbaren schonungslos das, was wir sind: alte Frauen und alte Männer. Einige von uns werden hinreißend damit aussehen, andere weniger, das war auch vorher mit Minipli und blonden Strähnen so. Im Prinzip ändert sich also nichts, wir sparen nur mit *Haar-Tönung-Nein Danke!* unser Geld und bis zum Ende unserer Tage ca.1000 Stunden beim Friseur. „Freie Lebensechtzeit" – allerdings müssen wir Frauen uns dann die *Bunte* selber kaufen oder, um sie zu lesen, häufiger im Wartezimmer von Ärzten sitzen, was ja eh auf uns zukommt.

Es gibt natürlich wichtigeres als Haare! Mode zum Beispiel. Zu den Vorteilen der Altersehrlichkeit gehört sie unbedingt dazu, besonders die Unterabteilung Bekleidung, obwohl ich mir nur zu bewusst bin, wie heikel dieser Bereich ist. Schließlich ist Barbie auch schon fünfzig geworden und trägt immer noch ihre knallengen, rosa Fummel. Kaum zu glauben, aber sie ist und bleibt Modevorbild, inzwischen sogar für unsere Enkelinnen, die mit Blondies Giraffenbeinen, Ballonbusen und Stupsnase auf Versagen gepolt werden und dies dann versuchen, mit Magersucht abzuwehren.

Mode ist für die Meisten ihr Leben lang ein zwielichtiger Bereich gewesen, undurchsichtig, mit undurchschaubaren Regeln, besonders für Männer, wenn sie nicht das Glück haben, schwul zu sein. Der Mann an sich kann den Unterschied zwischen einem schwarzen Sakko und „dem" schwarzen Sakko nicht sehen, vor allem nicht, wenn dazwischen tausend Euro liegen. Der Vorteil unserer jahrzehntelangen Anpassungsphase mit diesem Verwirrten liegt darin, dass wir schon seit langem aufgegeben haben, mit ihm zusammen einkaufen zu gehen. Unsere Altersehrlichkeit zwingt uns auch hier dazu, endlich aussichtslose Unternehmungen ad acta zulegen, wie zum Beispiel, unseren

Männern die Grundregel der Mode nahe zu bringen. Obwohl sie gerade hier lernen könnten, dass die Welt bunt und chaotisch ist und es einfache Regeln nicht gibt. Nur die Regel: Es gibt keine einfache Regeln. Eine Tatsache, die Männern leider auch in anderen Bereichen, wie zum Beispiel unserem weiblichen Gefühlsleben, nicht zugänglich ist.

Zurück zur Grundverwirrung – Mode. Das Wenige, was man von ihr einigermaßen sicher behaupten kann, ist, sie hat viel mit Geschmack, Stilgefühl und Souveränität zu tun. Aber wer besitzt das schon? Vor allem, wo der Jugendwahn Eltern wie auch Großeltern dazu treibt, im gleichen Outfit wie ihre Kinder und Enkelkinder in Nike Free in Hyper-Orange durch die Gegend zu geistern. Auch gehören verwaschene Hoodies mit Logografik zu Jugendlichen mit Adoleszenzproblemen, werden aber liebend gerne von Kreativen und Möchtegerns ab 50 plus getragen, die ihre schwindende Jugendlichkeit durch trendigen Look zu vertuschen suchen und dabei eher den Verdacht nähren, sie hätten sich aus der Kleiderspende des Roten Kreuzes bedient oder die Jäckchen gar aus den Umkleidekabinen einer Kinderturnmannschaft in Bulgarien mitgehen lassen.

Ältere Männer – wenn sie nicht zum Schrecken ihrer treusorgenden Ehefrau zu aufgeputzten Gockeln mutieren – haben im Allgemeinen weniger Probleme mit der Frage: „Passt das zu meinem Typ?" Geschweige denn „kann ich das in meinem Alter noch tragen?" Diese Fragen lösten bei Frauen dagegen schon ihr Leben lang schicksalhafte Identitätskrisen ersten Ranges aus. Und nun, da wir uns mit den Schwerkraftgesetzen und Verformungen unseres alternden Körpers auseinandersetzen müssen, kommt außerdem noch erschwerend hinzu, dass wir in unseren Müttern kaum Vorbilder fürs Altsein hatten, geschweige denn für einen überzeugenden Modestil. Die meisten unserer Muttis bevorzugten Rentnerbeige, Übergangsmäntel und Gesundheitsschuhe. Insignien eines bürgerlichen Miefs, den wir zwar meiden wie die Pest, ohne aber genau zu wissen, was an seine Stelle treten soll. Mit einem Wort, ich weiß nicht mehr, was ich anziehen soll!

Nicht nur in den Abgründen der Mode, sondern, wie in vielen anderen Bereichen auch, ist es jetzt an der Zeit, uns „neue" Alte auch „neu" darszutellen. Kompetenz, Erfahrung und Souveränität benötigt weder Schleifen und Rüschen, weder Herzchen und Löckchen noch andere putzige Accessoires kleiner Mädchen, die auch noch mit 70 aussehen, als wollen sie ihrem Papi gefallen. Auch von der Retro-Mode der 70er und 80er Jahre gilt es die Hände zu lassen. Sie war damals schon scheußlich und ließ uns mit 30 hässlicher aussehen, als wir eh schon waren. Heute wirkt diese Mode bei uns Alten, als wären wir obendrein zu geizig oder gar bedürftig gewesen, um diese Häkelstolas und zu engen Braun-Grün-Orange-Plastik-Kleidchen in die Alt-Kleidersammlung zu geben. Tröstlich ist, dass diese Mode, genau wie damals, nur einer Frau unter Tausenden wirklich steht. Und dieser Einen steht leider sowieso alles!

Aber Mode ist mehr, denn das, was man trägt, ist zugleich auch ein Statement über sich selbst. Egal, ob wir mit der Mode gehen oder auf sie pfeifen, was wir tragen zeigt unsere Haltung zur Welt. Vielleicht möchten wir uns durch Labels von anderen sozialen Schichten abgrenzen oder uns zu bestimmten Gruppen zugehörig fühlen, vielleicht durch Besonderheit auffallen oder durch Konformismus uns sicher fühlen. Das Streben nach Beachtung und Anerkennung ist eine starke Triebfeder für unsere Lebensentwürfe. Auch wenn Anerkennung, Dazugehörigkeit ein Grundbedürfnis des menschlichen Daseins ist, ist es im Sinne einer ausgeglichenen Gemütsverfassung angeraten, sie in Balance zur Unabhängigkeit und Individualität des Einzelnen zu stellen.

Um so unabhängiger wir werden, um so leichter wird es, uns gegenüber ehrlich zu sein. Dann können wir uns fragen, welches die wahre, die dahinter versteckte Absicht unseres Verhaltens ist, und ob wir unsere Selbstdarstellungen in Wahrheit benutzen, um das Gefühl des Mangels von Selbstwert auszugleichen oder um die Fülle, die Einzigartigkeit unseres Lebens auszudrücken.

„Will you still need me, will you still feed me, when I am 64" sangen vor über 50 Jahren die Beatles. Und die Vorstellung einst selbst 64 zu sein, lag in weiter Ferne. Jetzt sind nicht nur sie, sondern auch wir 64 geworden, haben Kinder groß gezogen, Erfolge, Niederlagen, Scheidungen, Menopausen und Rentenbescheide überlebt. Die meisten von uns fühlen sich nicht etwa „alt", sondern, von ersten körperlichen Verfallserscheinungen abgesehen, wie immer. Dies belegen auch alle Umfragen; die Mehrheit der Rentner fühlt sich jünger, als sie tatsächlich ist, und ist zudem überzeugt, überdurchschnittlich jung zu wirken. Das belegt auch das Marktforschungsinstitut Insa: zwei von drei Frauen und Männern über 70 fühlen sich zehn bis zwanzig Jahre jünger, als sie sind. Diese Selbsttäuschung wird auch nicht aufgegeben, wenn der 30-jährige agile Berater einer Bankfiliale nicht mehr bereit ist, uns einen Kleinkredit für den Zahnersatz zu geben. Unsere Wahrnehmung von uns ist dagegen eine andere. Wir sind mehrheitlich sicher, immer noch nicht im Oma-Opa-Land angekommen zu sein.

Meine ebenso muntere wie selbstbewusste Großtante Milli bekam anlässlich ihres 90. Geburtstages von einer ihrer unzähligen Enkelinnen eine selbst gehäkelte Stola geschenkt. Sie wies diese empört zurück: „Das ist etwas für alte Frauen!"

Das Gerede „man ist so alt, wie man sich fühlt" ist natürlich Blödsinn, liegt aber voll im Trend der konsumfördernden Altersbeschönigung. Dass das Verleugnen unseres Alters aber nicht immer nur Selbstbetrug und somit eine peinliche Koketterie ist, sondern oft auch die ehrliche Empfindung von etwas Konstantem, gehört zu den vielen Widersprüchen unseres Lebens. Die berühmte Publizistin Hannah Arendt schrieb: „Das denkende Ich bleibt lebenslang alterlos, wird älter, ohne zu altern."

Auch ich bin innerlich zunehmend verblüfft über mein numerisches Alter und die offensichtliche Differenz zwischen meiner inneren Wahrnehmung von „mir" und meinem äußerlichen Zustand. Ich bin 72 Jahre alt und keine meiner Vorstellungen, Vorurteile und Vorbilder von 72-Jährigen haben etwas mit mir zu tun. Ich fühle mich weder jünger, noch älter. Ich fühle mein Alter gar nicht. Natürlich habe ich Angst, mich mit meinem nicht gefühlten Alter lächerlich zu machen – eine schlimmere Lächerlichkeit als die, die mir als sich nach „Älter-sein"-sehnender, pubertärer Teenager rote Halsflecken und eitrige Pickel bescherte. Diese heutige Lächerlichkeitsangst ist mir bewusster, als der zu Grunde liegende Zustand des Altseins. Der ist ebenso zunehmend wie endgültig, wohingegen die einstmalige pubertäre Variante ein evolutionäres Durchgangsstadium war. Alter ist endgültig. Nur fühlen kann ich es nicht.

Der Grund dafür mag sein, dass unsere Gefühle nicht rechnen können – sie sind kein mathematisches Ursache-Ergebnis-Prinzip. Unsere Gefühle richten sich nach anderen Systemen und Prozessen in unseren Gehirnen. „Seelische Erlebnisse werden vom Gehirn in bioelektrische Impulse und in die Freisetzung von Nerven-Botenstoffen umgewandelt. Das Gehirn macht aus jedem psychischem also einen biologischen Vorgang" beschreibt der Mediziner und Autor Joachim Bauer diesen Prozess, der die Anpassungsfähigkeit und damit die Überlebensfähigkeit des Menschen reguliert.

Erfahrungen bilden, neurologisch gesehen, unsere Wahrnehmungen. Gefühle werden von Erfahrungen ausgelöst. Erfahrungen liegen in der Vergangenheit. Krass gesagt, was wir jetzt erleben, was wir jetzt fühlen, sind vergangene Erfahrungen. Weil wir die Realität auf Grundlage unserer gespeicherten mentalen oder neuronalen Datenbanken der Vergangenheit wahrnehmen und darauf aufbauend auch auf neue Erfahrungen reagieren, erkennen wir nur schwerlich, was da draußen im Moment wirklich los ist. Wie und was wir heute erleben, ist nicht Gegenwart, sondern Vergangenheit. Neurowissenschaftler wie Joachim Bauer erklären dies so: „Diese Vorerfahrungen sind mit Emotionen verknüpft, die im Bruchteil einer Sekunde reaktiviert werden, indem im Hypothalamus chemische Stoffe hergestellt werden. Sie sind die Moleküle der Emotionen, durch sie können wir Empfindungen wahrnehmen: z. B. Endorphine für die Lust. Lust suchen und Schmerz vermeiden ist das Grundprinzip unserer menschlichen Evolution".

Das Verharren in seliger Lust ist auf diesem Planeten allerdings nicht vorgesehen, da dieser Zustand bedauerlicherweise unseren Antrieb stoppt, uns weiter zu entwickeln. Wohingegen der Schmerz und der Wunsch ihn zu vermeiden, uns antreibt unser Verhalten zu verändern, unsere Potenziale auszuschöpfen und kreativ zu sein. Für die Gattung Mensch eine sinnvolle Einrichtung, aber für den einzelnen Betroffenen oftmals äußerst unerfreulich.

Da ihm diese weitreichenden Einsichten in die Evolution oftmals nicht zugänglich, oder in seiner momentanen Stresssituation nicht dienlich erscheinen, schlüpft der Mensch in einfache und erprobte Abwehrstrategien – hier eine kleine Lüge, dort eine kleine Beschönigung. Wer wir sind, tritt nur als Diskrepanz zum eigenen Idealbild auf, eine schmerzliche Erfahrung, die wir vermeiden können, indem wir die Brille der Selbsttäuschung aufsetzen. Durch sie können wir uns im Spiegel betrachten und nur das an uns wahrnehmen, was uns gefällt. *If yu auld see yu, thrugh my eyes*, sang Kenny Lattimore. Um uns zu beschützen koppelt sich unser Selbstbild von der Realität ab, ein Mechanismus, den im Alltag aufrecht zu halten nur mit einem Verhalten gelingt, das man als pathologisch beschreiben muss. Ein Verhalten allerdings, das sich wie eine nicht zu stoppende Virus-Epidemie, überall im Alltag zeigt. Möglicherweise erleichtert das Auseinanderfallen von Selbst- und Fremdeinschätzung die Rückbesinnung auf das Eigentliche, das Wesentliche.

Dieses irritierende Gefühl der Alterslosigkeit, weder jung noch alt zu sein, behauptet sich hartnäckig und ist vielleicht doch nicht nur ein selbstgefälliges Wunschbild von Menschen, die ihr Altern leugnen, sondern ein unbewusster Mechanismus – unser Selbst altert offenbar nicht mit unserer äußeren Erscheinung. Die meisten von uns sind ihrem Selbst, diesem geheimnisvollen „Ebenso Ich wie Nicht-Ich" so Mitte 30 zum ersten Mal begegnet. Diese innere Instanz altert nicht, sondern ist konstant und auf unheimliche Weise vom Körper nicht abhängig. Sie ist nur da. Etwas Dimensionsloses. Manche Kulturen geben ihr den Namen Beobachter, Zeuge – oder Bewusstsein. Oder das beobachtende Bewusstsein. Sogar die Gehirnforschung erkennt an, dass das Gehirn keine Schaltzentrale besitzt, von dem aus alle Impulse gesteuert werden. Wo befindet sich denn mein Ich, dass ich eindeutig erlebe? Von dem ich sagen kann, dass es mich beim Denken beobachtet?

Einer der ersten russischen Astronauten wurde in den sechziger Jahren in einem Radiointerview gefragt, welches Verhältnis er zu Gott habe, nun, da er im Weltall gewesen sei. „Ich habe keine Spur von Gott gesehen", meinte er ironisch, „nicht einmal einen noch so kleinen Engel." Daraufhin bekam er eine Woche später die Replik eines Gehirnchirurgen: „Ich habe mehr als dreißig Jahre Gehirnoperationen durchgeführt. Und ich habe immer noch keinen einzigen Gedanken gesehen."

Jeder weiß, dass da etwas ist. „Doch das Zeitlose in Euch ist sich der Zeitlosigkeit bewusst", antwortet *Der Prophet* des Autors Khalil Gibran auf die Frage nach der Zeit. Freud sagte einmal, dass das Unbewusste keine Zeit kennt. Es ist immer „Jetzt". „Gestern" und „Morgen" sind Gedanken, keine Gegenwart. Trotzdem besteht unser „Jetzt" nur aus der Summe der vergangenen Prägungen, Muster, Erfahrungen. Na ja, das bedeutet, mal locker gesagt, dass es weder Vergangenheit noch Zukunft noch Zeit gibt. Nur das Jetzt. Das kann unendliche Angst bereiten oder dem Einzelnen unendliche Freiheit schenken. Wir haben die Wahl.

Ehrlich gesagt, ich weiß es nicht!

Das geflügelte „Ich weiß, dass ich nichts weiß" wird Sokrates zugeschrieben. Kluge Menschen halten dies für einen bösen Fehler in der Übersetzung, im Original heißt es: „Ich weiß, das ich nicht weiß!" Mit „s" würde bedeuten, das der kluge Sokrates von sich behauptet nichts zu wissen, ohne „s" macht er deutlich, dass es kein grundsätzliches Wissen, keine Gewissheit gibt, sondern nur vorläufige Ansichten und Interpretationen. So ist die Sache mit der menschlichen Ehrlichkeit nicht nur aus Sicht des Finanzamtes, sondern auch in metaphysischer Sicht höchst fragwürdig.

Auch die Sache mit der „Zeit", erweist sich als weitere transzendale Verunsicherung. *Keine Zeit* war der coole Slogan unserer mittleren Lebensjahre. *Viel Zeit* dagegen ist jetzt das Privileg unseres Alters, obwohl die Lebenszeit definitiv kürzer wird. Widerspruch oder beginnende Verwirrung? Auch die allgemeine Alters- Klage: „Die Zeit vergeht viel schneller als früher!" ist objektiv falsch, aber subjektiv unser gemeinsam beklagter Eindruck. Dies liegt daran, dass in der Erinnerung ereignisarme Zeiten zusammenschrumpfen, während Krisen, Dramen, aber auch der erste Kuss, das erste Auto, die Geburt des Kindes, die Zeit ausdehnen. Neue Erfahrungen strecken die Zeit, Wiederholungen des Gleichen lassen sie schrumpfen. Nicht die messbare Zeit, sondern die emotionale Kraft und Tiefe die das Geschehen bei uns hervorruft, bewirkt ihre Bedeutung für unserer Überleben und diese Bedeutung dehnt die Wahrnehmung der Zeit. Zeit ist folglich, wie alles Andere auch, individuelle Bewertung und somit ein weiterer Grund für das Durcheinander und die Missverständnisse um uns herum.

Zudem kommt mir jetzt im Alter in vielen Dingen, Situationen und Personen die Eindeutigkeit immer mehr abhanden; selten erscheint mir heute etwas als nur gut oder nur böse. So erlebe ich zunehmend das „sowohl als auch" im Verhalten von Menschen und in Erlebnissen. Diese Mehrdeutigkeiten waren für mich zuerst beunruhigend, denn ich musste meinen Glauben aufgeben, dass ich alles unter Kontrolle meiner Beurteilung habe, folglich auch unterscheiden kann, was Unehrlichkeit und Lüge ist, und was nicht. Die schnelle Bewertung von „schwarz oder weiß" war bisher unabdingbar für unser erfolgreiches Berufsleben. Jetzt ist Schluss mit diesem Unsinn, wir sind von solchen Zwängen befreit und können jetzt ohne Repressalien zu befürchten, sagen „Ich weiß es nicht!" und damit nicht nur wahrhaft ehrlich sein, sondern möglicherweise auch ehrlich weise. Dann gelingt es uns möglicherweise, Eindeutiges als Beschränkung zu erleben und Doppel- wenn nicht gar Vielfachdeutiges als Fülle, als Wunder, als ein Geschenk an Möglichkeiten.

Mehr Ehrlichkeit im Alter bedeutet nicht nur den ungetrübten und mutigen Blick auf die Lebensbedingungen auf diesem Planeten, sondern auch auf uns selbst. Dazu gehört, dass man sich nicht in knappe Bikinis zwängen und gleichzeitig den Jugendlichkeitswahn verfluchen kann. Ehrlichkeit bedeutet, in den Spiegel zu schauen und zu sagen: „Ja, das da bin ich!" Unsere Seele bleibt im Gleichgewicht, wenn wir unsere neu entdeckte Ehrlichkeit dazu nutzen, unsere Erwartungen an die Wirklichkeit anzupassen. „Realitätsnahes Erwartungsmanagement" nennen Psychologen das Phänomen, dass alte Menschen, die kaum noch gehen können, aber sich nichts vormachen, zufriedener sein können als 20-Jährige. Junge Menschen dürfen sich ihr noch verschwommenes Selbst mit angesagten Sprüchen, Labeln und Stil-Ikonen aufpumpen. Sie setzen auf Beeindruckung statt Inhalt, und das ist völlig okay, sind doch Blender mit 20 noch in einer tolerierbaren Entwicklungsphase, Blender mit 70 dagegen peinliche Manifestationen des Starrsinns. Im Alter ist Selbstbetrug bestenfalls gesundheitsschädlich, schlechtestenfalls demütigend. Zugegeben, Altersehrlichkeit verlangt oftmals den heroischen Mut, aus dem lebenslangen Traum der eigenen Grandiosität aufzuwachen und auf sein bescheidenes Ich zu blicken, aber mehr als dieses Ich mit seinen einzigartigen Erfahrungen „Das ist mein Leben" schenkt uns das Dasein nicht.

Zur Ehrlichkeit, zum Jungsein wie zum Altsein, wie zum Leben schlechthin, benötigen wir eine gehörige Portion Unerschrockenheit, Mut und Lust am Risiko. „Mut heißt, trotz aller Ängste ins Unbekannte zu gehen, Mut heißt nicht, keine Angst zu haben!" erläutert der indische Philosophieprofessor Osho. Sich einzugestehen, vor dem zunehmenden Alter Angst zu spüren und trotzdem weiter zu gehen, ist Mut. Wir Alte betreten damit Neuland, das ist immer auch ein Risiko. Das Dumme dabei ist nur, dass, wenn wir nichts riskieren, wir in Wahrheit noch mehr riskieren – „No risk, no life!"

So ist unsere kürzer werdende Zukunft auch die möglicherweise letzte Chance zur Ehrlichkeit: „Das finde ich gut" – „Das finde ich nicht gut" – „Das tut mir gut" – „Das tut mir nicht gut!" Wir haben vieles hinter uns gelassen, von den zweiten Zähnen bis zum Glauben an den Weihnachtsmann, von der verpatzten Examensarbeit bis zur unglücklichen Liebe. Heute wünsche ich mir, mich ohne Beurteilung ehrlich betrachten zu können und zu mir zu sagen: Jetzt bin ich alt! Mal sehen, was ich damit noch alles erfahren kann – in guten wie in schlechten Zeiten zu mir zu stehen, oder müde zu sein von soviel Leben, Menschen, Bedürfnissen, Trauer, Zorn, meinen Fehlern, meinen Versäumnissen, meinen Verwirrungen, aber auch, wenn das Glück mich davonträgt. Ehrlichkeit im Alter ermöglicht die Freiheit von der Selbstbezogenheit, von den Konventionen. Man nimmt sich nicht mehr so wichtig. Ich möchte auf die Frage „Was machst du denn so?" mit Ehrlichkeit „Nichts Besonderes" erwidern können und mir erlauben, alles zu sein, auch alt, und auch nichts Besonderes.

Dazu werden wir alt.

8. Möglichkeit

Alter und Anerkennung

Alt wird man, wenn alle Leute sagen,
dass man jung aussieht.

Karl Dall

„Früher waren sie sicherlich sehr schön!" Die thailändische Managerin unseres Hotels strahlte mich an, als sie dies vor mehr als 10 Jahren zu mir sagte. Ich war zunächst irritiert, dann erschüttert. Offensichtlich war es jetzt soweit, dass Attraktivität unwiederbringlich meiner Vergangenheit angehörte. Da fiel mir Gott sei Dank etwas ein: Dieselbe Managerin hatte erst vor wenigen Tagen meinem Mann gesagt, er sähe aus wie Adolf Hitler. Auf unsere entsetzte Reaktion hin korrigierte sie sich: „No, Sir, sorry, you look like James Bond!" Ich bin ganz sicher, er sieht weder Adolf Hitler, aber bedauerlicherweise auch nicht Sean Connery ähnlich. Trotzdem erlaubte mir mein Mann anschließend, ihn „James" zu nennen.

Anerkennung ist ein menschliches Grundbedürfnis, denn Anerkennung bedeutet „erkannt" zu werden. Erkannt von einem Anderen, der nicht ich bin. Wir spiegeln und erkennen unser „Da"- Sein in den Augen des Gegenübers, des Anderen. Der Blickkontakt bleibt eine grundlegende Notwendigkeit menschlichen Lebens, um mit anderen Menschen zu kommunizieren, im Austausch zu sein und Bestätigung, Achtung und Anerkennung zu erfahren.

Die erste Person die uns „erkannt" hat, war unsere Mutter; in ihrem liebevollem Blick sahen wir unser Willkommensein in der Welt. Gab es diese Resonanz auf uns nur mangelhaft oder gar nicht, begleitet uns ein Leben lang ein Urmisstrauen, das sich in späteren Jahren als Depressionen wie auch in Geltungssucht zeigen kann. Die Nichtbeachtung durch Andere konfrontiert uns mit der Angst vor unserer Abhängigkeit von anderen Menschen und der dahinterliegenden Furcht vor Einsamkeit, Bedeutungslosigkeit und Nichtwahrnehmung -

bedrohliche Gefühle, die in unserem vergangenen Leben hinter Beschäftigung, Stress und Erfolg versteckt waren und jetzt im Alter ans Licht drängen. Mit dem Eintritt in den Ruhestand werden wir auf unsere Essenz geworfen, wir fallen auf uns selbst zurück und sind vermutlich zum ersten Mal nur noch ein bloßes Ich.

Uns so der Welt und dem eigenen Blick in den Spiegel auszusetzen, ist verdammt hart, aber, da wir nun offensichtlich noch eine Weile auf diesem Planeten herumgeistern werden, greifen wir verständlicherweise auf vertraute Entlastungsstrategien zurück. Seit Kindertagen sehnen wir uns nach Lob, Beifall und – als Sahnehäubchen – Komplimenten, und trachten mit allen Mitteln danach, möglichst in allen Bereichen unseres Lebens auf dem umjubelten Siegerpodest zu stehen. Auch wenn der britische Philosoph Bertrand Russel dazu treffend anmerkte: „Menschen, die immer daran denken, was andere von ihnen halten, wären sehr überrascht, wenn sie wüssten, wie wenig die anderen über sie nachdenken", ist uns die Bestätigung durch Andere zum ständigen Bedürfnis geworden. Sogar jetzt im Alter schielen wir noch immer nach derer Meinung oder machen gar jede unserer Handlungen von der Zustimmung unserer Umgebung abhängig. Mit diesem selbstschädigenden Verhalten stecken wir fest in der Abhängigkeitsfalle.

An diesem demütigenden Ort befinden sich fast alle über 60-Jährigen, demnächst 40 Prozent aller Deutschen, denn unser Zustand *alt* findet kaum Anerkennung, vor allem nicht bei uns selbst. Das bestätigt auch der kluge George Bernard Shaw: „Der Mensch ist das einzige Lebewesen, das von sich eine schlechte Meinung hat." Wir sind weit davon entfernt, gnädig auf uns zu schauen, teilen stattdessen masochistisch die gnadenlose Überzeugung des Mainstreams, dass wir Alte nur dann Lob und Beifall erwarten können, wenn es uns gelingt, alle Anzeichen dieser unschönen und zudem selbstverschuldeten Entgleisung zu verbergen und zu verheimlichen. Sollte uns dies nicht gelingen, bleibt uns Alten nichts anderes übrig, als uns unsichtbar zu machen, indem wir in die Seniorenghettos weit vor der Stadt flüchten.

Das Alter ist nicht trübe,
weil darin unsere Freuden,
sondern weil darin unsere Hoffnungen aufhören.

Jean Paul

Eine Gruppe der über 60jährigen kann sich getrost die Umzugskosten in Randgebiete und auch sonstige Renovierungsmaßnahmen ihres Äußeren ersparen – die Frauen! Für diese Spezies gilt es nun vordringlich sich auf einen Selbstwert- Tsunami einzustellen, um anschließend in ein „Tabu-Land" einzutreten, wo sie mit einer Art geheimer Bruderschaft der Männern konfrontiert werden, deren Gesetze und Regeln Außenstehenden – hier, wir alten Frauen – ein Rätsel sind. Das Gesetz der Verschwörung heißt *Alte Frauen sind unsichtbar*. Und es ist ein Phänomen, ein schmerzliches – für uns alte Frauen zumindest. Besonders schwer trifft uns unsere Unsichtbarkeit, wenn wir eigentlich noch bis vor kurzem jeden Blick auf uns zogen. Plötzlich schaut man durch uns hindurch, als trügen wir eine Tarnkappe. Sogar Männer, die wir früher keines Blickes gewürdigt hätten, übersehen uns. Dies ist mir um so unverständlicher, weil, wenn ich mich in meinem 72-jährigen Leben umsehe, es voll ist mit wunderbaren, attraktiven, originellen, gescheiten, außergewöhnlichen, beeindruckenden und tollen alten Frauen.

Was ist da geschehen? Haben unsere Männer, die doch gleichzeitig mit uns alt geworden sind, Wahrnehmungslöcher? Wir heutigen 60plus –Frauen, haben doch keine Ähnlichkeit mehr mit unseren Müttern in Rentnerbeige und mit Niveacreme. Trotzdem werden wir alten Frauen von alten, wie auch jungen Männern nicht erblickt, man spricht uns nicht mehr an, man fordert uns nicht mehr zum Tanzen auf, man hat kein Interesse mehr an unserer Existenz. Das ist hart. Das ist mit das Härteste, was uns passieren kann. Wir sind von heute auf morgen ein nichtbeachtetes Nichts. Dies lässt alle Krücken eines noch so therapiegestärkten Selbstwertgefühls zusammenkrachen und uns verständlicherweise in die Arme, bzw. unter das Messer eines schamlos teuren Schönheitschirurgen werfen. Eine Entscheidung, die uns in ihren Auswirkungen im besten Fall in die Privat-Insolvenz treibt und im schlechtesten Fall die Männer veranlasst, uns wieder anzusehen. Aber nur, weil wir anschließend aussehen, als wären wir aus einem Monster – Mutationen – Film entsprungen – aufgeblasene Karpfenlippen, Botox-Gesichtslähmungen und Augendeckel, die nicht mehr schließen. Was treibt uns zu dieser Selbstzerstörung? Ist es die Verzweiflung, die sich ohnmächtig mit der Ablehnung und dem Hass gegen sich selbst verbindet, um den eigenen Körper und unser Gesicht zu verwüsten, damit die Welt endlich wieder herschaut und unsere Existenz bestätigt?

Fragt man gleichaltrige Männer, ob sie diese superaussehende, ältere Frau am Nachbartisch hinreißend finden, fragt nicht nur mein Mann garantiert: „Welche Frau?" „Die mit dem langen weißen Haar. Und die Jacke ist Chanel, traumhaft!" „Hm!" sagt der Mann an sich und stiert peinlich lange in den Ausschnitt der jungen, leicht übergewichtigen Kellnerin. Natürlich ist dies mit Beuteschema und Arterhaltung zu erklären. Aber der Mann an unserer Seite ist schon weit über 60, hat mehrere Kinder und sollte sich doch auch im Laufe seines Lebens vom Paarungsverhalten der Primaten distanziert haben, die alte Geschlechtsgenossinnen als für die Fortpflanzung nicht geeignet ausmusterten, folglich übersahen.

Möchten wir uns wirklich entwicklungsmäßig auf die Stufe von Säbelzahntigern stellen? Oder ist es so, dass, während wir Frauen uns auf die Suche nach dem Sinn des Lebens und einer wirklich funktionierenden Diät begeben, der 67-jährige Professor für angewandte Physik auf dem Evolutionslevel von Reptilien festsitzt und immer noch glaubt, um den Fortbestand seiner Gene kämpfen zu müssen? Liegt hier eventuell die Ursache für unsere Unsichtbarkeit? Wir alten Frauen sind nicht mehr gebärfähig und somit fallen wir aus dem Beuteschema männlicher Gen-Träger heraus. Punkt. Wir sollten diesen Männern erzählen, dass wir die Stufe der Evolution hinter uns gelassen haben, in der die Gottesanbeterin (eine Spinnenart) den Partner nach dem Geschlechtsakt mit einem Biss tötet, um ihn anschließend zu fressen. Wir sind stolz auf unsere Emanzipation von solch schlichten Problemlösungen.

Zum Dank für diese zivilisatorische Leistung müssen wir uns nun von unseren mit uns alt gewordenen Männern nicht nur die uralten und mit den Jahren immer dümmeren Witze voll fiesem Sexismus anhören und feststellen, dass beim Älterwerden eine erbarmungslose Entsolidarisierung der Männer gegenüber den gleichaltrigen Frauen stattfindet. Als Reaktion auf klebrige Alt-Herren-Witze fallen wir Frauen zumeist in die Schockstarre eines Dumm-Grinsens oder bringen höchstens noch den bitteren Sarkasmus der Unterdrückten auf, zumeist gepaart mit versteckter Wut.

Offen wütend bin ich dagegen über eine weitere Beachtungslosigkeit, die auf höchstem kulturellem Niveau uns alte Frauen entwertet – den senilen Narzissmus, der bedeutende Literaten nötigt, ihre schwindende Potenz mit Altmännerfantasien über sexuelle Ausschweifungen zwischen alten Männern und jungen Frauen zu kompensieren. Okay, einige dieser betagten Autoren schreiben Weltliteratur, aber das entschuldigt doch nicht alles! Ich kenne keinen Roman, in dem eine alte Frau die Hauptperson ist, geschweige denn im Rentenalter von einem viel jüngeren Mann zunächst heiß begehrt und anschließend mit dem Jahrhundert-Sex beglückt wird. In der „gehobenen" Literatur existiert die ältere Frau nicht, es sei denn, sie liegt im Sterbebett, um rückblickend ihr – zumeist junges – Leben zu erzählen. Nicht mal wir alten Frauen schreiben über uns. Wenn, dann kecke, aufmunternde Ratgeber, keinesfalls über intime Details aus dem Nähkästchen unserer geheim gehaltenen Altersverwüstungen – wie peinlich wäre das denn? Und peinlich zu sein ist fast noch schlimmer, als alt auszusehen. Vor diesem Zustand bewahrt uns zum Glück unser weiblicher Scharfblick. Es fällt uns zwar immer noch schwer, rechts und links zu unterscheiden, aber wenn es um die knallharte Erkenntnis unserer zunehmenden Mangelhaftigkeit geht – vom Hängebusen bis zum Hühnerhals – sind wir Weltmeister in Sachen Urteilskraft, beziehungsweise Verurteilungskraft.

Nie würden wir diese Produkthinfälligkeiten den Blicken eines jungen Adonis zum Fraß vorwerfen, zudem wir auch immer befürchten würden, dass dieser heimlich seine Persönlichkeitsstörung auslebt, indem er in uns seine Mutter sieht. Statt dieser für uns alte Frauen unschönen Lebensoption greifen wir auf unseren Realitätssinn zurück, verkuppeln attraktive junge Männer mit unseren Enkelinnen, legen uns Unmengen von Rollkragenpullovern zu, bringen ärmellose Kleider und bauchfreie Tops sowie alles, was ein Dekolleté hat, zur Kleidersammlung – und siehe da, dafür bekommen wir garantiert Anerkennung!

Weitere Anerkennungsoptionen liegen in der Einsicht, dass sich unsere individuellen Spiel-Vorteile immer klarer abzeichnen. Mit diesen Kompetenzen sind wir jetzt im Alter in der glücklichen Lage diese zu verfeinern, wie auch unsere Geschicklichkeit im Verstecken unserer Demontagen zu kultivieren. Ich lerne es zu ertragen, dass mich 99 % der Angebote bei *Zalando* der Lächerlichkeit preisgeben und ein „must not" sind, jedenfalls in den Augen meiner Freundinnen. Männer bemerken nicht einmal mehr das, streiten aber gleichzeitig die erotische Abstinenz in Bezug auf Gleichaltrige vehement ab. Dieser Widerspruch zu den eindeutigen Tatbeständen liegt an der männlichen Befähigung, unnötige Reibungsverluste im zwischenmenschlichen Bereich zu vermeiden – Männer, auch ältere Männer, erzählen selten die Wahrheit. Wozu auch? Sie wollen in den Augen der Anderen in erster Linie gut dastehen und dann problembefreit wegkommen – ist der Gutmensch gefragt, sind sie Gutmenschen, ist der Kämpfer gefragt, sind sie Kämpfer, ist der Einsichtige gefragt, sind sie einsichtig. Nur Frauen glauben ihre tatsächlichen und eingebildeten Defizite ehrlich offenbaren zu müssen. Welchen Sinn dies haben soll, verstehen Männer nicht. Sie sind vorteilorientierter, ein Gen-Reflex, der ihnen eindeutig mehr Anerkennung bringt.

Dass Frauen über ein differenzierteres Gefühlsleben als die Männer verfügen, ist hoffentlich inzwischen ein anerkannter Gemeinplatz, wie auch, dass sie dadurch keineswegs einen Platzvorteil haben. Lange, schon sehr lange, bevor wir für unsere brüchigen Knochen einen Rollator benötigen, humpelt unsere sensible Frauenseele auf den Krücken der Anerkennung durch Andere umher. Geistreicher Zynismus hilft uns auch nicht wirklich: „Männer beteuern immer, sie lieben die innere Schönheit der Frau, komischerweise gucken sie aber ganz woanders hin", sagte Marlene Dietrich, die verblüffenderweise auch irgendwann dem „Club der Unsichtbaren“ beigetreten sein muss und sich freiwillig für die letzten Jahrzehnte ihres Lebens alleine in ihrem Bett verkroch. Ich halte dies für eine sehr exzentrische Lösung, und es ist für uns Durchschnittsfrauen ohne Medienbedeutung auch garantiert frustrierend – mit und ohne Partner.

Bevor wir alten Frauen uns jetzt dem Trunke hingeben, sollten wir kurz innehalten und bedenken, dass angeblich jedes Drama auch seine guten Seiten haben soll, und nach den Vorteilen des Lebens unter einer Tarnkappe suchen. Zum Beispiel, dass uns Frauen die heutige Unsichtbarkeit auch die Freiheit schenkt, unsere anstrengenden Aussenoptimierungen in den Wind zu schießen und stattdessen uns selbst zu entdecken, alle Seiten anzuschauen, auch die ungeliebten, die versteckten, die geheimen und sie als dazugehörige Bestandteile unserer Persönlichkeit zu sehen und anzuerkennen. Die Anerkennung unserer Stärken beinhaltet nicht das Leugnen unserer Schwächen. Im Gegenteil, wir „erkennen“ uns nur dann, wenn wir alle Aspekte unseres Seins, unserer Talente, unserer Anlagen akzeptieren. Auf der Grundlage dieser Akzeptanz sind wir in der Lage uns zu entscheiden, wer wir sein wollen, und können dann unser Verhalten nach diesem Ziel ausrichten. Diese einfache und letztendlich auch schlüssige Vorgehensweise widerstrebt dem Menschen bis ins hohe Alter bedauerlicherweise aus tausend Gründen, Entschuldigungen und Ausreden.

Wenn wir uns nicht diesem oftmals schmerzhaften Prozess der Akzeptanz unserer Vielschichtigkeit stellen, werden wir auch die große Chance verlieren, uns zu *erkennen*. Wenn wir nicht alle Seiten unseres Charakters annehmen, sind wir selbst diejenigen, die sich in Isolation, in Einsamkeit, in Abhängigkeit und in Bedeutungslosigkeit gefangen halten, die wir so fürchten. Das „Nicht-gesehen-werden“ durch Andere spiegelt unter diesen Voraussetzungen unser inneren Selbstablehnung wieder. Diesem geheimen inneren Gefängnis zu entkommen und dem Leben als alte Frau erhobenen Hauptes entgegenzutreten, schenkt uns Anerkennung – garantiert!

Ich bin nicht mehr jung genug,
um alles zu wissen.
Oscar Wilde

Wir gewinnen Raum für neue Erfahrungen auch dadurch, dass die natürlichen Prozesse des Alters uns zwingen, sich immer mehr von Gewohntem zu trennen. Das dies durchaus ein Grund zur Freude sein kann, zeigt der weise Hund in Elke Heidenreichs und Bernd Schroeters Geschichte *Rudernde Hunde*, der schwanzwedelnd jede Veränderung als Möglichkeit zur Verbesserung seiner momentanen Situation begrüßt. Auch der Mensch hat diese seit Anbeginn einprogrammierte Lust am Wandel. Gäbe es sie nicht, würden wir immer noch als Weichtierchen in irgendwelchen Tümpeln herumdümpeln. „Es muss so bleiben, wie es immer war" ist der Wunsch von abhängigen Kindern. Leben ist Veränderung und Wachstum. Was sich nicht verändert, ist tot. Lebendigkeit zeigt sich in der Offenheit für neue Erfahrungen und die Befähigung zur Einsicht, dass wir nicht alles wissen können und somit ein Recht darauf haben, uns auch zu irren. C. G. Jung sagt: „Der Irrtum ist eine genauso wichtige Bedingung für das Fortschreiten im Leben wie die Wahrheit."

Irrtümer und Fehler – trial and error – sind die besten Wegweiser zu unserem Wohlbefinden. Nur durch sie erfahren wir, was uns gut tut und was nicht. Dass wir Menschen trotzdem unsere körperliche, wie auch seelische Gesundheit durch Entscheidungen beeinflussen, die uns schaden, basiert auf der irrigen Annahme, dass Menschen vernünftige Entscheidungen treffen. Es ist, als würde wir eine Schale mit Äpfeln angeboten bekommen und begeistert die verfaulten, schimmligen ergreifen und die reifen, gesunden verschmähen. Nachdem wir die verdorbenen gegessen haben, können wir es uns überhaupt nicht erklären, warum es uns so schlecht geht. Genau das gleiche machen wir Menschen mit unseren Gedanken. Wir erwählen mit stoischer Verbissenheit negative Glaubensmuster, düstere Theorien und vernichtende Selbsturteile, welche uns Schaden zufügen, und sind völlig ratlos, warum wir uns anschließend elend und jämmerlich fühlen. Sagt eine

Freundin zur anderen: „Warum treffe ich immer die falschen Männer?" „Dein Problem ist nicht, dass Du die falschen Männer triffst. Dein Problem ist, dass du Ihnen Deine Telefonnummer gibst."

Wenn wir uns selbst anerkennen wollen, ist das Erkennen der Anfang. Dann können wir sehen, dass unsere Persönlichkeit ebenso unser Vertrauen wie auch unseren Zweifel umfasst. Widersprüchlichkeit zeichnet unsere Menschlichkeit aus. In ihr liegt die Befähigung zur Weiterentwicklung, zur Gelassenheit und zum Humor. Menschen, die immer behaupten zu wissen, was richtig und falsch ist, sollte man mit Vorsicht begegnen. Zumeist deckeln sie nur ihre Angst vor ihrer tiefen Unsicherheit dem wilden unberechenbaren Leben gegenüber. Und genau denen sei an dieser Stelle gesagt: Es gibt kein richtig oder falsch! Alles ist nur unterschiedlich. Wer jetzt die Gesetze von Recht und Ordnung ins Spiel bringt, dem sei gesagt, dass Gerichte keinesfalls über richtig oder falsch entscheiden, sondern nur darüber, ob etwas legal ist oder nicht. Jede unserer Entscheidungen zieht unterschiedliche Konsequenzen nach sich. Genau für diese Konsequenzen tragen wir allein die Verantwortung – nicht Mami oder Papi, unser Partner oder der liebe Gott. Wir entscheiden uns tagtäglich für eine Möglichkeit zu handeln und tragen die Verantwortung für die Konsequenzen aus dieser Wahl.

Wer sich weiterhin aus Angst davor drücken will, die Verantwortung für seine Entscheidungen zu übernehmen, um die so sehr gewünschte Anerkennung seiner Mitmenschen nicht zu verlieren, kann das selbstverständlich tun – sollte aber wissen, dass er damit keinesfalls Anerkennung bekommen wird, sondern höchstens Mitleid.

Es gehört zu den Merkmalen des Alltagswahnsinns, dass bei den meisten Menschen eine freiwillige Verhaltensveränderung, mit der sie ihre Situation verbessern könnten, bekanntermaßen auf heftigen Widerstand stößt. Damit die Menschheit überhaupt weiterkommt, gibt es zwei Entwicklungshelfergruppen – Götter und Freundinnen. Freundinnen bringen mit brutalehrlichen Aussagen manch Veränderungsverweiger auf Trapp und wenn das nicht wirkt, schlagen die Götter mit ihrer Keule des Schicksals alles Gewohnte, Vertraute kurz und klein.

Kali ist im Hinduismus die Göttin des Todes und der Zerstörung, aber auch der Erneuerung. Im Zusammenhang damit steht der Glaube, dass ohne Zerstörung des Alten nichts Neues entstehen kann. Weltkrisen wie auch persönliche Desaster treten auf, um nötige Veränderungen und einen überfälligen Richtungswechsel zu ermöglichen. Wandel ist ein Bestandteil des Lebens. Wo er blockiert wird, sind Krisen unvermeidlich. Dies gilt für erstarrte Gesetze der Ökonomie wie auch für die unnachgiebigen Gedankenmuster in unseren Köpfen.

Erkenne dich selbst.

Inschrift am Apollotempel von Delphi

Ein Wandel der Gedanken benötigt nicht immer eine Krise, er kann manchmal von einem richtigen Wort zur richtigen Zeit bewirkt werden. Der evangelische Pfarrer Johann Caspar Lavater sagte: „Sieh zuerst, was du bist und was du hast und was du kannst und weißt, ehe du bedenkst, was du nicht bist, nicht hast, nicht weißt und nicht kannst."

Zum Beispiel: Im Alter nimmt die Weitsichtigkeit zu, das bedeutet einerseits beim Lesen eine Brille zu benötigen, andererseits schenkt die Weitsichtigkeit uns das Glück, den Blick über die Fernbedienung zu erheben und zu vielfältigen und überfälligen Einsichten zu gelangen. Über dem Tempel von Delphi steht nicht: Erkenne den Anderen, sondern *Erkenne Dich selbst*. Anerkennung setzt Selbsterkenntnis voraus. Möglicherweise entdecken wir erst jetzt, dass wir unserer Angst nicht dazuzugehören, von Anderen abgelehnt zu werden, bisher einen viel zu großen Einfluss auf unser Leben überlassen haben. Ebenso begreifen wir, dass auch fast alle Vorschriften und Konventionen, nach denen wir uns ausrichten, von Menschen außerhalb unseres Selbst kommen.

Wie oft waren wir felsenfest davon überzeugt, dass die Welt sich gegen uns verschworen hat. Auch wenn uns alle Anzeichen Recht zu geben scheinen, ist diese Sicht der Dinge für uns im Grunde nur der einfachere, bequemere, leichtere Weg, als sich einzugestehen, dass wir heute das Ergebnis unserer vergangenen Entscheidungen sind: Heute werden unsere Leistungen nicht gewürdigt – wir haben den ungeliebten Job nie gekündigt; heute vernachlässigt uns unser Partner – wir haben nicht die Scheidung eingereicht; heute kommandieren uns unsere Eltern immer noch herum – wir sind nie aus unserem Heimatdorf weggezogen; heute hält der Hausarzt unseren Blutdruck für bedenklich – wir haben seit Jahren keinen Sport getrieben. Die Liste lässt sich unerfreulicherweise beliebig verlängern.

Mir war es lange nicht klar, dass ich mich mit der alltäglichen Frage: „Was soll ich anziehen?“ ebenfalls von der Bestätigung von außen abhängig machte. Und, warum klatschen wir im Theater eigentlich Beifall, obwohl wir die Aufführung grässlich fanden? Ich tue es, weil ich mich für die Interpreten fremdschäme. Ähnliche Verhaltensstörungen bewegen mich auch, einer ausschweifenden Erzählerin zu versichern, dass ich ganz versessen darauf bin, zu erfahren, ob die Kinder der Schwägerin ihrer Putzfrau dem Unterricht in ihrer rumänischen Dorfschule folgen können oder nicht.

Außen- statt Innensteuerung bedeutet, dass ich Dingen oder Menschen da draußen die Verantwortung für meinen Zustand und für meine Gefühle zuschiebe. Auf die Frage: „Wie geht es Ihnen?“ zu antworten „Nicht gut, seitdem ich nicht mehr im Job bin!“, gibt die Schuld nach außen. Antworte ich dagegen: „Ich komme noch nicht damit klar, in Rente zu sein“, signalisiere ich, dass ich die Verantwortung für meinen Gefühlszustand selber trage.

Wer sich zum Opfer der Umstände macht, glaubt dadurch, selbst unschuldig zu sein und tauscht dafür Selbstbestimmung gegen Fremdbestimmung. Wenn wir nun im Alter weiterhin zulassen, dass unser Leben, unsere Gefühle von Außenstehenden gesteuert werden, werden wir weiterhin uns selbst um die Anerkennung bringen, nach der wir uns so schmerzlich sehnen. Aber auch die Anderen restlos zufrieden zu stellen, wird, entgegen unserer verzweifelten Bemühungen, niemals gelingen.

Ein weiteres Indiz, keine Verantwortung für sich selbst zu übernehmen, zeigt sich darin, anderen ständig Vorwürfe zu machen, dass deren Verhalten falsch ist. Andere haben das Recht, anders zu sein.

Darum ändern sie sich auch nicht, nur weil wir sie dazu drängen. Beschuldigungen sind in erster Linie Ablenkungen von sich selbst. Die selbstsüchtige Logik lautet: Der Andere ist im Unrecht, weil ich im Recht bin. „Wenn er/sie sich endlich ändert, dann kann es mir endlich gut gehen!“ Bei diesen weit verbreiteten Gedankenmustern hilft nur eins: Vollbremsung! und innerlich laut: „Stopp!“ zu sagen und ganz bewusst auf ein anderes Programm zu zappen. Statt des ewigen „Das sollte er/sie nicht tun!“ sollten wir uns fragen. „Warum macht mich ihr/sein Verhalten so wütend?“ Leider ist es eine unbequeme Wahrheit, dass wir genau die Eigenschaften an anderen Menschen nicht ausstehen können, die wir uns selbst nicht erlauben zu leben, die wir verleugnen. Hier hat es sich als probates Mittel der Abwehr bewährt, diese unliebsamen Gefühle und Charakterzüge auf andere Menschen – vorzugsweise auf unsere Nächsten – zu projizieren. An ihnen können wir sie verurteilen, bekämpfen, um nicht mit unseren eigenen, verdrängten Eigenschaften in Kontakt zu treten. All diese Versuche führen nur dazu, dass wir wie im Hamsterrad unserer Muster auf der Stelle treten und dabei zunehmend verzweifelter werden.

Der Glaube, durch Schuldzuweisungen oder angepasstes Verhalten von seinen Mitmenschen geachtet und geliebt zu werden, ist ein tragischer Trugschluss. Denn, wenn wir mal ehrlich sind, haben während unseres Lebens keinesfalls die Gefallsüchtigen, die Nach-Dem-Mund-Redner, die Allesrechtmacher die größte Anerkennung bekommen, sondern diejenigen, die direkt, offen, aufrichtig und unabhängig von der Meinung anderer durchs Leben gingen, Konflikte aushielten und Spaß daran hatten, gegen den Strom des jeweiligen Mainstreams zu schwimmen. Große Menschen wie Leonardo da Vinci, Albert Einstein, Kolumbus, Jesus Christus und meine Tante Carla kümmerten sich wenig um die Meinung anderer. Sie waren keine fremd gesteuerten Maschinen und genau darum so erfolgreich. Die Abhängigkeit von Bestätigungen durch Außen gleicht einem schleichenden Gift, das unsere Selbstregulierungskräfte außer Kraft setzt und uns zu Lemmingen macht, die allen anderen in den Abgrund hinterher springen. Diesem selbst entwürdigenden und schädlichen Verhalten gilt es Einhalt zu gebieten. Wenn nicht jetzt im Alter, wann dann?

Wenn wir die Verantwortung für unser Handeln übernehmen, dann kann der Rückblick auf die vielen Lebensjahre voller Irrungen und Wirrungen uns heute die Konzentration aufs Wesentliche erleichtern. Wir sind mit dieser Ressource auch in der Lage, modische Attitüden von Wahrhaftigem zu unterscheiden und verbringen nicht mehr länger unserer Leben mit Dingen die uns nicht wirklich wichtig sind, mit Tätigkeiten, die wir nicht ausstehen können, und Menschen, die wir nicht mögen. Zudem sind wir endlich imstande damit aufzuhören, sinnlos Kraft zu vergeuden, Machtkämpfe um der Macht willen zu führen und vermeiden dadurch Reibungsverluste, die unserem Wohlbefinden abträglich sind. Es ist eine große Erleichterung zu wissen, dass wir uns nicht mehr hervortun, von jedem Idioten geliebt und um jeden Preis der Beste oder die Beste sein müssen.

Die amerikanische Schauspielerin Jane Fonda, inzwischen auch weit über 70, erzählte in einem Interview, dass sie sich, wenn sie früher einen Raum betrat, fragte, ob sie den Leuten gefalle, ob sie das richtige Kleid gewählt hätte, ob ihre Frisur im Trend läge, ob sie intelligent genug sei. Heute käme sie in einen Raum und würde sich fragen: „Will ich in diesem Raum mit diesen Menschen sein?"

Dieser Wechsel des Standpunktes, von der Fremdwahrnehmung zur Selbstwahrnehmung, bewirkt ein große Erleichterung und Befreiung. Wir tun nur noch das, was unserer Lebenslust dienlich ist, völlig egal ob wir Kulturanthropologie studieren oder Rosamunde Pilcher lesen, ob wir Kitesurfen oder träumen. Ob wir dafür Anerkennung von Außen bekommen, wird uns immer gleichgültiger werden, denn wir erleben das spannende Abenteuer der Entdeckungsreise, uns selbst zu „erkennen".

Jetzt können wir den Vorteil unserer absehbaren Endzeit nutzen, indem wir unsere altersbedingte Einsicht einsetzen, um für uns andere, neue Werte zu entdecken. Und die gibt es allen „die Welt wird immer schlechter"-Prophezeiungen zum Trotz in Hülle und Fülle: Einfühlsamkeit, Mitgefühl, Harmonie, Glück, Freude, Demut, Anteilnahme, Respekt, Wertschätzung, Herzlichkeit, Duldsamkeit, Rücksicht, Kompromissfähigkeit, Toleranz, Friedfertigkeit, Zufriedenheit, Ausgeglichenheit, Begeisterung, Heiterkeit und Liebe. All dies steht uns unerschöpflich jeden Tag, jede Sekunde zur Verfügung. Nur „machen" können wir dies nicht, wir können nur die Einflüsse mindern, die ihrem Wachstum schaden. Wir können zum Beispiel unsere Energie auf Dinge und Menschen bündeln, die unserem Wohlbefinden, unserer Lebensfreude dienlich sind.

So ist, trotz des trendigen Negativismus, nicht nur in einigen Glücklichen von uns mit den Jahren eine emotionale und soziale Reife gewachsen. Nicht etwa durch ein vom Schicksal bevorzugtes Dasein zwischen blendendem Aussehen, Einser-Abitur, Top-Job, wahnsinnig reichem, gutaussehendem Ehegatten, hochintelligenten, lieben Kindern, der Zweitvilla an der Cote d'Azur nebst eigener Yacht – sondern durch Krisen, Schwierigkeiten, Zusammenbrüche. Probleme sind dazu da, unsere Befähigungen zur Kreativität, zur Geduld, zur Kooperation, zum Mitgefühl, zu Kompromissen, zu Vergebung, zur Gelassenheit hervorzubringen. Eigenschaften die in einem „Friede-Freude-Eierkuchen-Leben" ohne Herausforderungen und Schicksalsschläge in uns verkümmern würden. Problematische Lebenssituationen erfolgreich gemeistert und überlebt zu haben, ist der Feinschliff unseres Charakters, unserer erwachsenen Persönlichkeit, und die ist unabhängig, frei und einzigartig und bedarf der Anerkennung durch Andere nicht mehr. Dann bedeutet gelingendes Alter auch Einbußen, Verluste, Abschiede hinzunehmen und zu akzeptieren; den Mut zu haben, zu seiner Unsicherheit, zu seinen Zweifeln, zu seiner Angst und sogar zu seinem Hängebusen JA! zu sagen. Für diese hohe Befähigung schenken wir jeden Tag der wichtigsten Person unseres Lebens: uns selbst – Achtung, Wertschätzung und Anerkennung.

Darum werden wir alt.

9. Möglichkeit
Alter und Stille

Bei den meisten Menschen
ist die Ruhe nichts als Erstarrung
und die Bewegung nichts als Raserei.
Epikur

Ich höre schlecht, obwohl ich insgeheim davon überzeugt bin, dass immer mehr Leute autistisch nuscheln; sogar für Til Schweiger war seine Aussprache kein Anlass, doch besser Bäcker zu werden. Aber nicht nur ihm, sondern auch den Dialogen der meisten anderen Schauspieler kann ich im Kino immer weniger folgen. Wenn jemand spricht, habe ich das vielleicht heute altmodische Bedürfnis, ihn auch zu verstehen und nicht von 38 Tonspuren tyrannisiert zu werden, die ein wahrscheinlich ebenso schwerhöriger Toningenieur im fernen Hollywood kreierte, um seinem Arbeitsplatz Bedeutung zu geben.

Wer schon mal versucht hat, in einem dieser Multiplex-Kinos einen nicht nur zuständigen, sondern auch willigen, unterbezahlten Mitarbeiter erstens zu finden, zweitens zu bewegen, den Ton im Kino 12 höher zu regeln, kennt das Problem. Das sollte man nur wagen, wenn sich das eigene Selbstbewusstsein schon auf einer höheren Entwicklungsstufe befindet. Der Blick des ca. 18-jährigen Mannes ist eindeutig: „Was will die Alte eigentlich noch im Kino? Und dann noch schwerhörig!?". Dass er anschließend den Regler auf „Full Power" schiebt, ist kein Zeichen seines Erbarmens, sondern Desinteresse gepaart mit Unfähigkeit.

Ich gehe weniger ins Kino, denn es gibt fast alle Filme auf DVD oder Online, und zu Hause habe ich, Dank meines Mannes, einen Flachbildschirm und sechs Lautsprecher für den ultimativen Surround-Sound. Verstehen kann ich die Dialoge auch hier nicht. Ich werde mir ein Hörgerät kaufen. Man kann es benutzen oder nicht. Neben Handy,

Brille, Lippenstift, Schlüssel und Kugelschreiber noch etwas, das ich in meiner Handtasche nicht wiederfinden werde.

Laut gehört zur Jugend, *leise* zum Alter. Nicht von ungefähr wird dieser Lebensabschnitt *Ruhestand* genannt. In unserem bisherigen Leben gab es kaum einen verlockenden Anreiz, die Welt der Stille zu betreten; sie galt als unnötige, lästige Pause im wirklichen Dasein. Wenn wir der Schweigsamkeit begegneten haben wir sie bestenfalls gnädig ausgehalten, meist sind wir vor ihr in die Welt der lauten Ablenkungen geflohen, um unsere Befürchtungen zu übertönen, dass in der Stille unsere gut getarnte existenzielle Verunsicherung, unsere Zweifel, wie auch lästige Sinnfragen auftauchen könnten. Neben Alkohol, Essen, Sex ist das Laute, der Lärm, die Hektik eine verbreitete Betäubungsstrategie, um uns nicht mehr zu spüren, unsere Verunsicherungen und Ängste nicht mehr zu fühlen. Das Praktische dabei ist, Lärm steht den Bewohnern von Ballungsgebieten jederzeit zur Verfügung, und sollte sich in den Grüngürtel der Städte bedenkliche Sonntagsruhe ausbreiten, dann stehen dem Lärmsüchtigem Rasenmäher mit getunten Auspuffen, Ghetto-Blaster pubertierender Nachbarskinder oder alkoholträchtige Gartenpartys zur Verfügung. Der Lärm um uns herum hilft uns dabei, unsere Kontakte zu anderen Menschen knapp zu halten, wenn nicht gar ganz einzustellen. Die Folge dieser akustischen Betäubung ist, dass wir dabei zunehmend auch das Mitgefühl und die Verbundenheit mit Anderen verlieren und dadurch uns selbst als immer isolierter und einsamer empfinden.

Um nicht mit der eigenen inneren Stimme der Verlorenheit, der Ausgeschlossenheit konfrontiert zu werden, hat sich gleichzeitig mit dem Auftauchen des Lärmsüchtigen ein gegenteiliger Prototyp entwickelt; allerdings ist sein Verhalten nicht weniger pathologisch: der Ego-Redner. Aus diesem Zeitgenossen fließt ein nicht endenwollender Strom von Worthülsen gefüllt mit Belanglosigkeiten, deren überwältigende Sinnleere als Körperverletzung anerkannt werden sollte. Statt menschlichem Austausch beherrschen diese Angstredner mit ihrem nie ein Ende findenden Redefluss Telefonate und Talkshows. Auch in Büros, in Bussen, in Cafés plappern die Menschen wie kleine Kinder in einer schwierigen Entwicklungsphase, denen man – am Ende seiner Kräfte – einfach nur zurufen möchte: „Haltet doch einfach mal die Klappe!“.

Um zu der angesagten Spezies der geschwätzigen Handy-Generation zu gehören und nicht als Auslaufmodelle stigmatisiert zu sein, quälen wir Alte uns sogar mit winzigen Tastaturen ab oder legen uns teure Smartphone zu, deren unzählige Menüfunktionen wir weder benutzen können noch wollen. Insgeheim halten wir diese Must-Haves des Kommunikationzeitalters für albernes Spielzeug, das unsere knapper werdende Lebenszeit auffrisst, ohne uns dafür einen Ausgleich in Richtung Lebensfreude, Verbundenheit mit Anderen oder gar Wertschätzung zu geben.

Natürlich wollen wir Alten Skype & Co nicht völlig aus unserem Rentnerdasein verbannen, denn sie geben uns auch die Möglichkeit, einmal in der Woche mit unseren Enkelkindern in Australien oder Bad Gendersheim zu reden. Auch nutzen wir die Netzwerke zur Selbstdiagnose unser zunehmenden Krankheitssymptome, für günstige Hotelbuchungen und Schnäppchenkäufen bei Ebay. Dies ist keine Undercover-Erschleichung von Vorteilen bei sonstiger Technikfeindlichkeit, sondern ein Indiz, dass wir auf lebenslange Erfahrung von Differenzierungen zurückblicken können, die wir jetzt im Alter einsetzen, um zu erkennen, was gut für uns ist und was nicht.

In Gegensatz zu den jungen Ichlingen brauchen wir die Selfies nicht als Daseinsbeweis, wenn gleich wir uns eingestehen sollten, dass in unbekümmerten Jugendtagen ein Bedürfnis nach Ewigkeit auch uns einst zu peinlichen Entgleisungen trieb: wir ritzen unsere Namen in Bäume oder schrieben an Klotüren: Heike war hier! Mit Datum. Dieses pubertäre Verhalten war in unserer Generation nur von kurzer Dauer, während heute die Beteiligung am Posten im Netz nicht nur alle Altersgruppen erfasst hat, sondern sich als gängiges Verhaltensmuster fest etabliert hat. Dass wir Alten in den virtuellen Gemeinschaften der sozialen Netzwerke eher zurückhaltend agieren, mag ein Zeichen von altersbedingter Weisheit oder sich entwickelnder geistiger Trägheit sein.

Vielleicht war dies der Grund, warum ich damals, so um 2006, als ich zum ersten Mal vom „Twittern“ hörte, es für ein globales Netzwerk des Schwach-Sinns hielt. Millionen Menschen weltweit glaubten Bedeutung zu erlangen, wenn sie Millionen andere wissen lassen, dass sie gerade eine Currywurst gegessen hatten oder ungebeten ihre anmaßende und zumeist von dumpfbackener Aggressivität strotzende Meinung zu Allem und Jeden als Shitstorm lostraten. Aber auch das Twittern zeigt, dass nichts in unserer Welt nur gut oder nur schlecht ist, sondern vielseitig: In den letzten Jahren dienten diese Informationskürzel auch dazu, Revolutionen gegen autoritäre Staaten und deren Anführer zu organisieren, soziale Kampagnen ins Leben zu rufen, wie auch meiner Freundin in Florida bei der Auswahl des Gardinenstoffes behilflich zu sein.

Ebenfalls erkenne ich es als überaus wünschenswert an, dass Diktaturen ihren Untertanen nicht endgültig das Wissen von WWW-Freiheiten verbieten können, und wahrscheinlich wäre ohne YouTube Obama nicht Präsident der Vereinigten Staaten geworden. Zugleich aber gibt das Internet der amerikanischen NSA die Möglichkeit, allein in einem Monat 100 Milliarden Datensätze ihrer Bürger zu überwachen. Es ist wie mit der Erfindung des Rades; man kann damit einen Kinderwagen schieben, aber auch Kanonen. In unserer verworrenen und unübersichtlichen Zeit kann vermeintlich Gutes Schlechtes bewirken, wie Schlechtes schlussendlich Gutes hervorbringen kann. Alles ist so, wie auch nicht so, und an dieser ebenso leidigen wie auch metaphysischen Tatsache konnte die globale Kommunikation bisher auch nichts Entscheidendes ändern.

Wir sind zwar alt, der Eine oder die Andere auch ein Technikmuffel, trotzdem leugnen wir keinesfalls die Bedeutung von E-Mails und Handys für die schnellebermittlung lebensentscheidender Nachrichten. Nur, dass in unserem normalen Alltag ein endloser Fluss von Worten über Banalitäten und Unverbindlichkeiten unser aller Leben überschwemmt, kann doch nicht ausschließlich uns Alte stören? Wir stehen bis zum Hals in World Wide Web-Informationen, die zwar die Welt erklären, aber sie keineswegs für uns Menschen verständlicher machen – Informationen ohne Schlussfolgerungen, ohne Erfahrungen, ohne Einsichten. Dadurch haben sie keinen Einfluss auf unser momentanes Wohlbefinden und degenerieren nicht nur uns Alte zu einem mit Drittwissen übervollen Bedenkenträger, dem ein tiefes Erleben von Zusammenhängen versagt bleibt.

So sitzen wir mit unserem Laptop samt 16GB auf einem Schatz von Lebenserfahrungen und blicken weiterhin ratlos auf das Rätzel vielschichtiger und verwirrender menschlicher Beziehungen. Auch unsere Gefühle sind das reinste Chaos, wechseln sich im Sekundentempo ab, sind mal schmerzhaft, mal beglückend, mal berauschend, mal langweilig oder verklumpen sich über Jahrzehnte zu Emotionsbrocken – wie auch immer, alles scheint größtenteils außerhalb unserer Kontrolle zu liegen. Und etwas nicht kontrollieren zu können, erweckt bei den meisten Menschen Ängste; sie fühlen sich bedroht und fremden Mächten ausgeliefert. Mit dem Smart-Phone in der Hand ist es möglich, diese Ängste auf Distanz zu halten, aber leider auch unsere Mitmenschen, vor allem aber uns selbst von dem Abenteuer des Lebendigseins.

Mit massenkompatiblem Whatsapp-Wortschatz stellen wir nur noch einfache Fragen, auf die wir dann einfache Antworten bekommen. Wir verlernen die Geduld zur Vielschichtigkeit, zur Vertiefung und können uns immer weniger öffnen für andere Argumente, Ansichten und Haltungen. Digitale Kommunikation ist so verlockend, weil wir damit auf eine wirkliche, sinnliche Begegnung mit Menschen verzichten können und uns so Konflikte und Ängste erspart bleiben, welche im täglichen Miteinander entstehen, die aber gerade unser Menschsein ausmachen. Die Kommunikation ohne die direkte Resonanz des menschlichen Gegenübers, ohne ihn zu sehen, zu hören, zu riechen und zu berühren, stumpft uns ab, sodass wir auch nicht mehr in Berührung und Kontakt mit uns Selbst kommen.

Schon heute zeigt sich, dass die digitale Kommunikation eine der gravierendsten Schöpfungen der Menschheit ist, die auf ungeahnte Weise unsere Verhaltensweisen, unsere sozialen Kontakte, letztlich das Gefühl für ein authentisches Leben nachhaltig prägen wird. Vieles wird uns Alte nicht mehr betreffen, Vieles werden wir nicht mehr erleben, aber Manches müssen wir auch heute schon nicht mehr mitmachen.

Viel Lärm um Nichts

Wir nennen unsere „laute“ Welt die Welt der digitalen Kommunikati-on. Dabei müsste sie die Zeit der Unterbrechungen heißen. Im Terror der Erreichbarkeit werden wir ständig unterbrochen: das Fernsehprogramm durch Werbung – das Gespräch durch das Klingeln des Handys. Das Überangebot von optischen und akustischen Reizen zerhackt unsere Gedanken auf SMS-Kürzel-Länge. Wo immer mehr Menschen immer mehr Informationen bekommen, wo Laut normal, Leise dagegen beunruhigend ist, haben wir Senioren den großen Vorteil, uns auf unsere Gnadenhöfe des Alters zurückziehen zu können, eine Art umgekehrter Welpenschutz. Hier sind wir vor den tagtäglichen Anforderungen und Reizen des lauten Zeitgeistes sicher und können entscheiden, was wir hören wollen und was nicht. Bei Mozart zum Beispiel schalte ich mein Hörgerät ein, bei meiner Nachbarin Traute lass ich es aus. Es ist eine köstliche Gnade des Alters, nicht mehr jeden Schwachsinn hören zu müssen, und besagte Traute ist mit meinem leichten Lächeln und einem hin-und wieder gesetzten *Hm* völlig zufrieden.

Wir überlassen den Jungen die Sucht nach Ablenkung durch das Laute, den Lärm, die Hektik, weil wir erkannt haben, dass dies ein hilfloser Versuch ist, jenem Alltag zu entkommen, der immer größere Anforderungen an Geistesgegenwart und Selbstverleugnung stellt und mit dem Lärm gewissermaßen verantwortungslos abzutauchen in ein Nirgendwo, in die Unverbindlichkeit. Diese Unverbindlichkeit erscheint nach außen im Mantel des globalen Kontaktes, wo im *face-book* 370 Menschen als persönliche Freunde genannt werden, ohne zu bemerken, dass dies eine Veröffentlichung einer gestörter Persönlichkeitsstruktur ist. Facebook für ein soziales Netzwerk zu halten ist, als würden wir statt der Ravioli mit weißen Trüffeln und Limettensoße die Kochbuchseite mit dem Rezept essen.

Auch der Klang der Worte, die wir tagtäglich gebrauchen, ist im Lärm ertränkt und zu kurzen Sachinformationen degradiert, sms- und whatsapp-kompatibel. Ihnen fehlen Verknüpfungen, Emotionen, Poesie und Geheimnis. Informationen sind laute Worte, Poesie lässt sich nicht brüllen. „Ich liebe Dich“ benötigt das Leise. Lautstärke ist messbar, die Stille nicht. Sie hat keinen Messwert, sondern einen Erfahrungswert. Darum zieht es uns Alte zur Stille. Wir werden schwerhörig, weil es uns dabei hilft, mit uns selbst in Kontakt zu treten und uns auf das Essentielle zu konzentrieren. In der Stille wird das Leise laut, und dann hat sogar die Stille einen Ton.

Wenn man sich nicht gerade in einem Schweigekloster aufhält, hat Stille oft die Vorrausetzung, allein, ohne andere Menschen zu sein. Allein zu sein, ist für viele gleichbedeutend mit einsam sein; dabei liegt ein essentieller Unterschied zwischen beiden Erfahrungen. Einsamkeit ist ein Gefühl, während Alleinsein eine Zustandsbeschreibung ist. Wir können uns unter Hunderten von Menschen einsam fühlen und sind dabei definitiv nicht alleine.

Vor der Einsamkeit im Alter fürchten sich viele, zumeist diejenigen Menschen, die es ihr bisheriges Leben lang nicht ertragen konnten, alleine mit sich zu sein. Dieser Personenkreis sollte vielleicht einmal folgende Anmerkung von Oscar Wilde überdenken: „Wenn du Einsamkeit nicht ertragen kannst, langweilst du vielleicht auch andere.“ Wahrscheinlicher ist aber, dass die Menschen, um ihre Ängste auch weiterhin nicht zu spüren, auf die Angebote der Dauerzerstreuungsindustrie mit ihren Computerspielen, Fernsehen und Onlineshopping zurückgreifen – laute Scheinwelten, die sie vergessen lassen, wie einsam, isoliert und voneinander getrennt sie sich in Wahrheit fühlen. Noch nie gab es so viele Menschen, und – obwohl wir mit sieben Milliarden dichtgedrängt unseren Alltag teilen – fühlen wir uns immer einsamer. Wir haben uns daran gewöhnt, gemeinsam einsam zu sein. Um diesen mit tiefer Angst besetzen Zustand ganz schnell zu entkommen, greifen wir nach dem Seelenschnuller Handy, I-Pad oder Smartphone. Sie verbinden uns mit Allem und Jedem, nur nicht mit dem Hier und Jetzt, nicht mit den Erfahrungen all unserer

Sinne und nicht mit der Wirklichkeit der Begegnung mit einem anderen Menschen. Meine Mutter sagte einmal zu mir, sie sei so froh, dass es Fernsehen gäbe, weil sie sich sonst sehr einsam fühlen würde. Ich entgegnete ihr: „Es ist genau umgekehrt, weil du fernsiehst und dich nicht mit anderen Menschen triffst, bist du alleine und einsam."

„Die Leere kann ein Ort sein, an dem Gott redet.", sagte mal ein weiser Mensch. Vielleicht aus Furcht vor diesem Gespräch sitzen die Deutschen von sieben bis siebzig lieber verstummt in ihrem Fernsehsessel, denn was könnten wir ihm schon erzählen, außer von gescheiterten Beziehungen und chronischem Fußpilz? Das beharrlichste Sitzfleisch haben die über 50-jährigen Zuschauer. Sie verschwenden täglich viereinhalb Stunden ihrer knapper werdenden Lebenszeit mit Fernsehkonsum. Das sind bei – sagen wir mal – 20 verbleibenden Jahren 32.400 Stunden! Folglich vier Jahre und 255 Tage, die wir mit Anne Will & Co verbringen, und das freiwillig! Die Amerikaner haben im Alter von 75 Jahren sogar durchschnittlich 15 Lebensjahre vor dem Fernseher gesessen – und da wird Demenz für ein Problem gehalten!

„Das Leben ist einfach. Nur die Menschen machen es kompliziert", erkannte schon Konfuzius. Seitdem wir unerlaubt den Apfel vom Baum der Erkenntnis gepflückt haben und dadurch bedauerlicherweise aus dem Paradies geworfen wurden, gehören Verwirrung, Unsicherheit und Angst zu unserer psychischen Grundausstattung. Diesen Ängsten haben wir mit Egoismus und Habgier versucht, Herr zu werden, was uns Rating-Agenturen, Immobilien-Blasen und den European Song Contest gebracht hat, aber nicht die Rückkehr in das verlorene Paradies.

Weil, wie der Philosoph Theodor W. Adorno beschreibt: „Es gibt kein richtiges Leben im falschen", entgleitet uns unser Leben weiterhin in eine Scheinwelt, in der Aktivität zur hohlen Geschäftigkeit degeneriert, Individualismus zur Selbstsucht verkommt und geistige Beweglichkeit nicht mehr vom Wankelmut zu unterscheiden ist. Die Sucht nach immer neuen Reizen lässt zudem niemanden mehr zur Besinnung kommen.

Dass wir Alte uns nun überfordert fühlen und es vorziehen, uns vor dem Fernseher in die Gemütlichkeit fallen zu lassen, ist verständlich – aber wollten wir wirklich in Omis miefigem Fernsehsessel enden?

Stilles Glück

Entgegen Klischees von den klapprigen Stubenhockern ergreifen wir heutigen Alten gerne die Chance Neues zu entdecken, nicht nur auf All-Inclusive-Kreuzfahrten, sondern auch auf der Reise durch die unbekannten Kontinente des „Alt-Seins". So können wir entdecken, dass Allein-Sein nicht Einsam-Sein bedeutet, dass Zeit nicht mehr und nicht weniger, sondern genau jetzt, dieser einzigartige Moment ist und in der Stille Freiheit liegt. „Schaffen sie Friedenszonen, schalten sie ihren Fernseher ab!" fordert der amerikanische Psychologe Jack Kornfiel. Mutter Teresa antwortete auf die Frage „Wie ist es möglich, sich zu verändern?" mit „Beginne mit Schweigen."

So werden wir mit unserer neuen Erfahrung *Stille* unser limbisches System mal auf Schwung bringen, denn nichts ist besser um alte Hirne zu beleben als sie mit Ungewohntem zu konfrontieren. „Die anspruchslose Einsamkeit und Stille machen es vielleicht möglich, zum ersten Mal in Kontakt mit dem inneren Ich zu kommen. Innen im Menschen wohnt der wirkliche Mensch", so der Schriftsteller Eyvind Johnson. Diesen Verdacht hegen wir schon einige Zeit, sind aber bisher stets höchst misstrauisch geblieben, ob in uns tatsächlich der verkannte Superheld oder eine wach zu küssende Prinzessin schlummert, oder, wie wir argwöhnen, nur ein durchschnittliches, kleines *Ich*.

Wir befürchten, in der Erfahrung der Stille Vielem zu begegnen, das uns nicht gefällt, und Vielem, was wir hätten besser, richtiger machen können. Wir ahnen, dass sich lautstark und in starker Formation eher die Erinnerungen an unsere Fehlentscheidungen, unser Versagen, unsere Tiefschläge melden; es droht alles aufzutauchen, für dessen Vermeidung wir so viel Zeit mit Belanglosem vergeudet haben.

Es wächst die Furcht vor diesen bedrohlichen Gedanken, die in unseren Köpfen ebenfalls unablässig plappern, ähnlich der Geschwätzigkeit in der Welt um uns herum, und, wie diese, kaum zu kontrollieren sind. „Affenhirne“ nennen das die Yogis, weil die eigenen Gedanken wie hemmungslose Affen umhertoben. Selbst ausgebuffte Meditationsprofis bringen sie, entgegen vielfacher Behauptungen aus den esoterischen Zirkeln, nicht zum Schweigen. Therapeuten legen immer wieder dar, dass der Anlass für Geschäftigkeit unseres Geistes eine unbestimmte Unzufriedenheit und Leere ist, hinter denen sich das beängstigende Gefühl von Wertlosigkeit verbirgt. Um diese beunruhigenden Gedanken zum Schweigen zu bringen, flüchtet der Mensch nicht nur in das Laute, in egozentrische Redeschleifen, sondern auch in weitere Betäubungsrituale. So finden viele Menschen ihren Schlaf nur noch vor dem laufenden Fernsehprogramm, wo Stellvertreter für sie leben, agieren und dabei weiter reden und reden ... Albert Einstein mahnte: „Wenn die Menschen nur über das sprächen, was sie begreifen, dann würde es sehr still auf der Welt sein.“

Es ist die Natur unseres Geistes zu denken. Das ist auch gut so, denn unser Verstand ist unser berlebensinstrument. Durch ihn können wir gestrige Erfahrungen für morgige Entscheidungen nutzen. Klasse Idee, wenn sie nicht auf der irrigen Annahme beruhte, dass die Menschen vernünftige Entscheidungen fällen. „Erfahrung heißt gar nichts. Man kann auch eine Sache 35 Jahre schlecht machen“ schreibt Kurt Tucholsky.

Jetzt könnten wir uns beleidigt in unseren Kulturpessimismus oder in die Gemütlichkeit unserer Sofaecke verkriechen und uns in den Nachteilen unseres Daseins suhlen. Wir können aber auch still werden und Ausschau halten nach den Vorteilen unseres Ruhestands – wir können die Vielfalt der Stille entdecken, und das erfahren, dass Gegenteil der Stille nicht Lärm ist. Zwischen Stille und Lärm liegt eine Welt voll mit Zwischentönen, sinnlichen Wahrnehmungen von unzähligen Möglichkeiten. Jetzt im Alter verfügen wir über genügend Geduld, Zeit und nachlassende Hörkraft, um die vergessene Magie der Stille wieder entdecken zu können.

Das Laute muss unerträglich werden, bis wir die Stille als Glück erleben. In den stillen Räumen des Alters gibt es viele Bereiche, in denen die eigentlichen Werte hervor treten können: Güte, Demut und Liebe. Wer diese Räume betreten hat, der erkennt, wie lächerlich es ist, sich damit zu beschäftigen, auf keinen Fall alt zu wirken und kecke Jugendlichkeit zu demonstrieren, indem sich viele Alte nicht nur in die Jeans ihrer Enkel, sondern auch in deren Zeitknappheit und Rastlosigkeit pressen. Somit verwechseln sie Attitüde mit Inhalt und erzielen statt Bewunderung im besten Fall gnädiges Mitleid. Wessen Wunsch nach „Beschäftigung" – mag sie noch so ehrenvoll oder ertüchtigend sein – nur dazu dient, sich von der Greisen-Liga zu distanzieren, verschenkt die Möglichkeit in dieser voll gestopften Welt etwas Einmaliges und Kostbares zu erleben: Ruhe, Stille und das Glück des Alleinseins. Räume, in denen wir endlich die Möglichkeit haben, das Wesentliche und Einmalige unseres Lebens zu entdecken.

In der Stille beginnt sich unser Leben zu entschleunigen und schenkt uns auch die Möglichkeit, voller Mitgefühl auf die stressgeplagte, mittlere Generation zu blicken, die sich mit den Problemen von Karriere, Kindern und Klimaschutz herumschlägt, folglich weder Zeit noch Lust hat, sich mit Fragen wie „Es geht mir doch super, warum schlucke ich trotzdem seit Jahren Antidepressiva?" abzugeben, geschweige denn gar, was es mit dem Sinn des Lebens auf sich hat. Dieser Klärungsbedarf ist an uns Alte delegiert worden, was uns erfreut, denn wir übernehmen gerne Aufgaben, die unserem Ansehen und unserer Wertschätzung dienlich sind.

Auch wenn wir den Sinn des Lebens nicht gleich entdecken, so hilft die Stille uns zumindest, den Unsinn klarer zu erkennen. Die Stille wirkt wie ein Anti-Sucht-Programm und wie jeder Sucht-Entzug, sollte auch das Laute langsam aus unserem System ausgeschwemmt werden. Unser Körper unterstützt uns dabei auf das Klügste mit unserer altersbedingten zunehmenden Schwerhörigkeit. Und gerade dann, wenn unser Hörvermögen nachlässt, können wir die Stille nutzen, um durch sie das Besondere zu bemerken – die erste Amsel im Frühjahr, den Wind in den Blättern der Pappeln, das Lachen von Kindern. „Die meisten Ereignisse sind unsagbar, sie vollziehen sich in einem Raum, den nie ein Wort betreten hat", schrieb Rainer Marie Rilke.

Mein Großvater saß stundenlang still in seinem Ohrensessel am Fenster. Die Straße, auf die er blickte, war seit seiner Kindheit unverändert. Kaum ein Wagen fuhr damals und die wenigen Menschen, die vorbeigingen, waren ihm vertraut. Es geschah sehr wenig. Auf meine Frage: „Großvater, woran denkst Du?" antwortete er: „An Nichts" und zog mich auf seinen Schoß. Diese Antwort war mir unheimlich, genauso unheimlich und fremd wie mir mein alter Großvater war. Wie konnte ich, die ich ungeduldig darauf wartete, wieder von seinem Schoß zu springen, ahnen, dass er im Palast der Stille war, wo es „Nichts" zu denken gab.

Der buddhistische Zen-Meister Thich Nhat Hanh erinnert uns: Statt zu sagen: „Sitz nicht einfach nur da; tu irgendetwas", sollten wir das Gegenteil fordern: „Tu nicht einfach irgendetwas; sitz nur da." Die Stille in der Ruhe ist auch die Annäherung an den eigenen Tod. In der Stille öffnen sich die Tore zur Erfahrung von Einheit und Auflösung. Östliche Meditationspraktiken nehmen diesen Weg. Uns dagegen sind diese Erfahrungen oftmals nur unter extremen Bedingungen zugänglich, warten doch in unserer Stille ebenso die Dämonen der Einsamkeit, des Ausgeschlossenseins, wie auch die Möglichkeit zur freudigen Gelassenheit, vom Loslassen des vielen Lärms um nichts. Wir haben die Wahl.

Dazu werden wir alt.

10. Möglichkeit

Alter und Freiheit

Die Freiheit des Menschen liegt nicht darin,
dass er tun kann, was er will,
sondern, das er nicht tun muss, was er nicht will.

Jean-Jaques Rousseau

Natürlich muss ich zu der Abendeinladung gehen, denn noch einmal darf ich meine Freundin nicht enttäuschen. Dreimal haben wir dieses Treffen verschoben, mal konnte sie nicht, mal ich nicht. Einmal hatte ich einen bösen Magen-Darm-Infekt. Ich finde, dass mein Verhalten damals absolut sozial verträglich war, diesen höchst ansteckenden Virus nicht in ihre muntere Abendgesellschaft zu tragen. Dagegen fühle ich mich heute nur unbestimmt mies, verbunden mit einer latenten Aggression und der Gewissheit, bei der Frage „Wie geht es Dir denn so?" in einen peinlichen Weinkrampf zu entgleiten, der bei meiner Freundin den Verdacht auf eine beginnende Altersverwirrung hervorruft und dabei will ich nur Eins: Ich *will* zu Hause bleiben! Um nur mit mir und einer Flasche Rotwein eine sentimentale DVD anzusehen, damit ich mich in meiner hübschen, kleinen Sinnkrise suhlen kann. Das will ich, auch wenn es mir nicht gut tut. Schließlich habe ich mein Leben lang genug Dinge für andere tun müssen, die mir auch nicht gut taten. Nun bin ich Rentnerin und befreit von den Zwängen des beruflichen Nutzwertes. Hier, in meinem kuscheligen Seniorenparadies, erlaube ich mir den Luxus, meine allseits anerkannte Freundlichkeit, Zuverlässigkeit und Zuvorkommenheit – Charakterzüge, die auch unter dem Begriff Konfliktscheuheit bekannt sind – für den kindlichen Egoismus „ich *will nicht dahin müssen*!" aufs Spiel zu setzen und bleibe schlechtgelaunt, aber zufrieden zu Hause, ein wundervoller Abend.

Eine Forsa-Umfrage zum Thema Alter ergab, dass die meisten Menschen nach der Beendigung ihres Berufslebens die „große Freiheit" erwarten, in der sie endlich tun und lassen können, was sie wollen. Der

Wunsch, den Ruhestand ohne Einschränkung und Verpflichtungen zu genießen ist, nach einem langem, oftmals nicht selbstbestimmten Arbeitsleben, nach familiären Verantwortlichkeiten, zwar verständlich, wenn auch utopisch. Die Abhängigkeiten im Alter, von der ersten Lesebrille bis hin zum ambulanten Pflegedienst nehmen ständig zu, wir tun gut daran, die Freiheit des Alters in erster Linie als einen Prozess der inneren Unabhängigkeit zu entdecken.

Der Freiheitsbegriff ist vollgestopft mit den großen Werten und Worten der Menschheit – von Handlungsfreiheit über Meinungsfreiheit bis zur freien Marktwirtschaft. Im Kern liegt aber bei allen die Freiheit zur Selbstbestimmung, zur autonomen Entscheidung ohne äußerliche oder innerliche Zwänge zu Grunde. Das allein ist schon kaum zu stemmen. Wenn ich zudem noch unter dem moralischen Anspruch stehe, dass meine Freiheit nicht auf Kosten meines Nächsten oder gar die der Textilarbeiter in Bangladesch oder den zur Zeit weltweit 51 Millionen Flüchtlingen gehen darf, fühle ich mich total überfordert.

Hatten es unsere Vorfahren vermutlich doch besser? Die Einen starben so früh, dass sie sich dieser schwierigen Lebensphase des Seniorendaseins erst gar nicht aussetzen mussten. Die Anderen konnten sich, wenn sie es geschafft hatten, ins Altenteil abgeschoben zu werden, gehen lassen, wurden dick, dünn, kurzsichtig, schwerhörig, krumm oder starrsinnig. So waren eben alte Menschen. Sie wurden mehr oder weniger geduldet. Wenn sie zudem genügsam waren, sich keinen Vergnügungen zweifelhaften Charakters hingaben, nicht das Erbe verprassten, dem Wohl ihrer Kinder und Kindeskinder dienlich waren und sich mit ih-ren Besserwissereien zurückhielten, dann konnten sie durchaus hoffen, dass man sie sogar lieb hatte.

Diese Zeiten sind vorbei. Wir neue Alte sind nicht mehr so pflegeleicht zu entsorgen und nehmen gerne in Kauf, dafür nicht mehr von Jedem geliebt zu werden. Niemand kann uns davon abhalten, jetzt das Leben zu leben, das wir leben wollen. Wir heutigen Alten *müssen* gar nichts mehr! Auch wir könnten faul, dick, ungepflegt, hässlich sein. Wir könnten so lange vor dem Fernseher sitzen, wie wir wollen, wir könnten Sahnetorten und Schweinebraten essen, wir könnten schweigen, wir könnten im Bett liegen bleiben, wir könnten mitten in der Nacht aufstehen, wir könnten alle Vorsorgeuntersuchungen in den Wind schießen, wir könnten sogar schlecht gelaunt, egoistisch und für unsere Umwelt ein Graus sein. Es ist unsere Entscheidung, auch dann, wenn wir dadurch völlig vereinsamt, mit langem Siechtum in einem dieser sadistischen Pflegeheime sterben, nachdem wir die Solidargemeinschaft kräftig zur Kasse gebeten haben. Jeder Mensch hat auch das Recht auf Selbstschädigung – ebenfalls wir Alten.

Wir sind zwar alt, für den Arbeitsmarkt wertlos, für die Arterhaltung überflüssig, zudem oftmals störrische Ausbremser von Veränderungen, aber endlich von den meisten Verpflichtungen befreit! Beruf, Kinderversorgung liegen hinter uns, wir Alten sind in der Mehrzahl erstaunlich körperlich und geistig fit, haben jetzt die Freiheit der Zeit, die Freiheit, unsere Einzigartigkeit zu entdecken und zu leben, die Freiheit, Vorschriften der falschen Rücksichtnahme über Bord zu kippen, die Freiheit, endlich zu sagen, was wir denken und endlich die zu sein, die wir sind – und das ist zumeist recht durchschnittlich. Die Erkenntnis, dass der eigene, zumeist anstrengende Größenwahn der Vergangenheit angehört, erweist sich als eine Befreiung 1. Klasse nicht nur für uns, sondern auch für unsere Mitmenschen.

Weniger sozialkompatibel ist eine andere Folge der Befreiung – die Alters-Hemmungslosigkeit. Jeder von uns hat bestimmt einen Onkel Kurt in Erinnerung, der ohne Rücksicht auf andere sich genauso genüsslich in den Zähnen puhlte, wie auch mit lauten „das muss doch mal gesagt werden" – Bosheiten jede Familienfeier in ein seelisches Schlachtfeld verwandeln konnte.

Weder die Freiheit des Alters, noch Freiheit überhaupt, bedeutet Unverbindlichkeit, Nichtbezogenheit, Bindungslosigkeit, sondern zeigt sich ebenso in dem Willen nach Zusammengehörigkeit, wie auch in Eigenverantwortung. „Frei davon, sich selbst festzuhalten, können die Hände greifen; frei davon, auf sich selbst zu schauen, können die Augen sehen; frei von dem Versuch, sich selbst verstehen zu wollen, kann der Verstand denken", schrieb einst der englische Religionsphilosoph Alan Watts.

Obwohl es bestimmt kaum Jemanden gibt, der das hehre Gut der Freiheit für nicht erstrebenswert erachtet, gehört es zu den vielen unserer Widersprüchlichkeiten, dass wir Menschen uns mit der Freiheit, der eigenen und der der Anderen, so schwer tun. Möglich, dass wir befürchten, unsere bequeme und liebgewordene Opferrolle ablegen zu müssen und damit die Verantwortung und Konsequenzen für unsere Taten dann bei uns lägen. Zudem halten wir es für höchst wahrscheinlich, dass sich demzufolge Tor und Tür öffnen für die lauernde Meute unserer Schuld-, Schamgefühle und Versagerängste – Gründe genug, die Pforten der Freiheit fest verschlossen zu lassen.

Auch die Furcht, dass Freiheit das Gegenteil von Kontrolle ist, und somit böses Chaos und hinterhältiges Schicksal uns beherrschen wird, sitzt als festverankertes Glaubensmuster in unseren Köpfen und bestimmt unsere Gedanken. Berücksichtigen wir zudem, dass wir von 100 Gedanken ungefähr 95 schon einmal gedacht haben, folglich im-mer wieder mit vergangenen Gedankenmustern gleich auf gegenwärtige Impulse reagieren, dann ist die Idee von der Freiheit ohne innere Zwänge des Unterbewusstseins ein Witz. Vielleicht streckte darum Albert Einstein seine Zunge aus und sagte, „Zwei Dinge sind unendlich: das Universum und die menschliche Dummheit; aber beim Universum bin ich mir noch nicht ganz sicher."

Wie sind wir eigentlich in diesen ganzen Irrsinn geraten? Wer hat uns das Programm *Müssen* statt *Wollen* installiert? Und warum? Leider waren es mal wieder diejenigen, auf die wir immer wieder zurückkommen, wenn es um unseren miesen Charakter, unsere lausigen Verhaltensweisen geht: Die Eltern! Nur, um das klarzustellen: unsere Kinder behaupten das Gleiche über uns. Was wir allerdings kaum glauben können, denn schließlich waren wir doch diese zauberhaften, liberalen, verständnisvollen Mamis und Papis, wogegen unsere eigenen Eltern stattdessen die Kriegsgeneration repräsentierten, geprägt von rigiden Erziehungsstilen und autoritären Moralvorstellungen.

Wie alle Kinder folgten auch wir am Anfang unseres Lebens, dem egozentrischem Lustprinzip: „Ich will das!“, bis unsere El-tern uns dies abgewöhnten, um uns zu annehmbaren, brauchbaren und vor allem störungsfreien Mitgliedern der Familie sowie der Gesellschaft zu machen. So bekam unsere Generation das Untertanengebot „Es geht im Leben nicht um *Wollen*, sondern um *Müssen*!“ in das Gewissen eingepflanzt, wo es anschließend zu hübschen Neurosen erblühte.

Erziehung war damals gekennzeichnet durch Befehl, Gehorsam und Strafe. Der Aufforderung „Du musst“ gehorchten wir brav, denn er war der Schlüssel zur Liebe unserer Eltern. Immer mussten wir das Richtige *tun*, wobei es sich zumeist um Dinge handelte wie „Aufräumen“ oder „Ins-Bett-gehen“, deren tieferer Sinn für unser Wohlbefinden uns damals verschlossen blieb. Trotzdem erfüllten wir mehr oder weniger die elterlichen Forderungen, denn wir liebten Mutti und Vati – so nannte man seine Eltern damals – und wir taten alles, damit sie ein liebenswertes Kind besaßen und sie glücklich und zufrieden waren. Deshalb gaben wir uns große Mühe, folgsam zu sein und lernten sehr schnell, die Wünsche und Bedürfnisse anderer zu erfüllen, sowie unsere eigenen zurückzustellen. Mit der Zeit vergaßen wir immer mehr, dass wir auf unsere eigenen Vorlieben und Abneigungen ein Anrecht haben.

Für unsere vorauseilende Anpassung wurden wir, erst von unseren Eltern, später von unseren Lehrern, Arbeitgebern, Freunden und Partnern, mit Zuwendung oder Geld belohnt. Wenn Zweifel oder Unwillen in uns auftauchten, redeten wir uns ein, dass bei diesem Tauschgeschäft unser ursprüngliches, eigenwilliges „Selbst“ nur Verwirrung gestiftet und uns noch mehr verunsichert hätte, als wir es eh schon waren. Wir hatten alle Hände voll damit zu tun, trotz aller elterlichen Widerstände in den 50ziger und 60ziger Jahren erwachsen zu werden, ein viel einsamerer, harter Prozess als es heute für die meisten der Pubertierenden aus liberalen Elternhäusern der Fall ist. Das *Müssen* statt des *Wollens* war dabei unser zuverlässigster Begleiter, auch wenn er sich im 68ziger Habitus der grenzenlosen Freiheit geschickt versteckte. Erinnern wir uns doch nur einmal daran, dass die jungen Männer lange Haare tragen *mussten*, auch wenn sie sich dadurch zur Witzfigur machten, oder wir Frauen im Mini-Rock-Zwang Oberschenkel preisgaben, die besser verhüllt geblieben wären. Wenn wir ehrlich sind, konnten wir weder damals, noch können wir heute unterscheiden, ob wir das Müssen wollen oder das Wollen müssen. Die lebenslangen Folgen sind leider nicht nur mir vertraut und drücken sich in der 72-jährigen Unfähigkeit aus, fünf schlichte Worte zu sagen: „Nein, das *will* ich nicht!“

Nun haben wir neuen Alten 20 bis 30 Jahre Freizeit und die letz-te Gelegenheit, immer mehr selbstbestimmtes *Wollen* in unser Leben zurückzuholen, auch wenn wir dabei riskieren, als egoistische Grufties zu gelten, die senil die Werte einer darwinistischen Weltsicht in Fra-ge stellen, in welcher der Starke überlebt und dem Verlierer nur üb-rig bleibt, auf einen Auftritt in einer Reality-Show zu hoffen. Dabei wären – nicht nur im Angesicht des implodierenden, internationa-len Marktes – genau die Infragestellungen der Götzen mit Namen *Effizienz* und *Wachstumssteigerung*, sowie die Bereitschaft, unsere al-tersweisen Antworten zu hören und auch ernst zu nehmen, dringend notwendig.

2008 wurde die Weltwirtschaftskrise nicht nur von alten Patriarchen, sondern auch von jungen Wall-Street-Tradern losgetreten, die Charakterlosigkeit mit Leistung verwechselten und mit virtuellem Geld versuchten echtes Leben zu kaufen. In Wahrheit ist Eigennutz eine Chimäre, wir sind alle miteinander und mit Allem verbunden. Wir stehen mit der Erde und allen anderen Menschen auf diesem Planeten in wechselseitiger Verbindung. „Du und ich – wir sind eins. Ich kann dir nicht wehtun, ohne mich zu verletzen.“ mahnte schon Mahatma Gandhi, lange bevor der Kauf eines 1Euro-T-Shirts einem Textilarbeiter in Bangladesch das Leben kostete.

Handlungsfreiheit, ohne Verantwortung für die Folgen der Handlungen zu übernehmen, setzt einen zerstörerischen Prozess in Gang, der vor Niemandem Halt macht. Dies werden früher oder später auch diejenigen erfahren, die für ihre Misswirtschaft, Inkompetenz und Gier Millionen Euro Abfindung und Bonuszahlungen erhalten haben, bedauerlicherweise keineswegs *neue* Alte mit *neuer* sozialer Kompetenz, sondern zumeist Männer über 60, Management-Establishment mit spätfeudalistischen Zügen von Sonnenkönigen; es steht zu befürchten, dass deren insgeheimer schwacher Selbstwert Millionen Euro zum Ausgleich bedarf.

Ein geringer Selbstwert versteckt sich ebenso hinter Gier und Statussymbolen, wie auch in Depressionen oder hinter Größenwahn. Er entstand aus einer Ur-Verletzung in der frühen Kindheit, deren Wunde bei vielen nie geheilt wurde. Hilflos, abhängig und auf die Pflege der Eltern angewiesen sind alle in den ersten Lebensjahren. Wurden wir in dieser Zeit körperlichem oder seelischem Mangel und Missachtung ausgesetzt, fühlten wir uns ohnmächtig, ausgeliefert und bedeutungslos. Wir schworen uns, dies nie mehr zu erleben, und erschufen den Götzen *Autonomie,* dem wir unsere Kinderseele übergaben, um – wenn endlich erwachsen – für immer und ewig unabhängig und machtvoll zu sein. Obwohl wir während unseres Lebens bereit waren, dafür die schwersten Opfer zu erbringen, ist dieser Kinderwunsch nach Macht und Freiheit nie zu unserer vollkommenen Zufriedenheit erfüllt worden. Wahrhaft mächtig und unabhängig empfanden wir uns während unseres Lebens nie wirklich.

Schon Kierkegaard hat in seinen Tagebüchern notiert, „dass man das Leben zwar vorwärts leben müsse, aber nur rückwärts verstehen könne“. Dies ist ein Vorteil unseres Alters, nützen wir ihn, dann erhellt sich auch manch Unbegreifliches an dem Verhalten unserer Spezies: Wissenschaftler haben festgestellt, es gibt tatsächlich einen direkten Zusammenhang zwischen der Achtung von Kindern und Achtung von Alten in einer Gesellschaft: Werden die Kinder von ihren Eltern liebevoll behandelt, behandeln diese später wiederum ihre alten Eltern liebevoll. Das bestätigt auch die amerikanische Schriftstellerin und Nobelpreisträgerin Pearl Buck: „Kinder, die man nicht liebt, werden Erwachsene, die nicht lieben“.

Jetzt droht uns nun das Alter wieder genau in die einstige peinvolle Kind-Abhängigkeit zu bringen – diesmal endgültig. Hilflosigkeit, Bedürftigkeit, sich selbst nicht mehr den Hintern abwischen zu können – sie sind das erschreckende Ende der Autonomiesehnsucht unseres unglücklichen kindlichen Ichs, das immer noch in uns lebt.

Dieses Kinder-Ich kann nicht erkennen, dass wahre Freiheit die Anerkennung, sogar die Akzeptanz der menschlichen Unfreiheit ist. Wir können nur überleben in der Co-Existenz und Abhängigkeit von anderen Menschen. Vorsprung durch Kooperation ist der Garant für die Evolution und das Überleben der Spezies, vom Ameisenstaat bis zu Robinson Crusoe. Dieser wäre ohne seinen Gefährten Freitag zu Grunde gegangen, wie auch die Ideale der Französischen Revolution nicht einfach nur Freiheit waren, sondern *Freiheit, Gleichheit und Brüderlichkeit*. Das Wissen um die wechselwirksame Abhängigkeit unterscheidet sich grundsätzlich von einer neurotischen Unterwerfung unter Autoritäten oder Mainstream-Codes. Freiheit ist vieldeutig, vielschichtig, vielfältig. Unfreiheit ist dagegen eindeutig –Unfreiheit wirkt dann, wenn die Entscheidungsmöglichkeiten des Einzelnen durch innere oder äußere Zwänge verhindert werden, aber auch wenn die eigene Freiheit auf Kosten der Freiheit eines anderen Menschen gelebt wird. Leider scheint es mit der Freiheit wohl noch nicht so recht weit gekommen zu sein.

Statt nun dem Club der „Die Menschheit wird sich nie ändern" –Resignierenden beizutreten, besinnen wir Alten uns lieber auf die Vorteile unserer letzten Lebensphase, wo uns manch bizarres Verhalten eh attestiert wird und nehmen uns keck die Freiheit, alte Muster, abgenutzte Glaubensätze und einschränkende Gewohnheiten über Bord zu werfen. Wir brauchen uns nicht mehr auf marktrelevantes Verhalten zu trimmen, geschweige denn, ein liebes Kind für unsere, oftmals schon lange verstorbenen Eltern zu sein. Wir können uns die Freiheit geben, zu sein, wer wir sind, und zu fühlen, was da ist.

Frei zu fühlen

„In uns ist ein Fluss von Gefühlen und jeder Tropfen darin ist ein anderes Gefühl, und jedes Gefühl braucht alle anderen, um zu existieren. Um ihn zu beobachten, setzen wir uns einfach an das Ufer des Flusses und identifizieren jedes Gefühl, wie es auftaucht, vorbeifließt und verschwindet.", sagt der berühmte buddhistische Lehrer Thich Nhat Hanh:

Höchstwahrscheinlich braucht es am Anfang ein wenig Mut, sich unvoreingenommen an das Ufer des Flusses zu setzen und alle Gefühle die auftauchen, ganz aufmerksam und freundlich wahrzunehmen. Die Freude, die Zufriedenheit, das Glück, aber auch die Angst, die Trauer. Alles auszukosten, ganz in die Traurigkeit oder ganz in das Glück zu gehen und sich zu sagen: Dies ist mein einzigartiges Leben und heute erlebe ich Traurigkeit. Ich schenke mir die Freiheit, sie mit ihrer ganzen Kraft und ihrem Reichtum an Facetten, Tiefen, Abgründen, Erinnerungen und Ängsten zuzulassen.

Mein Leben lang gönnte ich mir wundervolle Heulabende vor dem Fernseher: alleine, das Telefon auf Anrufbeantworter gestellt, das Handy ausgeschaltet, ein garantiert trauriger, happy-end-loser Film in den Recorder gelegt und eine Flasche Wein zur Lockerung eventueller Gefühlshemmungen griffbereit. Dies garantierte mir eine Tränenkatharsis bis zur Erschöpfung, gefolgt von der unglaublichen Erleichterung einer frisch geduschten Seele. Getreu dem chassidischem Sprichwort „Was die Seife für den Körper ist, das sind die Tränen für die Seele".

Leider gibt es im Leben der Meisten von uns eine durch Eltern und gesellschaftlichen Codex anerzogene klare Trennung zwischen guten und schlechten Gefühlen. So gehört Trauer für uns zu den *schlechten*, Freude dagegen zu den *guten* Gefühlen. Diese Bewertung bewirkt, dass negative Gefühle uns noch negativer werden lassen, weil unsere Neuronennetzwerke im Gehirn sich immer mehr verstärken durch die Wiederholung spezifischer Erfahrungen. In diesem Fall wird die Wahrnehmung *Tränen sind schlecht* zur starken Gewissheit, wogegen die kaum erfahrene Sichtweise *Traurigkeit ist völlig okay*, in unseren Neuronen nur schwache Impulse sendet. Dieses können wir verändern, indem wir entweder unserer positiven Bewertung mehr Aufmerksamkeit schenken, oder gleich das Bewerten aufgeben. Denn dann wären Gefühle nur Gefühle, heftige und weniger heftige Erfahrungszustände in unserem Leben. Traurig ist dann traurig, und dies ist weder gut noch schlecht.

Auch wenn Untersuchungen zu dem Schluss kommen, dass Tränen uns noch tiefer in die Trauer oder gar Depression treiben, bei mir war das nie der Fall. Höchstwahrscheinlich geschahen diese Tränen-Tests unter der gängigen Bewertung von positiven oder negativen Gefühlen, wie auch das Klischee *Weinen ist schlecht* eine der Klassifizierungen ist, die irgendwann einmal von irgendwelchen Menschen festgelegt wurden, um uns besser unter Kontrolle zu halten; wogegen das Recht auf die eigenen Gefühle und deren Ausdruck immer auch als ein Signal der Freiheit und der Würde jedes Menschen verstanden wurde.

Zudem habe ich die Befürchtung, dass die Tränen-Test-Entwickler und -Auswerter zumeist Männer sind, die Gefühlen gegenüber eh zum Skeptizismus neigen, denn Gemütsbewegungen sind den meisten von ihnen insgeheim immer noch zutiefst suspekt, während wir Frauen im Reich der Emotionen seit Jahrtausenden zu Hause sind. Wir haben lange hingenommen, als doofe, unsexy Heulsusen zu gelten, wenn wir unsere Trauer zeigten, inzwischen gehört die Befähigung Gefühle auszudrücken zu den Soft-Skills von Manager- Qualifikationen. Fußballstars und sogar James Bond dürfen weinen. Tränen sind nicht mehr reine Frauensache, sondern ein Bestandteil und natürlicher Ausdruck unseres menschlichen Daseins, denn Weinen ist eine Befähigung, die außer uns kein Lebewesen auf diesem Planeten besitzt.

Im Gegensatz zu diesen Erkenntnissen, sowie auch den selbstverständlichen Gefühlsausbrüchen von Bewohnern sonniger Mittelmeer-Zonen, hält sich in unseren kühleren Breiten das Misstrauen gegenüber Gefühlen jedweder Art recht hartnäckig. Sie gar zu zeigen, wird vielfach immer noch als Ausdruck der Schwäche gesehen, wie auch Wut und Zorn als fehlende Sozialkompetenz herabgewürdigt wird, die es zu unterdrücken gilt. Dabei sind gerade sie ein unabdingbares Verhalten, um sich gegen diskriminierende Umstände, Ordnungen, Regeln und ungerechte Despoten zu wehren. Der Verdacht liegt nahe, dass das Wut- und Zornverbot nicht erlassen wurde, um uns zu schützen, sondern das Wohlergehen von Herrschern aller Art – sei es über Soldatenheere, Gehaltserhöhungen oder Fernbedienungen – zu sichern. Damit wir, ob unserer Demütigungen, nicht in Wut gerieten, gar gegen die Machthaber selbst aufbegehrten, gaben sie uns eindrucksvolle Rituale vom Gladiatorenkampf bis zur Fußballweltmeisterschaft, von Dschungel-Camp bis zu Beerdigungen. Hier, in diesen Reservaten der Emotionen, dürfen wir alle bedingungs- und gefahrlos unsere Trauer oder auch Wut fühlen und sie zeigen, auch die Männer.

Ein solches ritualisiertes *Wir-Gefühl* wirkte auch erfolgreich bei der Beerdigung von Lady Diana im Jahre 1997. Millionen Menschen weinten damals an den Fernsehern hemmungslos. Ich gestehe, auch ich hatte eine meiner größten Tränen-Katharsis, nur übertroffen von dem Kummer um Leos Tod. Aber im Gegensatz zu meinem 18 Jahre währenden Zusammenleben mit meinem Kater Leo hatte ich bedauerlicherweise nie eine persönliche Bindung zur Diana – wer kannte die Prinzessin von Wales schon selbst? –, sondern ich gab mich meiner eigenen Traurigkeit über meine gestorbenen Träume, unerfüllten Sehnsüchte und nie geheilten Verletzungen hin. Diana hatte sich seit Jahren zu einer perfekten Spiegelfläche für unsere Projektionen entwickelt – ihre strahlende, wie auch unglückliche mediale Überpräsenz an Stelle unserer eigenen schlichten Bedeutungslosigkeit. Wir alle weinten gemeinsam unsere ungeweinten Tränen. Aller Kummer, alle Schmerzen, denen wir in unserem Alltag keinen Raum gaben, die wir versteckt halten mussten, flossen aus uns heraus. Millionen sahen weltweit den Trauerfeierlichkeiten im Fernsehen zu. Globale Emotionen, auch Trauer, sind ein verdammt erhebendes Wir-Gefühl, das Ohnmacht in Macht verwandelt.

Freiheit, wozu?

Auf der einen Seite erleben wir globale Emotionen, auf der anderen grassierenden sozialen Autismus, der unter dem Mantel der individuellen Freiheit seine Bindungslosigkeit versteckt. Autonomie gilt heute als eines der Top-Ideale. Vielleicht auch deswegen, weil mit den Verknüpfungen in der globalen Welt die Abhängigkeit des eigenen Lebens von fernen Missernten bis zum Börsen-Crash, von den Taliban bis zum Schmelzen der Pole immer undurchsichtiger und somit immer bedrohlicher wird. Auch stehen den meisten von uns keine religiösen Schutzzonen mehr offen, die uns vor Verunsicherung bewahren.

Psychologie heute diagnostiziert eine galoppierende kulturelle und soziale Amnesie: „Schnelles Vergessenkönnen ist in der Informationsgesellschaft eine funktionale Tugend, und Geschichts- und Traditionslosigkeit wird geradezu erzwungen durch das Tempo des Lebens. Die neuen Tugenden der Flexibilität und der Mobilität konterkarieren jedes Streben nach Stabilität in den ‚persönlichen Verhältnissen', etwa einer Familiengründung, denn vieles bleibt auch in den Mittelschichten prekär, vorläufig, unbestimmt." Vergesslichkeit, Amnesie, Instabilität werden doch uns Alten als Kennzeichen unserer Wertlosigkeit für die Gesetze des Marktes zugeschrieben. Nun auf einmal sind es die Indikatoren für die Welt der Jungen Dynamiker? Ist die Unbestimmtheit des heutigen Ichmenschen, der seine Nichtbezogenheit als Autonomie ausgibt, der Preis für seine Anpassung an die Gesetze des Marktes?

Die Entfremdung mit der Welt da draußen beginnt bei uns. Sind wir uns mit allen Aspekten unserer Persönlichkeit, dazu gehören ebenso unsere Talente wie auch unsere Gefühle, entfremdet, dann sind wir auch allen Menschen gegenüber entfremdet. Der berühmte Sozialpsychologe Erich Fromm beschreibt diese Tragödie des Menschen in seinem Buch *Die Furcht vor der Freiheit*: „Er bewegt sich weiter, aber das Leben rinnt ihm durch die Finger wie Sand. Hinter der Fassade von Zufriedenheit und Optimismus ist der heutige Mensch tief unglücklich; tatsächlich steht er am Rande der Verzweiflung."

Die innere Verzweiflung ist nicht ohne Folgen in der Außenwelt. Wir leben in verwirrenden Zeiten, in denen eine Krise von der nächsten abgelöst wird, in der ständiger Umbruch herrscht; hier rettet uns vermeintlich unser auf Effizienz ausgerichtetes Rating-Bewusstsein – eine Art Navigator, dem wir die Verantwortung für den richtigen Lebensweg übergeben. Dieses ökonomische Prinzip bestimmt den persönlichen Erfolg durch die Wahl der richtigen Schule, der richtigen Automarke, des richtigen Arztes, Partners, Jobs, Wohngebiets, des richtigen Labels.

So wurden unsere Beziehungen, ob im Beruf oder in der Familie, Mittel zum Zweck. Kollegen hielten wir für potenzielle Konkurrenten, statt mit ihnen Solidarität zu empfinden, Beziehungen erlebten wir oft als Unterwerfung, anstatt als gegenseitige Zuneigung. Wenn wir andere Menschen nur als Gegner sehen, dann dürfen wir sie nicht lieben. Denn wenn wir sie lieben würden, ließen wir sie gewinnen. Die anderen müssen uns gleichgültig sein, nur dann schrecken wir nicht davor zurück, sie in die Insolvenz zu treiben oder von ihnen für unser Missmanagement oder unser Fehlverhalten Abfindungen in Millionenhöhe zu verlangen. „Losgelöst von einem breiten ethischen Hintergrund, verkommt Autonomie zu der „Freiheit der Gleichgültigkeit", für die alles möglich ist und nichts wichtig" schreiben Robert & Edward Skidelsky in ihrem wachstumkritschen Buch *Wieviel ist genug?* und fordern eine Gesellschaft, die nicht auf Motiven der Gewinnsucht und der Gier beruht.

Dass dies nicht ferne Utopien sind, sondern sich ein Wertewandel ankündigt, zeigen neuste Umfragen, die belegen, dass immaterielle Statussymbole wie Zeit, Fitsein und Freundschaften für die Mehrheit der Deutschen, davon besonders viele junge Menschen, an erster Stelle stehen. Genau dies sind die Werte, die wir Alten ohne Umschweife ebenfalls an die erste Stelle setzen, was uns als zahlenmäßig größte Gruppe in Deutschland erneut zu den Vorreitern neuer Lebensstile prädestiniert.

Befreit von ...

Wir leben in Zeiten großer Veränderungen, Umbrüche und Neuorientierungen. Vielen Menschen macht dieses Angst, sie greifen auf alte Strategien zurück, auch wenn diese für heutige Problemlösungen nicht mehr tauglich sind. Wie es auch Probleme nicht beseitigt, sondern erschafft, wenn wir weiterhin unsere authentischen Gefühle unterdrücken, seien es Trauer oder Freude, Zorn oder Liebe. Wenn wir diesen nicht einen angemessenen Raum geben, ohne dabei andere Menschen zu verletzen, werden sich unsere verleugneten Emotionen einen Ausweg suchen, sei es in einem durch nichts zufrieden zu stellenden Verlangen, nach immer mehr, als man besitzt. Heute nennt man dieses pathologische Verhalten – Shoppen!

Wir haben viel Lebenszeit vergeudet um zu begreifen, dass Konsumgüter nur sehr kurz glücklich machen, dafür sehr lange unzufrieden. Auch dauerte es, bis wir erkannten, wie doppeldeutig, wenn nicht sogar vieldeutig unsere Erfahrungen, bestehende Meinungen und Gewissheiten sind. Wahrheiten sind willkürlich. Es gibt keine objektive Lage, sondern nur unsere subjektive Bewertung. Die Bewertung von Erlebnissen ist die Befähigung der Nervenzellen unseres Gehirns, wichtige vergangene Ereignisse in einem „Speicher" abzulegen, um in einem Bruchteil einer Sekunde abzuscannen, ob die jetzige Erfahrung gut oder schlecht für uns ist. Dazu der Internist und Psychiater Joachim Bauer in seinem Buch: „Das Gedächtnis des Körpers". „Die sekundenschnelle, automatische und größtenteils unbewusste Bewertung *aktueller* Ereignisse erfolgt also durch einen Abgleich mit den individuellen *Vorerfahrungen* eines Menschen, die in den Nervenzell-Netzwerken von Hirnrinde und limbischem System gespeichert sind. Damit folgt das Gehirn einer inneren"Weisheit" aller lebenden Systeme, nämlich bei der Bewertung neuer Situationen als einzig sinnvollen Bewertungsmaßstab die bisherigen Erfahrungen heranzuziehen, die der Organismus in ähnlichen Situationen bereits gemacht hat."

Darum lösen wir uns so schwer von alten Verhaltensmustern, Überzeugungen und Vorurteilen. Doch es besteht Hoffnung. Wie sonst hätte sich aus dem Cro Magnon Mann Georg Clooney entwickeln können? Unsere Wirklichkeit ist immer im Zustand der Schöpfung. Das Niveau unserer Wirklichkeit ist von unserem Grad der Freude, der Liebe, der Güte, wie auch der Furcht, der Wut, der Aggression bestimmt, den wir in diesem Moment unseres Lebens erreicht haben. Gleichzeitig birgt das *Jetzt* auch immer die Chance der Weiterentwicklung, der Transformation in sich. So kann zum Beispiel etwas, was uns auf den ersten Blick als Hilflosigkeit erscheint, in Wahrheit Freiheit sein.

Meine Freundin Roswitha holte ihre 84-jährige Mutter zum Sterben zurück nach Hause, nachdem die Ärzte im Krankenhaus ihr mitgeteilt hatten, dass sie nur noch wenige Tage zu leben habe. Roswitha stellte das Bett der Mutter an ein sonniges Fenster mit Blick in ihren geliebten Garten, setzte die vielzähligen Medikamente nacheinander ab, gab ihr leichte gesunde Kost, stellte leise zarte Musik an, massierte täglich ihre Füße und streichelte sie viel oder hielt still ihre Hand. Die Mutter hatte ein langes Leben voller Arbeit, Entbehrungen und Sorgen hinter sich. Jetzt war sie ein absoluter Pflegefall und in allem abhängig von ihrer Tochter. Sie stand nicht mehr auf, sprach auch kein einziges Wort, aber wenn man sie ansah, lag in ihrem Blick eine große Ruhe und Zufriedenheit, Zärtlichkeit und Freude. Sie lebte noch fünf Jahre.

Gerade die Frauen der Kriegsgeneration, unsere Mütter, waren es, die ihre Angehörigen und Kinder durch Fliegerangriffe, Hunger, Flucht und Elend gebracht hatten, deren Selbstverständnis es war, für Andere da zu sein. Diese Frauen können am Ende ihres Lebens durch ihre eigene Hilflosigkeit offenbar zum ersten Mal das Glück erleben, nunmehr selbst versorgt zu werden. 80 Prozent aller Pflegebedürftigen werden zu Hause betreut, zumeist von uns, ihren Töchtern oder Schwiegertöchtern, uns einstigen 68er-Frauen. Damals vollzogen wir die emotionale Trennung von unseren Kriegseltern, und nun, 40 Jahre später, finden wir uns in einer moralischen Verpflichtung zu ihnen wieder, die uns zudem die Freiheit nimmt, in dieser Phase unser Leben selbstbestimmt zu gestalten. Unsere Eltern in ihre Hilflosigkeit und in ihren Tod zu begleiten, ist oftmals eine heroische Aufgabe, die für viele Frauen jahrelange schmerzhafte Grenzsituationen zwischen Liebe und Wut, zwischen Selbstlosigkeit und Selbstbehauptung, zwischen Zwängen und Freiheit bedeutet.

Oftmals ist unser Erstaunen groß, wenn wir erkennen, wie sehr wir immer noch mit unseren Eltern verstrickt sind, und es gilt, von alten, nie erfüllten Hoffnungen Abschied zu nehmen. Wenn Eltern sterben, sterben nicht nur unsere realen Eltern, sondern zugleich auch unser Wunschbild von ihnen. „In gewisser Weise ist der Abschied von dem Bild der starken Eltern auch eine Form von Trauerarbeit", so die

Psychologin Helga Käsler-Heide, und sie schreibt weiter: „Es ist der Abschied vom Bild der Eltern, das man in der Kindheit aufgebaut hat, und zugleich ein Abschied von der eigenen Kindheit, auch wenn man schon lange kein Kind mehr ist." Dieses Abschiednehmen ist besonders schwer, wenn das Kind in seiner Kindheit keine *starken* Eltern erlebt hat, sondern Eltern, die in ihren eigenen Problemen gefangen waren, verunsichert, traumatisiert, voller realer und irrealer Lebensängste, die sich in Depressionen oder Aggressivität äußerten. So gilt es, Abschied zu nehmen von der Hoffnung, *starke Eltern*, vor allem *liebevolle Eltern*, doch noch nach vielen Jahrzehnten irgendwie erzwingen zu können. Der Tod der eigenen Eltern bedeutet in diesem Fall, sich von zwei Eltern zu verabschieden, den realen *schwachen* Eltern und der Sehnsucht nach den archetypischen *starken* Eltern. Dieser Abschied ist der schmerzlichste von allen.

Jetzt gilt es erwachsen zu sein; auch dann, wenn man sich nie wirklich ausreichend beeltert gefühlt hat. Aber anstatt bis zu seinem eigenen Tod in der Rolle des trotzigen Kindes zu verharren, das es ablehnt, für sich die Verantwortung zu übernehmen, können wir uns entscheiden, für uns selbst starke, liebevolle Eltern zu sein. Das bedeutet, sich selbst jetzt die Aufmerksamkeit, die Zuneigung, die Wertschätzung und das Verständnis zu geben, das zu geben die eigenen Eltern – warum auch immer – nicht in der Lage waren.

Der Vorteil unseres langen Lebens ist, immer wieder die Erfahrung von Abschieden unserer unerfüllten Wünsche zu machen, zu trauern, zu weinen oder ganz am Boden zerstört zu sein. Nur so erfahren wir, dass wir die Fähigkeit besitzen, trotz allem immer wieder aufzustehen und die Verantwortung für unser Leben selbst in die Hand zu nehmen. Der Tod der Eltern beendet endgültig die Kindheit und öffnet schlussendlich den Raum zu unserer Freiheit, ein erwachsener Mensch zu sein.

Diese neue Erfahrung von Freiheit verändert auch unsere Einstellungen nachhaltig. Aus den Erfahrungen mit der Pflegebedürftigkeit und dem Sterben der eigenen Eltern erklären die Töchter, die heute der Generation der neuen Alten angehören und zwischen 60 und 75 Jahre alt sind, dass sie auf keinen Fall später selbst ihren eigenen Kindern zur Last fallen wollen. *Intimität auf Abstand* ist unser Gutmensch-Wunsch. Es wird nicht funktionieren, denn Intimität und Abstand schließen sich auf Grund der gemeinsamen Biografie von Kindern und Eltern gegenseitig aus. Um generationsübergreifende Berührungsphobien zu vermeiden, wenden sich Viele an Mitarbeiter der ambulanten Altenpflege, die von innerfamiliären Verstrickungen unbelastet sind.

Zahlreiche neue Alte suchen nach weiteren Möglichkeiten des familiären Reibungsverlustes – ob in trendigen Alters-WGs von Mannheim bis Mallorca oder durch Zahlung hoher Beiträge für Pflegeversicherungen. Damit das eigene Ende auch ohne lästige Beschwerlichkeiten für die lieben Kinder bleibt, unterschreiben wir Patientenvereinbarungen und flüchten in anonyme Bestattungen. Wir nehmen damit unseren Kindern die wichtige Erfahrung des eigenen Einübens und Vertrautwerdens mit Krankheit, Schwachheit, Pflegebedürftigkeit und Tod. Wenn wir uns klammheimlich und pflegeleicht davonstehlen, wie sollen dann unsere Kinder und Enkel für ihr eigenes Alter und ihr eigenes Sterben erfahren, dass der Kreis sich schließt und die Angst vergeht? Buddha sagte: „Diejenigen, die zu der Überzeugung kommen ‚Ich werde sterben', hören auf Angst zu haben. Sie werden sich noch nicht einmal vor den Visionen des Todes fürchten."

I am ready for everything!
Helge Timmerberg – „Die rote Olivetti"

Die Befreiung von Zwängen ermöglicht Raum für Gefühle der Dankbarkeit, denn zu leicht vergessen wir, wie privilegiert wir sind. Keine der Generationen vor uns hatte je zuvor so viele Möglichkeiten, so viele Freiheiten im Alter. In früheren Zeiten war der Müßiggang den Adeligen und dem Klerus vorbehalten. Arbeit, gar bezahlte Arbeit, galt in diesen Kreisen als unfein und hatte den Geruch von Armut. Die Mitglieder der reichen, privilegierten Oberschicht hatten es nicht nötig zu arbeiten und konnten sich ganz und gar ihren Neigungen hingeben.

Dieser Luxus steht zum ersten Male in der Geschichte der Menschheit uns Alten offen. 20 Prozent der Bevölkerung sind von der Arbeit befreit, wenn auch manche gegen ihren Willen. Versorgt zu sein, ohne dafür bis zu ihrem Tode hart arbeiten zu müssen, erschien bis noch vor wenigen Generationen unseren Vorfahren als eine himmlische Gnade, die zu erreichen dem normalen Menschen nicht zugänglich war.

Unsere Ahnen würden es nicht glauben, aber heutzutage scheint der Müßiggang nicht erstrebenswert zu sein. Eine Umfrage ergab, nur 8 % freuen sich uneingeschränkt über die freie Zeit nach Beendigung ihres Arbeitslebens. Die Gehirnwäsche der Industrienationen mit dem Motto *Wer Zeit hat, ist unwichtig*, hat funktioniert und veranlasst unsere Generation, den Luxus *Zeit für sich zu haben* als negatives Stigma weit von sich zu weisen. Darum versichern wir Rentner pausenlos, überhaupt keine Zeit zu haben. Die geltenden gesellschaftlichen Normen besagen eindeutig, dass nur diejenigen, die einer Erwerbsarbeit nachgehen, sich klar und deutlich von dem Versager-Status der Hartz Vierer und dem Ausgemustertsein der Senioren abgrenzen können. Widersprüchliches zeigt sich allerdings in neuesten Umfragen quer durch alle Generationen : trotz der großen Wertschätzung des Status *Erwerbstätigkeit*, stellt sich während der Arbeitszeit keineswegs Wohlbefinden oder gar Lebensglück ein, dieses wird mehrheitlich in der Freizeit mit Familie und Freunden, bei Hobbies und Sport erlebt. Unser Ruhestand bietet uns folglich genau die Voraussetzungen für ein glückliches Leben.

Wir brauchen nicht mehr überholten Rollenvorstellungen nachzulaufen, und können unsere Alters-Freiheit dafür nutzen den Zustand des Reichtums, des nicht mehr *Müssen*, sondern *Wollen*, als Privileg zu genießen und mit einer guten Pension in der Tasche, noch einmal zehn Austern auf unseren Seniorenteller zu legen. Champagner! Müßiggang ist nicht aller Laster Anfang, jedenfalls nicht für uns Alte, im Gegenteil.

Tatsache ist, wir neue Alte sind auf der Winner-Seite: Wir sind in unserer Mehrheit gesundheitsbewusster, kulturorientierter, genussfähiger und kaufkräftiger als unsere Eltern, Großeltern und Urgroßeltern. 98 Prozent leben über Sozialhilfeniveau; sehr viele verfügen über ausreichend Geld, um sich Urlaubsreisen, Sport, Hobbys, Kulturgenuss und Gesundheitsvorsorge leisten zu können. Die ungeliebten, krankmachenden Arbeitsplätze liegen hinter uns, wo wir, um das Überleben der Familie zu sichern, den ganzen Tag in einem Drogeriemarkt ohne Frischluft und Tageslicht, dafür unter den Ausdünstungen unzähliger bekannter und unbekannter Pestizide, stehen oder unterbezahlt am Fließband Hühner mit dubiosen Fleischabfällen stopfen mussten.

Freiheit im Alter bedeutet für Viele auch, befreit zu sein von der jahrzehntelangen Verantwortung, die eigenen Kinder erfolgreich durch Krankheiten, Schule, Nachhilfestunden, Pubertät, Studium und Liebeskummer zu bringen, um sie für die Märkte der Zukunft wettbewerbstauglich zu machen. Auf der Top-Liste des *Vorteils alt* stehen laut Umfragen auch die Freiheiten, Zeit zum Entspannen zu haben, zu tun, wozu man Lust hat und, sich nicht mehr darum zu kümmern, was andere von einem denken. Freiheit im Alter ist, den Größenwahn hinter sich zu lassen, immer alles richtig machen zu müssen. Da wir Menschen sind, stecken wir bis zu den Haarwurzeln voller Produktmängel und genau das macht uns so einzigartig und voll mit prallem Leben.

Zudem geben uns die Leistungen der Medizin – von Antibiotika bis Viagra, vom Zahnersatz bis zum künstlichen Hüftgelenk – die Freiheit vor frühem Verfall, langem Siechtum und vorzeitigem Tod. Und letztlich, zumindest in Mitteleuropa, erlebt die Mehrheit der Menschen endlich die Freiheit von Hunger, Krieg und Seuchen. Wenn wir an Bluthochdruck, Kurzatmigkeit oder Schlaflosigkeit leiden, dann leiden wir auf sehr hohem Niveau. Dies mit Dankbarkeit anzuerkennen, schenkt uns die Erfahrung des Lebensabschnitts *Alter*.

Freiheit ist immer auch die Freiheit von – und da steht ganz oben auf unserer Abschussliste: Von unserem Zwang jung zu bleiben! Aus unseren Diätratgebern, wie auch den teuren Anti-Aging-Cremes und den öden Gedächtnistrainig-Lektionen – mit denen wir lange genug unser Selbstwertgefühl aufrechterhalten haben – entfachen wir ein Freudenfeuer, um das wir wie alberne und selbstvergessene Kinder herumhüpfen.

Der Vorteil des Alters ist, zu der kindlichen Selbstbezogenheit des *Wollens* zurückzukehren, aber angereichert mit den sozialen Erfahrungen, Kompetenzen und Werten unseres langen Lebens. Die wichtigste Basis der Zufriedenheit und der Lebenslust im Alter ist, wie viele Studien gezeigt haben, ein positives Selbstbild und die Fähigkeit, trotz mancher negativer Alterserscheinungen, innerlich *Ja* zu sich zu sagen. Jeder Einzelne benötigt dazu seine Zeit, sein persönliches Tempo, um sich aus den Fallstricken des *tun müssen* und des *sein müssen* zu befreien und dem Zwang zu entkommen, von allen und jedem Idioten gemocht werden zu müssen.

Freiheit ist jeden Tag etwas zu tun, was wir noch nie getan haben: Im Restaurant etwas bestellen, was wir noch nie ausprobierten, einen Pullover in einer Farbe kaufen, zu der wir uns nie trauten, einen Stadtteil oder ein Land erkunden, das wir noch nie betreten haben oder einfach den Lieblingssessel auf einen neuen Platz stellen. Freiheit ist die Abweichung von Gewohntem und den heutigen Tag nicht so zu leben wie den vergangenen. Das wahre Leben beginnt im Unbekannten. *No risk – no life* oder „Zwei Wege trennten sich in einem Wald, und ich – ich nahm den, der weniger begangen war, und das macht den Unterschied“, bekannte der US-amerikanische Dichter und vierfacher Pulitzer-Preisträger Robert Frost.

Genau so entschied sich auch eine ältere Dame: Die *Hamburger Morgenpost* berichtete unter der Überschrift „Oma legte sich auf Gepäckband! Eine 78-Jährige legte beim Self-Checkin am Stockholmer Flughafen statt ihres Koffers sich selbst aufs Förderband. Sie verschwand rasch in der Gepäckluke. Das Personal auf der anderen Seite konnte die ältere Dame aber ‚aussortieren‘. Sie blieb unverletzt, erreichte ihren Flug nach Deutschland – auf korrektem Weg. Die Frau hatte sich wohl verhört und statt des Gepäcks sich selbst aufgegeben.“ Das mit dem *Verhören* ist meiner Meinung nach die Interpretation eines Junior-Journalisten, der noch nicht wissen kann, wie frei und ohne Furcht und Schrecken wir Alten sein können, wenn wir Neues erleben wollen.

Denn „nicht weil es so schwer ist, wagen wir es nicht, sondern, weil wir es nicht wagen, ist es so schwer.“, mahnte schon der Philosoph Seneca 65 n. Chr. Wer jetzt glaubt, den Freibrief für das späte Ausleben seiner durch zivilisatorische Hemmschwellen zurückgehaltenen fiesen Seiten bekommen zu haben, sollte bedenken, dass er etwas Kostbares verlieren wird – seine Selbstachtung. Selbstachtung geht einher mit der Achtung des Anderen. Und wirklich frei ist nur der, welcher auch die Freiheit seines Nächsten respektiert und wertschätzt. Freiheit ist nicht vollständig, wenn sie nur frei *von* wäre und nicht zugleich auch frei *für*. Jetzt entdecken wir endlich, dass meine Freiheit nur ein leeres Wort ist, wenn sie nicht zugleich die Freiheit des Anderen bedeutet. Freiheit, Gleichheit, Brüderlichkeit sind die Ideale der Französischen Revolution. Freiheit ohne Brüderlichkeit ist Egozentrik. Und das Faszinierendste ist: Je freier wir selbst sind, desto größer wird unsere Befähigung zur Kooperation mit anderen Menschen.

Die neue Erfahrung der Freiheit im Alter erleichtert die Distanzierung von sich selbst und erlaubt, das Gemeinsame, das Verbindende mit anderen Menschen zu sehen. Dadurch wächst in uns ein Gefühl für unsere Zugehörigkeit und Verbundenheit mit dem Leiden und den Freuden aller Geschöpfe.

Darum werden wir alt.

11. Möglichkeit
Alter und Sinn

Gott ist nicht tot.
Er lebt, doch beschäftigt er sich
mit einem weniger ehrgeizigen Projekt.
Graffito

Wer bin ich? Woher komme ich? Wohin gehe ich? Was soll das Ganze?

Millionen von Jahren der Evolution, nur, um heute einen *Cafe to go* mit lactosefreier Milch zu trinken? Ehrlich gesagt, haben wir, außer Donald Trump, nicht den geringsten Schimmer, was hier auf unserem kleinen Planeten – vom Universum und den Universen ganz zu schweigen – wirklich abläuft! Natürlich ist mir bewusst, dass ich mich mit der *Sinn-Frage* auf dünnes Eis begebe, denn sie hat das Potenzial zu ebenso großer Tiefe wie zu unbeschreiblichem Schwachsinn. Aber wenn schon, ich würde diese Frage für mich persönlich gerne so weit wie möglich abgeklärt haben.

Diesem essentiellen Bedürfnis nach Einsicht in die metaphysischen Abgründe der Menschheit sah sich auch schon einst ein Urahn im Mittelpaläolithikum ausgesetzt, als er des Nachts vor seine Höhle trat um zu pinkeln. Er betrachtete dabei die Milliarden Sterne am nächtlichen Firmament und sah sich mit einem, der Blasenentleerung auch heute noch meist begleitenden, eruptiven Bewusstseinsschub konfrontiert: „Was ist der Sinn des Lebens? Gibt es einen Gott?" Von diesem Moment an haben sich die großen Denker der Menschheit, von Platon bis Whitehead, mit dieser Frage herumgequält. Sie dachten dabei sehr viel Schönes und Erbauendes, aber bedauerlicherweise ist der hieb- und stichfeste Sinn- bzw. Gottesbeweis dabei nicht wirklich herausgekommen.

Vermutlich ist es jetzt im Alter vernünftig, an Unternehmungen, deren Zielsetzungen hohes Frustrationspotential beinhalten, nicht mehr teilzunehmen. Dann können wir einfach damit aufhören, Gott beweisen zu wollen und erkennen möglicherweise, dass dieses ebenso anmaßend wie lächerlich war, denn es kann keinen Gottesbeweis geben – wo käme Gott hin, wenn er sich für den Job beweisen müsste wie ein Praktikant bei der Deutschen Bank – sondern nur *Gotteserfahrung*. Ein japanisches Sprichwort beschreibt dies schlicht und großartig: „Ich sagte zum Mandelbaum ‚Schwester, erzähl mir von Gott'. Und der Mandelbaum erblühte."

Vielleicht ist es ja ebenso törich, nach *dem* Sinn des Lebens zu fragen? Vielleicht gibt es keine allgemeingültige Antwort? Vielleicht sogar gibt es gar keine Antwort? Zudem wird die Frage oftmals erst dann gestellt, wenn im eigenen Leben Sinnleere, Sinnlosigkeit empfunden wird, die *Sinn*frage also eher den verzweifelten Wunsch nach einem anderen, irgendwie erfüllterem Dasein ausdrückt. Zudem ist die Behauptung „Mein Leben ist so sinnlos", oftmals ein Zeichen einer depressiven Erkrankung, wird aber leider auch als undercover-Machtmittel benutzt, um andere Menschen für die eigenen Zwecke zu manipulieren, indem man von dem Anderen Sinnerfüllung verlangt. In Liebesbeziehungen und Ehen wütet dieser Anspruch mit fatalen Folgen. Darum ist äußerste Vorsicht geboten, wenn an *Sinnvolles Altern* appelliert wird, dahinter können sich ebenso Verkaufsinteressen der Industrie verstecken, wie auch der Staat gerne soziale Aufgaben auf die ehrenamtlichen Schultern von Rentnern ablädt.

Dass die *Sinn*-Frage höchst heikel ist, steht außer Frage. Nur erscheint uns Alten sie zunehmend bedrohlicher, da jetzt, wo uns die Zukunft knapp wird und wo viele Endgültigkeiten unsere Möglichkeiten, Alles noch mal ganz anders und vor allem besser zu machen, einschränken, katapultieren wir uns mit den Fragen nach der Sinnhaftigkeit in vermintes Seelen – Gebiet. Ein unsicheres, gefährliches Terrain, und wir befürchten, dass dort nur für uns enttäuschende oder gar keine Antworten lauern.

Keine Antwort 1

Einst nur dünkt mich wert, darum zu werben:
Sieggesättigt, aller Wonnen trunken, sterben.

Anette von Droste-Hülshoff

Das Konzert war ausverkauft, mit mir warteten 10.000 Zuschauer auf den Beginn der Veranstaltung. Einer elektrischen Hochspannung gleich, erfüllte die gewaltige Masse der Menschen mit ihrer Energie den riesigen Raum der Arena, ich dachte: „In hundert Jahren wird kein einziger von ihnen mehr am Leben sein. Weg. Alle."

Die Vorteile des Todes liegen auf der Hand, wir müssen uns dann keine Gedanken mehr über unseren Cholesterinspiegel oder über den besten Handy-Tarif machen. Schon jetzt liegen mehr Weihnachtsfeiern und Steuererklärungen hinter als vor uns. Beides kann durchaus Anlass zur Freude sein.

Dass der Tod zum Leben gehört, ist ein ebenso platter wie wenig erhebender Gemeinplatz, aber trotzdem zutreffend, obwohl niemand wirklich glaubt, dass dies auch für ihn gilt. In der auf Expansion und Vervollkommnung ausgerichteten Welt unserer Ich-AGs ist der Tod nicht vorgesehen, eine zu vermeidende Fehlfunktion. Es sterben nur die Anderen. Im Kino, wo ein guter James Bond-Film uns mindestens 1000 Tote beschert, aber auch auf heimischen TV-Kanälen tummeln sich an manchen Abenden mehr Leichen als Lebende. Gleichzeitig haben die meisten Menschen das Sterben noch nie aus nächster Nähe selbst erlebt. Der Tod wird als medizinisches Versagen der Ärzte gesehen und somit gehört der Sterbende auch in ein Krankenhaus, weit weg vom Alltag der Wohlfühlgesellschaft.

Zu den vielen der von Menschen selbst fabrizierten Sinnlosigkeiten gehört auch, dass wir Lebenden einerseits nur zu gerne unsere Zeit mit Belanglosem wie Fernsehen, Computerspielen und On-Line –Shopping totschlagen und uns andererseits vor dem Tod ängstigen. Erst, wenn wir beim heimlichen Lesen der Todesanzeigen in der Wochenendausgabe unserer Zeitung immer mehr Verstorbene mit dem

Datum unseres Geburtsjahres finden, sickert eine unangenehme Befürchtung in unser Bewusstsein, dass da etwas Unvermeidliches auf uns zukommt – eine selbst verursachte Niederlage, für die man obendrein noch verantwortlich ist!

So weit, so schlecht! Jetzt können wir uns in den Fernsehsessel fallenlassen, uns durch sinnentleerte Programme zappen und auf den Pflegedienst warten oder ein paar neue Gedanken denken: Wir alle werden sterben, und das ist gut so – es hätte schlimmer kommen können, denn der Tod setzt auch unserer permanenten Unzulänglichkeit ein Ende. Wie er auch endgültig Schluss macht mit unserem Größenwahn, dass wir hier alles unter Kontrolle haben müssten. Im Schwinden der körperlichen Kräfte können wir uns den vergessenen, geistigen Aufgaben zuwenden und endlich beginnen, uns um das zu kümmern, was wir bisher unter unserer, an die Marktgesetze von Kosten und Nutzen angepassten Oberfläche versteckt hielten und das sich bisher nicht entfalten konnte: Chaos, Widersprüchlichkeit, Zweifel, Ängste, aber auch Fantasie, Kreativität, Mut und Wahrhaftigkeit.

Wahrhaftig zu sein bedeutet für mich einerseits, das Bild, das ich von mir habe, mit den Tatsachen abzugleichen, andererseits mir selbst gegenüber aber auch einzugestehen, dass mir diese neue Klarheit Angst macht: Angst vor dem Unbekannten, wie dem Endgültigem, aber auch Angst vor der Hilflosigkeit. Vor dem Alter fürchte ich mich nicht, vor der zunehmenden Hinfälligkeit schon eher, und vor dem Tod allerdings habe ich Angst. Wie wird es sein, wenn das was *Ich* bin geht? Schon als Kind geriet ich beim Einschlafen, wenn mein Ich-Bewusstsein mir langsam entglitt, in herzklopfende *daswaresjetzt*-Panik. Mit aller Kraft versuchte ich, mein schwindendes Ich zurück zu denken, indem ich mich auf *mich*, also das, was ich dachte zu sein, ganz fest konzentrierte. Vermutlich ist es in Wirklichkeit auch so, dass die Angst vor dem Tod eigentlich die Angst vor dem Sterben ist, und die wiederum die Angst, nicht weiterzuleben und das Einzige zu verlieren, was *da ist*: den Körper, das Ego und damit seine Identität.

Keine Antwort 2

Der flammende Beweis für die Unsterblichkeit ist unsere Unzufriedenheit mit jeder anderen Lösung.

Ralph Waldo Emerson

Unser menschliches Dilemma ist sein Grundwiderspruch: Das gesamte Körper/Geist-System ist von der Evolution her dahin ausgerichtet, das Überleben zu sichern und dabei gleichzeitig mit der knallharten Gewissheit zu existieren, dass das eigene Leben endlich ist. Um dieser zutiefst beunruhigenden Verwirrung zu entkommen, wurde etwas Geniales entwickelt: die Idee des Lebens nach dem Tode. Dummerweise haben wir aufgeklärten Menschen irgendwann die Fähigkeit verloren, an dieses Leben im Jenseits zu glauben und wie unsere Vorfahren in dem Satz „Wer früher stirbt, lebt länger ewig" Zuversicht und Trost zu finden. Trost benötigten unsere Ahnen letztlich dringender als wir heutigen Menschen, denn sie fristeten unter bedauernswerten Umständen ihr Leben. Meist starben unsere Vorfahren früh, der Tod war etwas Alltägliches, Nahes. Großeltern, Eltern, Geschwister starben im Nachbarzimmer – nicht im Krankenhaus. Vermutlich waren der Schmerz, die Trauer, die Verzweiflung nur zu ertragen in der Hoffnung, seine Lieben einst im Himmel wieder zu sehen, wie auch der Wunsch, dem irdischen Jammertal so schnell wie möglich zu entkommen.

Die Hoffnung auf Unsterblichkeit ist auch für uns heutige Menschen völlig normal, zudem unserer physischen wie psychischen Stabilität viel zuträglicher. Zynische Nihilisten geben zwar mancher Abendgesellschaft unerwarteten Esprit, neigen aber in essentiellen Sinnkrisen ihrer Freunde zu Unerreichbarkeit durch nicht eingeschaltete Handys. Sinnfragen dienen zumeist ihrem aufgeblasenen Ego. Diese Typen überlässt man am besten rechtzeitig ihrem Alkoholmissbrauch.

Währenddessen setzen wir Anderen uns der nüchternen Tatsache aus, dass Alter nun mal immer weniger Zukunft bedeutet, und so kann die Idee vom Leben nach dem Tode durchaus beruhigend sein, wie auch die Anhänger der Wiedergeburtsidee durchaus triftige Argumente vorweisen können. Zudem wird jeder von uns doch noch das Eine oder Andere an seinem Charakter und seinen Gewicht zu verbessern haben, das seit Jahren auf die lange Bank geschoben wurde und bei einer ebenfalls in Betracht zu ziehenden Wiedergeburt sonst unser Karma auf Wurmlevel setzen könnte. Diesen gesunden Pragmatismus als Kinderglauben an den lieben Gott zu diffamieren oder uns Alten zu unterstellen, dass wir nichts mehr vom Leben erwarten und deshalb ins Jenseits schielen, zeugt von plumpen Vorurteilen Jüngerer. Auch sie werden später erkennen, dass es sich bei der Hoffnung auf Unsterblichkeit um eine die Gesundheit fördernde Einstellung handelt, da sie zu einer entspannten und unbeschwerten Gemütslage verhilft.

Ich persönlich bin sowieso eher geneigt, an eine, wie auch immer geartete Existenz nach dem Tod zu glauben – es ist einfach die nettere Vorstellung und schließlich sind uns diejenigen, die an die „Ende, aus die Maus"-Version glauben, bisher auch ihre Beweise schuldig geblieben. Und den Besserwissern sei gesagt, dass sehr kluge Köpfe schon mit der Erklärung des Diesseits Schwierigkeiten haben. Seitdem sich Hawking's „nackte Singularität" als Irrtum herausgestellt hat, was bedeutet, dass damit die Gesetze der Physik kollabiert sind, können wir sowieso alles für möglich halten. Warum nicht auch die Unsterblichkeit? Obwohl ich meinerseits eine leichte Irritation nicht verschweigen möchte: Bedauerlicherweise sind mir in letzter Zeit leise Zweifel an der Sache mit der Ewigkeit gekommen, denn Sibylle hätte sich sicherlich gemeldet. Sie war eine meiner engsten Freundinnen und rief mich immer sofort an, wenn sie etwas Aufregendes, Neues, Überraschendes erlebt hatte, immer. Ich habe nie wieder eine Nachricht von ihr bekommen, seitdem sie vor 12 Jahren gestorben ist. Aber vielleicht war ich schlichtweg nicht auf Empfang.

Wie schon der Maler Kurt Schwitters anmerkte: „Unsterblichkeit ist nicht jedermanns Sache". Für mutmaßliche Skeptiker möchte ich nicht unerwähnt lassen, dass die ganze Unsterblichkeitssache natürlich auch negative Seiten haben kann und wir in der Tat ein echtes Problem hätten, würde unser Leben endlos dauern: Entlos schlaffe Haut oder die unvergängliche 35-Jährige? Allein die Vorstellung, für immer und ewig einmal die Woche die Badewanne gründlich zu schrubben oder sich munter sprießende Haare mit Wachs auszureißen, sollte in diesem Zusammenhang doch gründlich bedacht sein. Ganz zu schweigen davon, in alle Ewigkeiten Weihnachten mit den Eltern und Schwiegereltern zu verbringen, endlos mit Dieter Bohlen Deutschlands Superstar zu suchen oder gar den lieben Verstorbenen wieder zu begegnen, die schon zu Lebzeiten schwer erträglich waren; auch müssten wir dann uns in alle Ewigkeit die Kriegserlebnisse von Onkel Karl-Heinz anhören. Und wer von uns Frauen ist gewillt, ewiglich der Tatsache ins Auge zu sehen, niemals in Größe 38 zu passen? Nein, ein paar Dinge sind auf diesem Planeten schon ganz brauchbar geregelt, denn die Unsterblichkeit dauert *sehr* lange und kann zudem verdammt langweilig sein, wenn man sich dann doch allein als Energieschwingung in irgendeinem pulsierenden Andromeda-Nebel wiederfindet. Offensichtlich hat nicht nur das Diesseits, sondern auch die Ewigkeit ihr Für und Wider.

Im Wissen um die Ambivalenz der Menschen etablierte die Kirche raffinierterweise auch einst das Jenseits als eine Art Oberster Gerichtshof, gegen den Nordkoreas Tribunale wie Kindergärten auf dem Prenzlauer Berg erscheinen und ließ keine Zweifel aufkommen, dass die Strafen für die Sünder erbarmungslos und ohne Berufungsrecht wären. Die Wirkung dieser Drohungen gingen verloren, der Mensch emanzipierte sich, was das Leben auf diesem Planeten auch nicht wirklich verbessert hat.

So ist für die aufgeklärten Atheisten, die von der Endlichkeit des Lebens ausgehen und der Maxime *Gott ist tot* in eine transzendale Obdachlosigkeit folgen, nur die Verantwortung geblieben selbst zu entscheiden, was richtig und falsch ist. Totale Überforderung, bei gleichzeitiger Desorientierung ist die Folge und die Grundlage für das Entstehen der Spezies des Egoisten, eine Mutation, die man daran erkennt, dass sie uneingeschränkt ihren persönlichen Vorteil sucht. Und solange der Egoist nichts Illegales tut und sich konform mit den gängigen Regeln der Gesellschaft verhält, wird er sich von keinem Jüngsten

Gericht davon abhalten lassen, rücksichtslos gegen Andere zu sein, um für sich selbst das Beste aus dem Leben herauszuschlagen. Selbstgefälligkeit und Profitgier sind das Resultat.

Alles Mitgefühl, jedes Verständnis und jede Hilfsbereitschaft dem Nächsten gegenüber wäre für diese Ich-Bezogenen sinnlose Vergeudung des beschränkten Zeitkontingents *mein Leben*. Für sie steht der Andere nur im Dienste einer zweckmäßigen Optimierung des eigenen Daseins und menschliche Bindungen verkommen für ihn zum Preisvergleich auf Schnäppchenniveau. Dass diese Lebenseinstellung nur auf einige Ausnahmefälle, zum Beispiel auf meine Freundin Gerda zutrifft, lässt mich hoffen, dass es doch noch etwas anderes geben muss – eine Sehnsucht nach Verbundenheit, Wahrhaftigkeit und Liebe, die – wenn leider auch oftmals in den hintersten Winkeln unseres Herzens versteckt – trotzdem in jedem von uns lebt.

Antwort 1: Lust am Guten

Man braucht nicht dabei zu sein,
wenn man unsterblich wird.
Gustav Mahler

Manchmal allerdings, wenn unser altersbedingter Harndrang uns um vier Uhr morgens weckt, spüren auch hartgesottene Jenseitsverneiner, dass sie mit der Leugnung der Ewigkeit etwas Elementares verloren haben und an die Stelle eines tröstlichen Glaubens an die Unsterblichkeit eine latente Grundbeunruhigung getreten ist. So suchen sie entweder Zerstreuung bei dem x-ten *Tatort* oder trachten danach, aus ihrem diesseitigen und offensichtlich einzigem Leben alles herauszupressen, was nur möglich ist.

Diese Skeptiker unter uns, denen Jenseitsspekulationen ein panikartiges Unbehagen bereitet, zieht es verständlicherweise dahin, wenigstens in der diesseitigen Welt unauslöschliche Spuren zu hinterlassen. Sie wollen sie zu einem besseren Ort machen, zu einer besseren Welt als die, die sie einst vorgefunden haben. Diese schöne und höchstwahrscheinlich auch einzig lohnende menschliche Haltung, in Anbetracht dessen, was wir sonst so an Ressourcenvernichtung betreiben, trägt die Bezeichnung *Generativität*. Sie ist die Wortschöpfung des Psychoanalytikers Erik Erikson und steht für die aktive Sorge um die nachwachsenden Generationen und für die Verbesserung ihrer Lebensbedingungen und Chancen. Das ist eine großartige Sache, da möchte doch jeder über sechzig dabei sein, schon um dadurch gegen das tägliche *Generation Alt* – Bashing gefeit zu sein. Trotzdem sollten wir uns fragen, ob die Motive hinter dieser lobenswerten Haltung nicht auch das Wissen um die eigene Vergänglichkeit ist, sodass der Mensch versucht etwas zu erschaffen oder als Mäzen oder Stifter zu bewirken, was über seinen Tod hinaus von Dauer ist, um auf diese Weise unsterblich zu sein – vielleicht als eine Art Selbstoptimierung über den Tod hinaus?

Es mag sicherlich Menschen geben, die sich aus Angst vor dem Tod eine Unsterblichkeit in der Nachwelt erkaufen wollen, also ein höchst zynischen Deal im Sinne einer ökonomischen Kosten-Nutzen-Analyse: „Tausche heutige Kompetenz gegen spätere Unsterblichkeit“? Komponierte Mozart nur aus Angst vor dem Sterben? Ich hoffe doch, dass er komponierte, weil er Komponist war, weil all die wundervollen Töne da waren und aus ihm heraus drängten. Natürlich komponierte er auch, um seinem Hausbesitzer die jährliche Miete zahlen zu können. Anderes Beispiel: Mutter Teresa hat doch im Sterbehospiz von Kalkutta kein Geschäft mit dem lieben Gott nach dem Motto abgeschlossen „Ich helfe, also werde ich unsterblich“. Menschen helfen, fördern, lehren, komponieren die Zauberflöte oder bauen einen Abenteuerspielplatz, weil es sie glücklich macht, ihre Potenziale und Ressourcen auszudrücken und sie damit ihrem Leben einen Sinn geben.

Wer nun glaubt, dass die Freude am Helfen von den Alltags-Egoisten für ihre Anerkennung als Gutmenschen instrumentalisiert wird, mit dem Ziel, sich einen beeindruckenden Biographie-Bonus zu verschaffen, dem halten Neurowissenschaftler die Erkenntnis entgegen, dass die Ausschüttung von stresshemmenden Hormonen in unserem Gehirn nur dann möglich ist, wenn wir mit unseren Mitmenschen in einer persönlichen und wertschätzenden Beziehung stehen. Wo in zwischenmenschlichen Beziehungen der Eigennutz und die Ausbeutung die Oberhand haben und der direkte Kontakt und die Wertschätzung fehlen, werden die Menschen krank, alte genauso wie junge.

Dass Hilfsbereitschaft keine Dressur für einen Untertanengeist ist, zeigen weitere Hirnforschungen. Wenn wir uns um andere Menschen selbstlos kümmern, werden in unserem Gehirn stimmungshebende Hormone ausgeschüttet, die uns euphorisch machen und die Ausschüttung des Stresshormons Cortisol dämpfen.

So haben Menschen die sich uneigennützig und wohltätig für ihre Mitmenschen einsetzen, weniger Depressionen, und was das Erstaunlichste ist, sie leben im Durchschnitt länger als diejenigen, die nur ihren eigenen Vorteil im Auge haben. Auf den Punkt gebracht: Wer anderen Gutes tut, dem geht es selbst besser – nicht nur seelisch, sondern auch körperlich.

„Die menschliche Wärme ermöglicht die Öffnung. Sie entdecken, dass alle menschlichen Wesen sind wie sie selbst, ganz einfach", sagt der Dalai Lama. Im seelenwärmenden Kontakt zu anderen Menschen zu sein, schließt das in Konkurrenz zueinander stehen aus. Der heilige Thomas von Aquin schrieb einst: „Ein Handeln kann nicht vollkommen gut sein, wenn nicht auch die Lust am Guten dabei ist." Es lebt in uns Allen eine tiefe Freude am sinnvollen Handeln, denn um wahrhaftig zu leben, müssen wir mit der Welt in Beziehung treten, entweder durch unser Tun oder durch unsere Liebe. Am besten durch liebevolles Handeln.

Möglicherweise konnten wir in unserem bisherigen Leben, in unserem Beruf oder in unseren Familien nicht die Art von Beziehungen leben, die uns erfüllten und wärmten. Jetzt dagegen sind wir Alten von vielen Zwängen und Verpflichtungen befreit und in der fantastischen und privilegierten Lage, genug Erfahrung und Zeit zu haben, neue Bindungen mit neuen Menschen einzugehen, sowie alte gute Beziehungen zu verstärken. Dafür haben wir jetzt immer noch unendlich viel Zeit – jeden Tag 24 Stunden, voll mit 1440 Minuten und 86400 Sekunden.

Antwort 2: Runter vom Sofa!

Sei du selbst die Veränderung,
die du dir wünschst für diese Welt.
Mahatma Gandhi

Obwohl wir über sehr viel Zeit verfügen, ist sie doch begrenzt. Je älter wir werden, desto häufiger begegnen wir dem Tod – erst die Großeltern, dann die Eltern, Verwandte und schließlich Kollegen, Freunde, Ehepartner. Beerdigungen werden häufiger. Was mich einst erschreckte, wird von Mal zu Mal vertrauter und heute flüstert meine Seele leise den Toten zu: Ich bleibe noch ein bisschen, und dann komme ich auch.

Aber jetzt gilt es für uns Lebende zu leben. Darum ist es besonders im Alter viel sinnvoller und gesünder, anstatt über den Tod nachzudenken, sich Gedanken um das Leben machen. Denn „Der Tod ist weder deprimierend noch verlockend", sagt der indische Philosoph Rinpoche, „er ist einfach eine Tatsache des Lebens." Oder, wie es schon der griechische Philosoph Epikur vor mehr als 2000 Jahren auf den Punkt brachte, dass „der Tod uns nichts angeht." Kümmern wir uns also um unser Leben und das, was wir noch erleben wollen.

Noch nie gab es so viele gesunde und leistungsfähige über 60-Jährige, die durchaus in der Lage sind, ihrem Leben Inhalt und Sinn zu geben. Entgegen dem Klischee der egoistischen Alten unterstützen die Großmütter und Großväter die Familien ihrer Kinder mit Zeit, Arbeit, Zuwendung und Geld. Und die meisten von uns tun dies gerne. Wir geben ohne die Erwartungen eines Tauschgeschäftes, sondern aus der Freude an unserem Vermögen an Zeit, Verständnis und finanziellen Mitteln. Wir Alten sind reich – an Erfahrungen, an Wissen, an Verantwortungsgefühl und können uns jetzt etwas total Altmodisches leisten – Nächstenliebe.

Eines der vielen Probleme dieser Welt ist, dass wir zumeist unseren Familienkreis viel zu eng sehen. Wir Alte sollten uns berufen fühlen, dies zu ändern. Engagement für Andere statt Selbstmitleid für uns – statt Eigennutz Gemeinsinn. Wir sind ein eindrucksvolles Potential: 16 Millionen Menschen über 60 verfügen über Geld, Erfahrung, Ressourcen und Zeit. Und im Gegensatz zu der Auflagen steigernden Berichterstattung über uns egoistische Alte, die sich ihren Rollator vergolden lassen, zeigen viele unserer Generation Einsatz: „Unser Gemeinwesen lebt davon, dass Millionen von Bürgerinnen und Bürger aus freiem Entschluss bereit sind, sich in Wohlfahrtsverbänden, in Kirchengemeinden und Vereinen, Parteien, in Bürgerinitiativen und Selbsthilfegruppen für ihre Mitmenschen und für das Gemeinwohl einzusetzen," sagte der einstige Bundespräsident Rau. Diese vielen freiwillig Engagierten erleben ihre Mitwirkung am Gemeinwohl nicht als Verpflichtung, sondern ihre Tätigkeit als Zugewinn von Freude, Zufriedenheit und Lebensqualität. Das Eingebundensein in eine Gemeinschaft sowie die Möglichkeit, hier seine Fähigkeiten zum Ausdruck zu bringen, ist die wahre Voraussetzung für Wohlbefinden, Lebensfreude und schlussendlich Gesundheit. Der Weg aus dem Fernsehsessel zum Engagement, zum positiven Altersselbstbild beginnt, wie eine 1000 km Wegstrecke, mit dem ersten Schritt. Wenn wir Handeln und aus der bequemen *das kann ich nicht mehr*-Opferrolle schlüpfen, erschaffen wir uns einen Bewusstseinszustand, den man glücklich nennt.

„Es ist besser ein Licht anzuzünden, als über die Dunkelheit zu schimpfen „sagte schon vor 2500 Jahren Konfuzius; eine Erkenntnis, die wir uns heute nun mal endlich hinter die Ohren schreiben sollten. Denn jeden Tag können wir uns entscheiden für eine gesunde Ausgewogenheit zwischen Tätigsein und Ruhe, sowie die Erfahrung sinnerfüllter Stunden, zwischen freudvollem Eigennutz und freudebringendem Gemeinwohl. Nun haben wir die Möglichkeit, dem tief verwurzelten Wunsch nach dem Gebrauchtwerden neue Inhalte zu geben: Familie, Freunde, Hobbies. Die Möglichkeiten sind groß und vielfältig. Frei nach dem Motto *Runter vom Sofa – rein ins Leben* wirbt ein Best-Agers-Club in Hamburg um Mitglieder; auch die Bundesregierung fördert Initiativen wie *Alter schafft Neues* im Rahmen von Freiwilligendiensten aller Generationen. Exbanker vermitteln Finanzwissen an Jugendliche, Manager im Ruhestand übernehmen Beratungsmandate für Unternehmer in der Gründungsphase, Rentner leisten Entwicklungsarbeit in der dritten Welt oder helfen benachteiligten Kindern bei den Schularbeiten.

Anlässlich seiner Rede zum 25-jährigem Bestehen des SES, dem Senior Experten Service, sagte der ehemalige Bundespräsident Horst Köhler: „Für mich sind die Senior-Experten eine Art Avantgarde im demografischen Wandel. Sie stehen für Menschen, die am Ende ihrer Berufslaufbahn nicht ausgelaugt, sondern verantwortungsvoll, vital und bereit sind, mit ihren Erfahrungen eine zweite, ehrenamtliche Karriere zu starten." 7600 Experten im Rentenalter haben sich beim SES registrieren lassen, um weltweit ehrenamtlich ihr Knowhow zur Verfügung zu stellen. Ob als Köchin in Russland, als Zahnarzt in Usbekistan, ob als Lehrerin in Vietnam oder Bäcker auf den Philippinen, Deutschlands *unnütze* Alte sind im Ausland hochbegehrt. Die SES-Experten haben in 25 Jahren knapp 20.000 Einsätze geleistet, in 156 Ländern von Afghanistan bis Zypern. Vom Aalzüchten bis hin zum Zylinderschleifen ist erfahrenes Fachwissen gesucht.

Dieses Fachwissen wird auch in Deutschland seit 2015 immer dringender benötigt, weil die geburtenschwachen Jahrgänge den Bedarf an Fachkräften nicht mehr abdecken und ein Paradigmawechsel eintreten muss. „Die 50- bis 64-jährigen Beschäftigten werden im Jahr 2015 sicherlich die besten Qualifikationen aller Altersgruppen haben." So die Wissenschaftler Reinberg und Hummel vom Institut für Arbeitsmarkt- und Berufsforschung. „Sie besitzen dann nicht nur die höchsten Akademikeranteile, sondern auch die niedrigste Ungelerntenquote."

Merkwürdiges geschieht in diesem Land. Einerseits entdeckt das Bundesministerium für Bildung und Forschung den alten Menschen als innerbetrieblichen Innovationsmotor und Ideengeber wieder, andererseits werden qualifizierte Arbeitskräfte in die Frühverrentung geschickt. In keinem Industrieland sind so wenig Menschen über 55 beschäftigt wie in Deutschland, besagt eine Studie der Bertelsmann-Stiftung – Verwirrende Zustände in Übergangszeiten oder fehlender politscher Durchblick bei nicht vorhandenem Weitblick? Oder gar eine Neigung der gewählten Politiker, eher ihre Wiederwahl im Auge zu haben denn unpopuläre Fernziele? Hoffnung macht, dass der Personalpolitik-Experte der Bundesregierung glaubt, einen Trendwechsel gesichtet zu haben: Abschied vom Jugendwahn – Beginn einer Erfahrungs-Renaissance.

Langsam beginnt ein Umdenken. Politik und Wirtschaft können es sich nicht länger leisten, uns Alte zu ignorieren oder zum Vergreisen in die Vorstädte zu verbannen. Mit der Initiative *Alter schafft Neues* will das Bundesfamilienministerium die großen Potenziale dieser Generation heben und systematisch fördern. Wir Älteren nehmen dies mit großem Wohlwollen zur Kenntnis, wie auch die wachsende Absicht, weniger von unseren Defiziten zu sprechen als von unseren Potenzialen. Ursula von der Leyen bringt es auf den Punkt: „Jüngere Menschen rennen schneller. Ältere kennen die Abkürzung."

Fest steht: Die ältere Generation wird für die deutsche Wirtschaft immer bedeutsamer. Das ergab eine Studie des Deutschen Instituts für Wirtschaftsforschung (DIW), gefördert durch das Bundesministerium für Familie, Senioren, Frauen und Jugend. Wir werden gebraucht, wie schön. Aber, damit das klar ist, zu unseren Bedingungen: Kein *Müssen* mehr, sondern *Wollen*!

Noch eine letzte Frage …

Wer Bäume setzt, obwohl er weiß,
dass er nie in ihrem Schatten sitzen wird,
hat zumindest angefangen,
den Sinn des Lebens zu begreifen.

Rabindranath Tagore

Bleibt die Frage: Und was soll das Ganze? Wenn schon Stephen Hawking widerlegt wurde (und der Mann ist mindestens tausendmal klüger als ich, die schon für eine simple Bruchrechnung einen Taschenrechner benötigt), und seine Universumformel für null und nichtig erklärt wird, zudem Wissenschaftler offen zugeben, dass sie 95 % des Universums nicht kennen, dann sollten wir schlichteren Gemüter einfach akzeptieren, dass der menschliche Geist sich nicht selbst begreifen kann und uns zurücklehnen und entspannt glauben, was wir wollen. „Der Traum geht weiter, aber wir sind wach für die Tatsache, dass wir träumen", schreibt der Autor und Mystiker Steven Harrison.

Sonst sind wir gezwungen nach Antworten zu suchen, wo es nur Fragen gibt, wie in der Geschichte von einem jungen Mann, der eine gefährliche und langwierige Reise antrat, um einen Weisen zu finden, der ihm den Sinn des Lebens erklären könnte. Als er schließlich vor dem Weisen stand und seine Frage ausgesprochen hatte, antwortete der Alte: „Das Leben ist einfach eine Schale Kirschen." Zunächst überrascht und sprachlos, dann aber gereizt und verärgert, sagte der junge Mann. „Das ist alles? Ich bin den ganzen Weg hierher gekommen, habe Meere und Berge überquert, Wüsten und Urwälder, um dich zu finden und nach dem Sinn des Lebens zu fragen – und du hast nichts weiter zu sagen, als das Leben sei einfach eine Schale Kirschen?!" Der Weise lächelte und erwiderte: „Na gut, dann ist das Leben also nicht einfach eine Schale Kirschen." Meiner Meinung nach, gibt die beste aller Antworten auf die Sinnfrage Douglas Adams in seinem Buch *Per Anhalter durch die Galaxis* – „42!". Mehr ist als *Sinn*-Erkenntnis ist für uns Menschen nicht drin!

Darum ist es auch müßig, sich mit der Frage nach dem Sinn des Lebens aufzuhalten, denn der ganz normale Alltag konfrontiert uns mit genug Problemen, für deren Bewältigung der *Sinn des Lebens* ziemlich unerheblich ist. Kümmern wir uns folglich weniger um den Sinn des Lebens denn um sinnvolles Leben.

Diese lebensbejahende Haltung beschreibt eine Geschichte aus Griechenland: „Probleme? Das Leben besteht aus Problemen. Nur der Tod ist leicht. Leben heißt, die Ärmel aufzukrempeln und die Schwierigkeiten mit Freuden anzunehmen“, erklärt Alexis Sorbas. Er ist die Titelfigur eines autobiographischen Romans des griechischen Schriftstellers Nikos Kazantzakis. Im Zentrum der Geschichte steht die Freundschaft zwischen dem Ich-Erzähler, einem von Selbstzweifeln geplagten intellektuellen Verstandesmenschen und dem Lebenskünstler Alexis Sorbas, der seinen Gefühlen und Instinkten vertraut und in völligem Einklang mit sich und der Welt lebt. Das Buch wurde mit Anthony Quinn in der Titelrolle verfilmt und bekam nicht nur drei Oscars, sondern auch Kultstatus. Der Grund dafür mag in der Schlüsselszene des Filmes liegen, als das Lebenswerk von Alexis Sorbas, eine Braunkohlenmine, vor seinen Augen in sich zusammenbricht, und er, statt daraufhin zu verzweifeln, am Meeresstrand ganz allein zu tanzen beginnt.

Auch diese Geschichte beschreibt, dass die Welt das ist, wofür wir sie halten – ein Drama oder eine Komödie – wir haben die Wahl. Die Welt antwortet auf uns, hassen wir sie, hasst sie uns; lieben wir sie, liebt sie uns. Nicht nur Buddhisten, sondern auch westliche Neurologen und Physiker weisen darauf hin: Es gibt keine Realität, sondern nur unsere Wahrnehmungen. Wirklichkeit ist immer Interpretation. Was uns als äußere Welt erscheint, ist in Wahrheit nur eine Interpretation unseres Geistes. So ist die Realität einer Fliege eine total andere als die unsere, obwohl wir uns gleichzeitig und leider oft zusammen in einem Raum befinden und beide eine Schwäche für Pflaumenkuchen haben. Die Fliege – wie auch ich – deuten mit unseren Sinnen die Welt, unsere Erkenntnisse sind fragmentarisch, unser Blick beschränkt. Somit sind die Schlüsse, die wir ziehen, fehlerhaft. Ernstzunehmende Wissenschaftler und Philosophen waren einst auch felsenfest davon überzeugt, die Erde sei eine Scheibe und Hexen die Ursache der mittelalterlichen Pest, und nicht etwa die Milliarden Kolibakterien, die aus ihren Plumpsklos ins Grundwasser und somit in ihre Brunnen flossen.

Natürlich gibt es physikalische Gesetze, die Gültigkeit haben – hier auf der Erde zumindest. Tatsache ist, dass Wasser, wenn man es auf 100 Grad erhitzt, verdampft; aber in unserem Leben gibt es diese Sicherheit nicht. Wir reagieren nur bedingt wissenschaftlich, beweisbar, überprüfbar. Das Leben ist unvorhersehbar. Gut so, denn sonst würden wir wissen, dass unsere große Liebe drei Jahre später mit der Fitness-Trainerin durchbrennen wird, dass wir in zehn Jahren unseren Traumjob verlieren, unser heißgeliebtes Einzelkind mit zwanzig drogensüchtig wird und bei uns mit 55 Gebärmutterhalskrebs diagnostiziert wird. Was wäre das für ein Leben? Das Leben ist Überraschung. Im Schlechten wie auch im Guten! „Leben ist das, was passiert, während wir andere Pläne machen", stellte John Lennon lakonisch fest.

Statt unsere kostbare Lebensendzeit mit Whatsapp – Nachrichten totzuschlagen, könnten wir stattdessen staunend und demütig innehalten, um etwas Unfassbares zu würdigen: Jeder einzelne Mensch ist ein Wunder, ein Rätsel: Mit Zellen als denkende Systeme, irgend-wo zwischen 10 und 100 Milliarden grauer Nervenzellen, die durch zweihundert Millionen Nervenfasern miteinander verbunden sind, 60 Billionen Neuronen mit sich selbstregulierenden, miteinander kommunizierenden Synapsen. Unser Gehirn, das 1000-mal schneller ist als der schnellste Supercomputer, steuert und reguliert alle Körperfunktionen vom Stoffwechsel bis zu den Emotionen. Dieser Kosmos in uns ist von tiefer Vollkommenheit und weitgehend außerhalb unserer bewussten Kontrolle. Wir haben nicht die geringste Ahnung davon, was in jeder Sekunde in uns abläuft.

Und da draußen? Das grenzenlose Universum oder gar grenzenlos viele grenzenlose Universen, bleiben für uns unerklärlich. So können wir wählen, ob wir diese Unbegreiflichkeit fürchten oder sie demütig bewundern. Die Verwirrung bleibt, so oder so. „Klar ist dabei nur: Simple Sterblichkeit, das bloße Aufhören von allem mit dem Herzstillstand, wäre zu wenig angesichts dieses gewaltigen, kosmisch inspirierten Vorlaufs. Es wäre einfach nicht rund", gibt der Autor Mathias Schreiber zu bedenken.

Vielleicht stirbt es sich ja leichter, wenn man glaubt, in seinem Leben all das getan zu haben, was man als wichtig erachtete, und schwerer, wenn noch vieles unerfüllt blieb – die Bücher, die wir nicht gelesen haben, die Länder, die wir nicht bereisten, die Menschen, die wir nie berührten. Jetzt im Alter können wir wählen, ob wir die knapper werdende Zeit mit Klagen über all das, was wir versäumten, verbringen wollen, oder ob wir in tiefer Freude über das sind, was wir erreicht und erlebt haben – wie viele Blumen haben wir erblühen sehen, mit wie vielen Menschen haben wir gelacht, wie viel grauer Regen hat uns durchnässt, wie viel Sonne brannte auf unserer Haut, wie viele Tränen haben wir geweint, wie viele in Liebe berührt? So vieles von Allem! Und aus tiefstem Herzen zu sagen: „Es ist gut am Leben zu sein."

Bitte verlassen sie die Welt so, wie sie sie vorfinden möchten.

Graffitio

Was ist unsterblich? Unser Körper? Unsere Seele? Gar unsere ewige Seele? Wer ist es, der sich diese Fragen stellt? Irgendetwas ist von Anfang an da, eine Gewissheit jenseits der Selbstbilder, irgendetwas in uns erkennt das Wesentliche und kann es von dem Unwesentlichen trennen. Das Wesentliche ist das Gefühl der Verbundenheit mit *allem was ist*. In dieser Verbundenheit berühren wir den Kern unseres Seins.

Der polnische Kinderarzt und Pädagoge Janusz Korczak, begleitete die 200 jüdischen Kinder seines Waisenhauses in das Vernichtungslager Treblinka und wurde mit ihnen zusammen ermordet. Er stellte einst die Fragen:

> „Hast du gelebt? – Wie viel Boden hast du umgepflügt? –
> Wie viel Brot hast du für andere Menschen gebacken? –

Wie viel hast du gesät? –
Wie viele Bäume hast du gepflanzt? –
Wie viele Ziegel hast du zum Bau beigetragen? –
Wem hast du Wärme gegeben und wie viel? –
Hast du jemanden enttäuscht? –
Wie viele Tränen sind deinetwegen geflossen
und wie viele hast du getrocknet? –
Hast du von deinem Leben etwas abgegeben,
etwas verteilt oder verschenkt? –
Wie vieles hast du verteidigt,
um was hast du gekämpft? –
Wen hast du gestützt, als er strauchelte,
wen hast du etwas gelehrt
und wem hast du den Weg gezeigt?“

Möglicherweise ist es ganz einfach – der Sinn des Lebens ist der, den wir ihm durch unser Handeln geben.

Dazu werden wir alt!

12. Möglichkeit
Alter und Liebe

Liebe ist in dem, der liebt
– nicht in dem, der geliebt wird.
Platon

Liebe ist schwierig, Liebe ist unmöglich, Liebe ist vergänglich, Liebe ist kompliziert, Liebe ist leidvoll, Liebe ist verwirrend, Liebe ist gefährlich. Wir haben in unsrem bisherigen Leben kaum soviel gnadenlose Urteile über einen Zustand gefällt wie über die Liebe. In seinem Gedicht *Was es ist,* beschreibt der Lyriker Erich Fried die Allmacht der Liebe dagegen einfach und klar: „Es ist was es ist, sagt die Liebe".

Zu dieser ebenso umfassenden wie schlichten Erkenntnis sind wir selten durchgedrungen. Liebe war und ist in unserem Leben das größte Problemfeld und Rätsel; sie ist unsere tiefste Sehnsucht und zumeist unsere größte Enttäuschung. Fast immer gaben wir uns selbst die Schuld daran, dass wir die Liebe offensichtlich an den falschen Orten und in den falschen Menschen suchten. Dabei waren die Orte und Menschen so, wie sie waren; nur wir suchten vielfach das Falsche im Richtigen oder das Richtige im Falschen. Auch benutzen wir den Anderen oftmals dazu, um in einer überwältigenden *Großen Liebe* unsere Einsamkeit und Ängste vergessen zu können, schmerzhafte Lieblosigkeiten in unserer Kindheit zu heilen, um uns letztendlich wertgeschätzt und verstanden zu fühlen – ein folgenschwerer Trugschluss, der eine Schneise der Verwüstung durch unser Liebes- und Lebensglück gezogen hat.

Uns wären viel Leid, viele Therapiestunden und übermäßiger Konsum von Suchtmitteln erspart geblieben, hätten wir erkannt, dass wenn wir einen anderen Menschen brauchen, um uns selbst nicht einsam zu fühlen, ihn gebrauchen, um uns anerkannt zu fühlen; ihn gebrauchen, um uns mächtig zu fühlen; ihn gebrauchen, um uns wertvoll zu fühlen, ihn gebrauchen, um die Angst, die Unsicherheit, die Bedeutungslosigkeit zu vergessen – dann benutzen wir diesen Menschen für unsere Zwecke und verwechseln Liebe mit Egoismus.

Wenn es das Ziel der *Großen Liebe* ist, geliebt und dadurch anerkannt, angenommen, dazugehörig, bewundert zu werden und nicht zu lieben, so ist die Liebe in Wahrheit Ichbezogenheit, die alles unternimmt, um liebenswert zu sein. Ziel dieses Verhaltens ist dann nicht, den Anderen zu erfreuen, sondern die Angst vo der eigenen Wertlosigkeit zu kompensieren. Auf diesem Hintergrund wird die Liebe zum Tausch-geschäft, denn nur wenn ich mich zum begehrenswerten Objekt mache, kann ich für mich den maximalen Gegenwert von Anerkennung, sozia-lem Status und Zuwendung erhalten. Die traditionelle arrangierte Ehe war ein eindeutiges Tauschgeschäft, während in den heutigen Liebes-heiraten die dahinterliegenden Motive von Ängsten, Abhängigkeiten und unrealistischen Hoffnungen solange verborgen bleiben, bis die Paare voller Wut und Verzweiflung vor dem Ehetherapeuten sitzen oder die Scheidung einreichen.

Die persönlichen Hintergründe der stetig ansteigenden Scheidungskurve, lassen sich allerdings nicht von den gesellschaftlichen trennen. In unserer heutigen Kultur des Marktes erfolgt Wertschätzung über Begehrlichkeit, und begehrenswert sind Menschen dann, wenn sie über Attribute wie attraktiv, jung, sexy, reich und mächtig verfügen. Wir bemerken es kaum mehr, aber die Gesetze von Angebot und Nachfrage machen auch nicht Halt vor dem Privatesten, dem Intimsten und haben inzwischen alle Bereiche unseres Lebens okkupiert – auch die Liebe.

Dem zu Folge steht in unserer Gesellschaft über dem Tor zum Eintritt ins gelobte Land der Liebe – sei begehrenswert! Dies ist für uns Alte, besonders für uns alte Frauen, ein Ausschlussverfahren, es sei denn, wir signalisieren den Typus *widerspruchslose, kostenlose Pflegekraft*. Nur dann besteht für uns alte Frauen eventuell die Möglichkeit, unsere Liebe von einem mindestens 10 Jahre älteren Partner gegen seine Betreuungswünsche eingetauscht zu bekommen, zumeist eine Transaktion, deren Nutznießung einseitig ausgerichtet ist und eher Ausbeutung bedeutet denn *Liebe*.

Kant mahnte: „Kein Mensch dürfe eines Anderen Mittel zum Zweck sein." Dieser Aufforderung folgten wir Kinder einer autoritären Kriegsgeneration mit großer Hoffnung auf Freiheit und Gleichberechtigung in unseren Liebesbeziehungen. Dass dies von den 68ziger Männern nach dem Motto *Wer zweimal mit der gleichen pennt, der gehört schon zum Establishment* als Freibrief zum Herumbumsen benutzt wurde, könnte man als Übergangsritual abhaken, wenn nicht zugleich etwas anderes geschah, dass unsere Ideale schleichend unterwanderte – die allgemeine Verpflichtung zur Selbstverwirklichung und Selbstoptimierung, im Beruflichen wie auch im Privaten. Die Individualisierung wurde zum obersten Gebot, mit der Folge, dass Jeder in erster Linie Dinge und Menschen danach beurteilte, wie nützlich sie ihm für sein zu optimierendes Ich-Projekt sein könnten. So verlor das romantische Ideal einer bedingungslosen Liebe an Bedeutung und an deren Stelle trat das der egozentrischen Nutzenmaximierung. „Das wirtschaftliche Nutzkalkül wurde zum Schlüssel für das menschliche Verhalten." Erklärt der Wirtschaftswissenschaftler und Nobelpreisträger Standley Becker, diese Entwicklung. Wo der Mensch zum Schnäppchenjäger degeneriert, der ständig seinen Vorteil suchen muss, da geht das Nichtkalkulierbare, das Zwecklose, das Unnütze verloren – wie das Vertrauen, die Hingabe und die Liebe.

„Kein Beobachter unseres westlichen Lebens kann bezweifeln, dass die Liebe – die Nächstenliebe, die Mutterliebe und die erotische Liebe – bei uns eine relativ seltene Erscheinung ist und dass einige Formen der Pseudoliebe an ihre Stelle getreten sind, bei denen es ich in Wirklichkeit um ebenso viele Formen des Verfalls der Liebe handelt," schrieb schon 1956 der große Sozialpsychologe und Philosoph Erich Fromm in *Die Kunst des Liebens*. Und weiter fragt er: „Wenn unsere gesamte gesellschaftliche und wirtschaftliche Organisation darauf basiert, dass jeder seinen Vorteil sucht ... wie kann man gleichzeitig Liebe üben?"

Alter schützt vor Liebe nicht,
aber Liebe schützt vor dem Altern.
Coco Chanel

Was viele Menschen heute unter *ewiger Liebe* verstehen, erweist sich oftmals für die Akteure als eine herbe Produkttäuschung. So ist der Spruch: „Bis der Tod Euch scheidet", eher eine Drohung und sollte vorsorglich bei Eheschließungen als Warnung vor schweren Nebenwirkungen und gesundheitlichen Schäden dem ahnungslosen Paar mit auf den Weg gegeben werden. Vielfach wird etwas für Liebe gehalten, was in Wirklichkeit nur gute eheliche Teamarbeit ist, Ganznett-Verbindungen, deren einziger Gesprächsstoff die Kinder oder das Fernsehprogram sind, das gemeinsame Schweigen nur noch zeigt, dass die Beziehung nicht mehr wichtig genug für eine Auseinandersetzung ist, in denen das Gefühlsleben auf Bonsaistand verkrüppelt, vom Pflichtbeischlaf ganz zu schweigen. In der Tat gibt es mehr als genug Gründe, jetzt im Alter endlich die rosarote Romantik-Brille abzusetzen und sich umzuschauen, was es für uns in Sachen Liebe noch zu entdecken und zu erleben gibt.

Natürlich – oder Gottseidank! – ist die Liebe im Alter eine andere Liebe als die Liebe in unseren jüngeren Jahren. Wir sind auch Andere als damals, als die Stürme der Gefühle uns in die Knie zwangen, wir zwischen Wahnsinn und Glück unsere Vernunft über Bord kippten, um uns in ein Liebesdesaster nach dem anderen zu stürzen. Wir haben in unserem langen Leben Liebes-Fehler gemacht, Liebes-Schwächen gezeigt, Liebes-Niederlagen überlebt. Dadurch konnte etwas sehr Kostbares in uns wachsen – Toleranz – Toleranz gegenüber uns selbst und dadurch auch gegenüber unseren zumeist verbesserungsresistenten Lebenspartnern. Dabei sollte man bewusst das Risiko eingehen, dass Toleranz auch Resignation sein kann, wie auch unsere altersweisen Kompromisse in Wahrheit Under-Cover-Kapitulationen sein können. Der Unterschied zwischen beiden ist ganz einfach zu erkennen: Bei dem einen fühlt man sich wohl, bei dem anderen nicht.

Die tagtägliche Gratwanderung zwischen bequemer Resignation und mühsamer Erleuchtung ist eine Herausforderung an Integrität, Mut und Gelassenheit, folglich genau etwas für uns Alte! Wahrscheinlich trennen sich darum Ehepaare nach 30 oder 40 Jahren nur noch selten, wenngleich die Zahl der Frauen, die nach der Silberhochzeit zur Verblüffung ihrer Gatten die Scheidung einreichen, signifikant zunehmen.

Durch den demografischen Wandel bedingt, gibt es in unserer Ge-ellschaft so viele alte und uralte Ehepaare wie noch nie zuvor. Wer es geschafft hat, seine Beziehung oder wenigstens *eine* Beziehung ins Rentenalter zu retten, gar eine Ehe führt, die trotz allem, was eindeutig dagegen sprach, mehr als 30, 40 Jahre überdauerte, der hat die besten Voraussetzungen für ein glückliches Alter. „Eine solide, tragfähige Partnerschaft verbessert unser Wohlbefinden im Alter und erhöht die Wahrscheinlichkeit, dass wir körperlich und psychisch gesünder alt werden", bestätigt die Wissenschaftsjournalistin Eva Tenzer. Außerdem ist sie die Garantie für eine kostenlose Rundumbetreuung – zumeist Frauenleistung – bei späterer Pflegebedürftigkeit – zumeist Männerbedarf.

Wenn die Berufstätigkeit vorbei ist, die Kinder aus dem Haus sind, dann wird der Partner zur wichtigsten Bezugsperson. Das kann als eine sehr innige Vertrautheit erlebt werden oder als Albtraum. Dies inzwischen offiziell als Krankheit anerkannte *Retired Husband Syndrome* zeigt sich in Depressionen und Schlaflosigkeit verzweifelter Ehefrauen, deren Gatten plötzlich im Haus ziellos im Wege stehen. Ein weiterer Stressfaktor ist die Tatsache, dass im Alter negative Eigenschaften, unangenehme Ticks und fiese Veranlagungen hervortreten, die durch frühere, außerhäusliche Geschäftigkeit verdeckt worden waren. Wie bei Manfred, der als Geschäftsführer eines renommierten Einrichtungshauses großen Wert auf sein tadelloses Äußeres legte und nun als Rentner nicht mehr aus seinem schmuddeligen Jogging-Anzug steigt. Auch hält er Duschen für ökologisch bedenklich, Maniküre für überflüssig und beschwichtigt die wachsende Verzweiflung seiner Ehefrau mit den Worten: „Wieso, es sieht mich doch keiner!"

Wenn durch den Tod der Gattin die gewohnte Körper-Geist-Küche-Kinder-Versorgung wegfällt, bleiben viele Männer verwirrt und hilflos zurück. Die meisten haben, anders als die Mehrheit der Frauen, während ihres Lebens selten tragfähige emotionale Netzwerke aufgebaut, die sie auffangen, wenn sie plötzlich alleine sind. Die Selbstmordrate von Männern über 75 ist dreimal so hoch wie die der Frauen in dieser Altersgruppe. Witwen dagegen erweisen sich als krisensicherer und sind oftmals erstaunlich schnell in der Lage, sich neu zu erfinden statt brav und bescheiden auf den eigenen Tod zu warten.

Der Spruch: „Frauen leben länger – aber sie haben nichts davon", ist Gott sei Dank von der Wirklichkeit überholt. Es gibt viele Beispiele, die zeigen, dass nach dem Ableben des Gatten eine Re-Energetisierung einsetzt und sich aus der grauen, stillen, müden Hinterbliebenen eine –zum Schrecken ihrer Kinder – agile *Jetzt will ich's wissen-Spaß-Oma* entpuppt, die ohne Hemmungen das Erbe mit fragwürdigen Gigolos auf Kreuzfahrtschiffen verpulvert. Eine dieser beneidenswerten Frau-en soll in ihr Testament geschrieben haben: „Da ich noch gesunden Geistes bin, habe ich mein ganzes Geld ausgegeben, als ich noch am Leben war."

Dieser positiven und gesunden Lebenseinstellung steht, leider auch noch im Alter, zumeist unser weibliches Urbedürfnis nach Selbstkritik und Schuldzuweisung im Wege. Wir Frauen stellen uns gerne – nicht nur im Alter, aber dann mit Sicherheit – die masochistische Frage „Habe ich ihn wirklich geliebt? Oder bot sich nur nichts Besseres an?" Ganz im Geheimen denken auch die Männer so, denn der Partner oder auch die Partnerin entsprechen in den seltensten Fällen all unseren Wünschen. Darum neigen wir mit George Bernhard Shaw zum Bedauern, „dass man die wichtigsten Entscheidungen seines Lebens, nämlich die Wahl des Berufes und des Lebenspartners, nicht am Ende seines Lebens trifft."

Im lebenslangen Produktvergleich und fortgesetzter Beanstandung der Mangelhaftigkeit des Lebensbegleiters bleibt der Verdacht bestehen, dass es irgendwo noch einen klügeren, reicheren, humorvolleren, aufmerksameren und verlässlicheren Partner gegeben haben müsste. Die Hoffnung stirbt zuletzt: Nun, da leider auch der schöne George in festen Händen ist, hilft möglicherweise die Internetagentur *DerzweiteFrühling.de*, die sich ganz auf die Partnersuche in der zweiten Lebenshälfte spezialisiert hat, auch wenn der *Spiegel* zynisch behauptet, dass die Chancen gebildeter Frauen über 40 für eine Partnerschaft ebenso groß seien wie die, in Wuppertal von einem Terroristen erschossen zu werden.

Späte Freuden sind die schönsten;
sie stehen zwischen entschwundener Sehnsucht
und kommendem Frieden.
Marie Freifrau von Ebner-Eschenbach

Es gab viel Erstaunliches in unserem langen Leben und zudem auch überreichlich Widersprüchliches. Diese Zustände verdichten sich an der Schwelle zum Alter, auf der viele von uns noch lange sitzen bleiben wollen. Sie entstehen aber auch zwischen Wunsch und Wirklichkeit, zwischen Klischee und Statistik, zwischen Verleugnen und Erfahrung und zeigen, wie verwirrend die ganze Sache und vor allem die mit der bis-der-Tod-euch-scheidet–Liebe ist.

Ein Beispiel: Alleinstehende Frauen und Männer in Deutschland unterscheiden sich in ihrer Altersstruktur und nach ihrem Familienstand grundlegend: Wie das Statistische Bundesamt (Destatis) mitteilt, handelt es sich bei alleinstehenden Frauen zum Großteil um Frauen im Seniorenalter, während nur ein kleiner Teil der alleinstehenden Männer Senioren sind. Im Jahr 2006 waren 50 % der knapp 9 Millionen alleinstehender Frauen 65 Jahre und älter, während der Anteil der Senioren an den rund 7,5 Millionen alleinstehenden Männern lediglich bei 17 % lag. Verblüfft las ich diese Mitteilung. Wie? Wo sind die 83 %, immerhin 6,2 Millionen alten Männer hingegangen? In die schwule Altersehe? Nein! Sie haben alle rechtzeitig ihre stetig älter werdenden Ehefrauen gegen jüngere Modelle eingetauscht. Wie es Martin Suter in seinem Buch *Beziehungsstress* so treffend beschreibt:

„Erbes erste Ehe ist nach über dreißig Jahren an dem unaufhaltsam wachsenden Altersunterschied zwischen ihm und Magda gescheitert. Sie wurde jedes Jahr älter, während er blieb, wie er immer war: jung, dynamisch, aktiv und verdammt good looking."

Den Millionen alleinstehender Frauen empfehle ich darüber nachzudenken, ob es ihrem Seelenfrieden und Lebensglück nicht viel dienlicher ist, anstatt sich mit der erfolglosen Suche nach einem Lebenspartner zu frustrieren, sich einen Hund zu zulegen. Das verspricht eine viel unkompliziertere Interaktion, in der Dankbarkeit, Zuneigung und Treue schon bei den kleinsten Dienstleistungen folgen. Zudem unterbricht ein Tier sein Frauchen nicht mit irrelevanten Problemlösungsstrategien, während man nur sein Herz ausschütten wollte, überschlägt sich vor Freude, auch wenn man nur fünf Minuten abwesend war, schenkt durch kleine Gesten spontane körperliche Zuneigung und will keinen Morgensex.

Auch wenn wir älteren Frauen uns dadurch hervorheben, dass wir, eher als die meisten Männer, geneigt sind, uns den beinharten Realitäten zu stellen, müssen wir bekennen, dass es neben betagten Botox-Junkies auch die Kategorie der in die J ahre gekommer *Singel*-Freundinnen gibt, die, j e länger sie alleine gelebt haben, um so mehr all die täglichen Ärgernisse einer Partnerschaft leugnen. Sie entwickeln eine penetrante *ach, du musst ihn verstehen!*-Haltung, besonders ihren dauerverheirateten Freundinnen gegenüber, die, mal wieder aus den ehelichen Krisengebieten kommend, nur abklagen wollen. In einer schwer zu ertragenden *fragen-sie-Frau-Doktor-Sommer*-Attitüde belehren sie uns Langzeitgattinnen über die uns offensichtlich nicht immer zugänglichen Vorzuge der Ehe und besonders die unseres Partners. Während wir noch in Schnappatmung feststecken, zweifelt diese Spezies unerschrocken unsere Beziehungskompetenz an, indem sie nicht nur unseren Mann, sondern auch die Männer im Allgemeinen uschiblond glorifizieren. Wir wünschen ihnen bisweilen nicht nur die Pest, sondern unseren unerträglichen Partner an den Hals.

Auch wenn rückblickend viele Paare meinen, 30 Ehejahre mehr oder weniger in Scheidung gelebt zu haben (ein Eindruck, den eher

Frauen vertreten Männer haben davon meist nichts mitbekommen oder sind mit einer Jüngeren, – siehe oben – schon lange auf und davon), wächst bei alten Ehepaaren oftmals eine Altersmilde, die Außenstehende mit Resignation verwechseln. „Das Gefühl der Behaglichkeit und Geborgenheit in seiner Nähe, das Vertrautsein mit seinem Denken und Handeln, die gegenseitige Hilfe und Aufmerksamkeit, das Füreinander-Dasein, treten im Alter stärker in den Vordergrund", erläutert der Pflegewissenschaftler Helmut Stolz.

Trotz aller Konflikte und Krisen, oder gerade deswegen, wächst in einer langen Partnerschaft eine selbstverständliche Vertrautheit, ein ungeziertes Miteinander-Umgehen, eine freundliche Toleranz, eine Sexualität ohne den Leistungsdruck früherer Zeiten. Dies kann neue Möglichkeiten eröffnen oder entsetzlich langweilig sein. Die goldene Hochzeit zu feiern mag ebenso die Manifestation eines angestrebten sozialen Vorbildverhaltens sein, wie auch negatives Beharrungsvermögen, mangelnde Risikobereitschaft und pathologische Selbstbestrafung zeigen – es ist alles drin!

Was auch immer in unseren Herzen und Betten geschieht, hat weniger mit der Anzahl der Lebensjahre zu tun, als mit unserem Mut zur Ehrlichkeit und unserer Befähigung zum *Es ist, was es ist*. Die zu sein, die wir sind, auch mit Bauch und Hängepo, denn wir sind viel mehr als diese Problemzonen, wir sind immer noch ein Meer voller Möglichkeiten. Und das ist immer sexy! „Mit siebzehn gibt es keinen Anlass, sich etwas auf seine Schönheit einzubilden. Wenn Sie jedoch mit sechzig noch schön sind, dann dürfen Sie dies Ihrer Seele zuschreiben", sagte schon vor fast 100 Jahren die schottische Frauenrechtsaktivistin Marie Carmichael Stopes.

Die Idee von der Schönheit der Seele ist für uns Durchschnittsmenschen über 60 zwar sehr tröstend, sogar erhebend, scheint aber auf potentielle Liebespartner nicht die erwünschte Wirkung zu haben. Gerade ältere Männer halten dann doch lieber nach einer sexsüchtigen 40Jährigen Ausschau oder, wenn schon in ihrer Altersgruppe, dann wählen sie doch lieber das Modell *hingebungsvolle Pflegekraft*.

Bevor die Single-Frauen über 60zig sich jetzt für den Rest ihrer Tage in ein Schweigekloster zurückziehen oder sich doch einen Hund aus dem Tierheim holen, sollten sie eins ausprobieren: Je mehr du liebst, desto liebenswerter wirst du. Und zum Lieben gibt es unendlich vieles auf der Welt – es muss nicht unbedingt ein Partner oder eine Partnerin sein. Eigentlich müsste spätestens jetzt auch der letzten Romantikerin und dem letzten Beziehungsneurotiker klar geworden sein, dass es viel leichter ist, die ganze Welt zu lieben, als einen einzelnen Menschen, denn bei dieser „Ein-und Alles"-Person fangen die Probleme erst richtig an.

Wenn wir uns selbst nicht lieben,
können wir andere Menschen auch nicht schätzen.

Dalai Lama

Warum bereitet uns die Liebe solche Schwierigkeit? Der Grund ist, dass wir überhaupt nur in der Lage sind zu lieben sowie geliebt zu werden, wenn wir den unmöglichsten, enttäuschendesten, verantwortungslosesten Versager auf der ganzen Welt lieben können: uns selbst. *Du sollst deinen Nächsten lieben wie dich selbst* fordert schon Jesus, leider ohne großen Erfolg; weder mit der Selbstliebe noch mit der Nächstenliebe hat es bisher so richtig geklappt.

Um 2000 Jahre später nun endlich in diesen seligen Zustand zu gelangen, stehen uns heute tausend und mehr Wege zur Verfügung; es wurden Hunderte von dienlichen und weniger dienlichen Büchern zu dem Thema geschrieben. Um das alles nicht zu wiederholen, bringe ich es mal lässig auf den Punkt, auf meinen Punkt, auch wenn ich mich damit in poesiealbumkitschige Plattitüden stürze – um zur so schwierigen Selbstliebe zu gelangen, sollten wir uns mit den Augen und dem Herzen einer liebenden Mutter (– diese absolut fehlerlose Idealversion *Mutter*,) betrachten: Würde sie uns grausam beurteilen? Würde sie uns bestrafen? Würde sie uns für dumm, schlecht, hässlich und bedeutungslos halten? Wie würde stattdessen diese, uns bedingungslos liebende

Mutter uns sehen, was würde sie zu uns sagen, wie uns trösten? Wenn wir uns selbst diese vorbehaltlose liebende Mutter sind, dann wird die Welt für uns zwar nicht zum Paradies, aber bestimmt hin und wieder ein glücklicher Ort.

Liebe ist Vieles – Selbstliebe, Partnerliebe, Vaterliebe, Mutterliebe, Kindesliebe, Freundesliebe, Nächstenliebe, Tierliebe, Naturliebe, Freiheitsliebe, Gottesliebe und universale Liebe. Sie zeigt sich in Wertschätzung, Hinwendung, und Anerkennung. Liebe bedeutet ein sich Einlassen auf etwas was nicht *Ich* ist, Liebe ermöglicht einen Weltbezug, ohne den wir nicht überleben würden.

Meine Freundin Maren rief mich an und war ganz aufgeregt: „Als ich eben mit meinen Hunden um den Block ging, musste ich mal wieder stehen bleiben und warten, weil die Herrschaften sich an *was-weiß- ich- denn- was* fest geschnuppert hatten. Neben mir hält ein Taxi; aus dem steigen der Fahrer und ein junger Mann, ca. 20 Jahre alt, offensichtlich behindert, vermutlich spastisch gelähmt. Der Taxifahrer verabredete sich mit ihm für den nächsten Morgen, ich lächelte die beiden an und pfiff nach meinen Hunden. Der junge Mann humpelte in Richtung Gartentor, drehte sich plötzlich um, kam schnell auf mich zu und ... umarmte mich. Und zwar so direkt, unschuldig und zweckfrei, dass es mich direkt im Herzen traf und glücklich machte! Er war kleiner als ich, wir guckten uns tief in die Augen und mich strahlte ein Gesicht an mit fröhlichen Augen hinter den verschmierten Brillengläsern und einer festen Zahnspange im breiten Mund, oben und unten. Ich sagte:„Wir kennen uns gar nicht, oder?“ „Nein“, sagte er. Und ich erwiderte:„Aber das ist egal, manchmal muss man sich einfach so in den Arm nehmen.“ Und er sagte „Ja!“ und erzählte mir von seiner Arbeit und dass er einen guten Tag verbracht hätte. Sein Vater kam auf uns zu, guckte etwas erstaunt und ich erzählte ihm, dass ein attraktiver junger Mann mich soeben von Herzen umarmt und meinen Tag somit wunderschön gemacht hätte.“

Was wir für Liebe halten, kann Liebe sein, kann aber auch nicht Liebe sein. Offenbar glauben wir eher zu wissen, was nicht Liebe ist und irren uns aber auch dort. Die Liebe zwischen alten Menschen wirkt auf Jüngere oftmals wie eine Quarantänestation für Zwangssymbiose oder Resignation – das mag auch in einigen bedauernswerten Ehen der Fall sein, negiert dadurch aber die Möglichkeit einer einzigartigen Erfahrung, die der Liebe im Alter. Die ist voller neuer Möglichkeiten und kann umfassender, vielleicht auch ausschließlicher, geduldiger, milder, tiefer und entschiedener als die Liebe jungen Jahren sein. Dies zeigt mit grandioser Kraft der Film *Liebe* von Michael Haneke. Er erzählt die Geschichte der Liebe zweier alter Menschen und *was sie ist*-Vertrautheit, Geborgenheit, Angenommensein, Mitgefühl, Schutz, Hingabe, Respekt, Fürsorge, Achtung, Zärtlichkeit und Demut – bis den in Tod hinein.

Rainer Maria Rilke beschreibt dieses Wunder der Liebe mit folgenden Worten: „... dass selbst zwischen denjenigen, die sich am nächsten stehen, ein unendlicher Abstand existiert, und wenn sie es geschafft haben, diesen Abstand zu lieben, erst dann sei es möglich, den anderen klar gegen den Himmel abgezeichnet zu sehen". Dieses zu erkennen und zu akzeptieren bedarf es des Mutes, der Kraft, der Demut und der Liebe des Alters. Jetzt können wir uns sagen: Es ist gut, dass es den Anderen gibt. Wir fühlen uns bei ihm zu Hause. Und wir müssen ihn nicht verstehen, um ihn zu lieben!

Liebe ist nicht nur ein Gefühl, ein Zustand, der uns mit unserem einem *besonderen* Menschen verbindet, sondern vor allem eine Lebensweise. Der Psychoanalytiker Erich Fromm schreibt in seinem Werk „Die Kunst der Liebe". „Liebe ist nicht in erster Linie eine Bindung an eine bestimmte Person. Sie ist eine *Haltung*, eine *Charakter-Orientierung*, welche die Bezogenheit eines Menschen zur Welt als Ganzem und nicht nur zu einem einzigen „Objekt" der Liebe bestimmt. Wenn jemand nur eine einzige andere Person liebt und ihm alle übrigen Mitmenschen gleichgültig sind, dann handelt es sich bei seiner Liebe nicht um Liebe, sondern um eine symbiotische Bindung oder um einen erweiterten Egoismus." Wenn wir nicht erkennen, dass das Überleben auf unserem Planeten von unserem Gefühl der Zugehörigkeit, der wechselseitigen Verbundenheit zu allen anderen Menschen und Lebewesen abhängt, und wenn wir unsere Lebensweise nicht nach dieser liebenden Verbundenheit ausrichten, werden wir uns selbst und diesen Planeten gleich mit, vernichten.

Liebe bedarf des Mutes und der Entschlossenheit, trotz des offensichtlichem Wahnsinns um uns herum, der Gewalt, der Ignoranz, der Dummheit – trotzdem jetzt JA! zu sagen. Ja zu unserem Leben, Ja zum Alter, Ja zu unserem Scheitern, Ja zu unseren Fehlern, Ja zu unserer Brillanz, Ja zu unserem Kreativität, Ja zu unserem Humor, Ja zu jeder lebendigen Erfahrung, die wir machen. Dann schenken wir uns das Glück, des Morgens einen Sonnenstrahl durch einen Spalt der Vorhänge tanzen zu sehen oder vom lautem Schnarchen des Partners aufzuwachen und zu jubeln – das ist mein einzigartiges Leben, und ich liebe es.

Die Liebe erscheint nur vieldeutig, dabei ist nichts so klar und eindeutig wie die Liebe *Es ist was es ist*. Wenn wir beginnen die Liebe zu deuten, zu beurteilen, abzuwägen, zu verstehen, zu begreifen, dann ist es nicht Liebe, sondern nur die Sehnsucht nach ihr. Liebe ist eindeutig, alles ausfüllend. Wenn sie da ist, bedarf sie nichts – sie ist – und mehr gibt es nicht.

Der Soziologe Hartmut Rosa fasst *alles was ist* zusammen mit den Worten: Das Leben gelingt, wenn wir es lieben.

Darum werden wir alt.

13. Möglichkeit
Alter und Humor

Wnn wir bedenken, dass wir alle verrückt sind,
ist das Leben erklärt.
Mark Twain

Als ich nur aus Jux bei Google die Stichwörter *Humor und Alter* eingab, kamen 4.570.000 Einträge! Das lässt doch hoffen!

„Humor ist wichtiger als Geschmack. Der gute Geschmack hat schnell etwas Spießiges. Avantgardistisches riskiert Gelächter", äußerte der Modeschöpfer Wolfgang Joop.

Etwas avantgardistischeres als uns junge Alte gibt es weit und breit nicht. Wir lassen alles Alte neu aussehen und alles Neue alt. In den Gnadenhöfen des Alters wird, allen Unkenrufen zum Trotz, gekichert und gelacht. Hier wächst die spätere Freiheit der Gelassenheit, Dinge und Menschen nicht mehr ändern zu wollen, einzusehen, dass man nicht alles wissen kann, und freundlich auf sich und die Welt zu schauen. Kierkegaard beschreibt Humor als „Lächeln, Heiterkeit, Versöhnlichkeit und die gelassene Betrachtung menschlicher Schwächen und irdischer Unzulänglichkeiten".

Plötzlich rutscht der Bergsteiger aus und kann sich gerade noch an einem winzigen Felsvorsprung festhalten. Als seine Kräfte nachlassen, blickt er verzweifelt zum Himmel und fragt: „Ist da jemand?" – „Ja." – „Was soll ich tun?" – „Sprich ein Gebet und lass los." Der Bergsteiger nach kurzem Überlegen: „Ist da noch jemand?"

Lasst uns gemeinsam lachen; über uns, über das Leben, über unsere Einfältigkeit ebenso wie über unsere Falten. Lachfalten sind auch Falten, aber man hatte mehr Spaß dabei. Niemand kann gleichzeitig lachen und unfreundlich, gar wütend oder aggressiv sein. Testpersonen wurden zuerst Aufnahmen von Menschen, die trübsinnig schauten, anschließend Bilder von lachenden Gesichtern gezeigt. Die Lachenden wurden um rund fünf Jahre jünger geschätzt, als sie tatsächlich waren. Der berühmte Komiker Groucho Marx empfahl: „Lachen ist wie Aspirin, es wirkt nur doppelt so schnell." Andere Untersuchungen belegen, dass Optimisten länger leben und ein viel geringeres Risiko haben, an einem Herzinfarkt zu sterben als Pessimisten. Nun könnte man vermuten, dass im Gegensatz zu den von einem gütigen Schicksal weichgespülten Optimisten, die Pessimisten auch eher unter schwierigeren Umstände wie Armut, Hunger und Krankheiten leben müssen und somit eher zu einem früheren Tod neigen. Die neueste Glück-Forschung widerspricht dieser Vermutung. Die individuelle Entscheidung zum Glücklichsein, zur Zufriedenheit und zum Optimismus hat mehr positiven Einfluss auf unseren Körper, unsere Gesundheit als die schlechten sozialen Umstände, wenngleich diese dem Entstehen einer positiven Haltung oftmals im Wege stehen.

Ein chinesisches Sprichwort besagt: „Eine Minute, die man lacht, verlängert das Leben um eine Stunde." Ist das nicht beruhigend? „Einen Zusammenhang zwischen geistigen Fähigkeiten und Lebenszufriedenheit gibt es nicht – in keinem Alter", schrieb *Brigitte woman* 2008. Große Studien haben gezeigt: Lebensfreude hängt nicht vom Intelligenzquotienten, nicht von der Kinderzahl, nicht vom Kontostand, nicht von dem Kelly-Bag und nicht vom Lebensalter ab. Glück ist nicht die Abwesenheit von Unglück. Wo das soziale Gefüge intakt ist, leben die Menschen zufriedener. Darum sind auf der internationalen Glücks-skala Menschen in den Slums von Manila keinesfalls unglücklicher als in den anonymen Wohnsilos unserer deutschen Vorstädte.

Moses kommt vom Berg herab, um den Wartenden die Botschaft Gottes zu verkünden: „Also Leute, es gibt eine gute und eine schlechte Nachricht. Die Gute ist: Ich hab Ihn runter auf zehn. Die Schlechte: Ehebruch ist immer noch dabei!"

Witz und Humor erhalten unser Gedächtnis fit und aktiv bis ins hohe Alter. Die Befürchtung, sich keine Witze merken zu können, ist nicht das erste Anzeichen für beginnende Demenz, sondern gesunde Selbsteinschätzung: Es gibt Menschen, denen diese Gabe schlichtweg nicht in die Wiege gelegt wurde! Für diejenigen, die Witze erzählen können, ist es ein gutes und gesundes

Training für den Geist, den anderen bleibt die Freude, über einen gut erzählten, gelungenen Witz zu lachen. Mit dem Humor ist es genauso wie mit den anderen Eigenschaften: Wenn man ihn schon mit zwanzig besaß, dann verfügt man über ihn auch noch mit 80. So bedauerlich es ist, es gibt erschreckend viele humorlose Zeitgenossen, wobei diese Spezies eine besondere Belastungsprobe darstellt, wenn sie sich selbst für ausgesprochen komisch hält.

Altershumor ist wie Altersweisheit nur bedingt typspezifisch kompatibel. Rahmenbedingungen wie Abstand vom Leistungsdruck, Gelassenheit in Lebenserfahrungen und die Freiheit von gesellschaftlichen Zwängen sind Möglichkeiten, dem Restleben mehr Raum für Humor zu geben. „Diese Gelassenheit, die einen Moment des Zurücktretens verlangt, setzt ein wunderbares Geschenk frei, auch für denjenigen, der es früher nie beachtet hat: Humor", schreibt die Psychologin Eva Jaeggi. Es ist eine große Befreiung, über all das lachen zu können, was uns jetzt im Land der Alten Eigentümliches passiert: von unleserlichen Beipackzetteln mit der Schriftgröße für Mäuseaugen bis zur Frage des Tankwarts, ob man seinen neu gekauften Sportwagen denn der Enkelin zum Abi geschenkt hätte. Ich warte auf die Comedyshow –möglicher Titel: „No Kukident!", in der Alte sich gehörig selbst auf die Schippe nehmen. Humor ist von der Lebenslust nicht zu trennen, im Gegenteil: Humor ist die Voraussetzung.

Eine weitere Grundvoraussetzung, nicht nur für glückliches Altern, sondern für jede andere Lebensphase auch, ist die Fähigkeit, nicht Alles, vor allem nicht sich selbst, so wichtig zu nehmen und mit großer Freundlichkeit auf die eigenen Fehler und Unzulänglichkeiten sowie die der Anderen zu schauen und darüber zu lachen. Diese Befähigung ist der Königsweg zum Glück. Wir neuen Alten haben ca. 20 bis 30 Jahre Zeit, ihn zu gehen. Es muss doch zu schaffen sein, schließlich hat unsere Generation auch einen Mann auf den Mond gebracht und den „Coffee to Go" erfunden.

Die alte Frau Fink liegt im Sterben und lässt ihren Beichtvater kommen. Haucht sie: „Ich war jung und hübsch – den Rest können Sie sich ja wohl denken!"

Dankenswerterweise beschäftigt sich ein neuer Wissenschaftszweig, die Gelotologie (gelos = Lachen [griech.]) mit den körperlichen und seelischen Auswirkungen des Lachens. Die hierbei festgestellten Effekte können so manchen Pharma-Forscher nur vor Neid erblassen lassen. So wurde nachgewiesen, dass Humor und Lachen den Blutdruck senken, die Muskulatur entspannen, die Bronchien erweitern, Cholesterin abbauen, die Ausschüttung von Endorphinen fördern, die Ausschüttung von Stresshormonen reduzieren, gesunde Abwehrzellen aktivieren, die Selbstheilungskräfte aktivieren. „Lachen ist die beste Medizin", heißt es im Volksmund, und das nicht zu Unrecht, wie Forscher der University of Maryland in Baltimore (USA) kürzlich herausfanden.

Statt einen Arzt aufzusuchen, sollten wir uns einen Witz erzählen.

Ein Ehepaar hat gemeinsam Geburtstag und jeder wird 60. Da kommt eine Fee und sagt zu der Ehefrau: „Sie haben einen Wunsch frei." Sie überlegt kurz und sagt: „ Ich wollte schon immer einen Nerz haben, nun wünsche ich mir einen schönen Nerzmantel." Schwupp, ist ihr Wunsch erfüllt. Nun fragt die Fee den Ehemann, was er sich wünsche.„Ich möchte so gern mal mit einer 30 Jahre jüngeren Frau schlafen", meint er. Die Fee ist etwas erschrocken und fragt, ob er sich das wirklich wünsche. „Ja", meint er und aus dem Augenwinkel beobachtet er, dass seine Frau mit dem Nerz beschäftigt ist. „So soll Dein Wunsch in Erfüllung gehen!" und Schwupp, ist der Mann 90!

Die Nebenwirkungen und Risiken des Humors sind lachhaft im Verhältnis zu anderen Produkten der Lebensverlängerungsindustrie. Möglicherweise sollte man davon absehen, einem Frischoperierten folgenden Witz zu erzählen:

Das Wartezimmer beim Arzt ist voll, und die Zeit schleicht mühsam dahin. Irgendwann steht der Patient auf, nimmt seinen Mantel und murmelt: „Ich gehe nach Hause und sterbe eines natürlichen Todes ..."

Auch kann das Erzählen von Witzen in einem hoffnungslos humorfreien Umfeld zu Irritationen der Betroffenen führen. Hier ist es angeraten, nicht zu versuchen die Situation mit dem Erzählen eines weiteren Witzes zu retten.

Ein sehr alter Mann kommt zu einem Rechtsanwalt und sagt: „Ich möchte mich scheiden lassen!" Der Anwalt ist verwundert und fragt: „Wie alt sind Sie denn?" „... ich bin 97." „Und Ihre ... eh, Frau ... oder Partnerin?" „Meine Frau ist 96." Der Anwalt ist leicht irritiert: „Tja, sehr ungewöhnlich. Ich meine, seit wann steht denn ihr Entschluss fest?" Der Greis sofort: „Eigentlich von Anfang an ..." „Und warum kommen Sie erst jetzt?" „Ach, wir wollten warten, bis die Kinder tot sind!"

Der gesündeste Humor und das beste Lachen ist, über sich selbst lachen zu können. Mit Humor können wir uns von eingefahrenen Denkmustern befreien, können Krisen durchstehen, nehmen alles, besonders uns selbst, nicht so ernst. Einst gab es Hofnarren, später Clowns und Komiker, sie alle hatten die Aufgabe, dem Menschen einen verzerrten Spiegel seines Selbst vorzuhalten, damit er sich „erkannte". Die Narren hatten die Aufgabe Regeln und Normen zu brechen, waren grotesk, ungeschickt und lächerlich und somit narrenfrei. Dieser Zustand erlaubte ihnen, stellvertretend für die anderen Menschen die Welt ungestraft auf den Kopf zu stellen, um zu zeigen, dass nichts ist, wie es scheint. Und das ist wirklich zum Lachen!

Sagt ein Patient zum Arzt: „Ich möchte 100 Jahre alt werden!" darauf der Arzt, „ Okay, da muss ich aber erst einiges über sie wissen. „Trinken sie Alkohol?" „Nein!" „Rauchen sie?" „Nein!" „Haben sie Sex?" „Nein" „Na, warum wollen Sie dann 100 Jahre werden?"

Wer von uns wünscht sich wirklich, gesund und in einem attraktiven, jungen Körper ins Grab zu steigen? Mir erscheint es viel verlockender dies im Kreise von liebsten Freunden zu erleben, in der Hand ein Glas besten Rotweins, dazu Mozarts „Ave Maria", gesungen von Cheryl Studer – mein Körper aufgebraucht, ausgelaugt, abgenutzt, ausgedient, aber meine Seele voll mit lächelndem Glück.

Ich bin weinend zur Welt gekommen und lachend möchte ich sterben.

anonym

Ich werde nicht weniger, ich werde mehr.

In mir ist die Dreijährige, die Zehnjährige, die Achtzehnjährige, die Dreißigjährige, die Fünfundvierzigjährige, die Achtundfünfzigjährige, die Sechzigjährige, die Siebzigjährige. Geschichten. Leben. Erfahrungen. Gefühle. Statt immer weniger, immer mehr, mehr von Allem – von Freude, von Trauer, von Schönheit, von Enttäuschung, von Liebe, von Verrat, von Bedeutendem, von Belanglosem, von Allem.

Als ich jung war, besaß ich zwar ein Ich, aber es war ein *Weniger-Ich*, weniger von meinem Leben, von meinen Erfahrungen. Ich war mehr Hoffnung, Möglichkeiten. Heute bin ich alt und immer noch eine zeitlose, bestimmte Unbestimmtheit. Ich bin immer noch eine Möglichkeit und immer noch im Werden.

Mein Körper dagegen verfällt, verliert seine Macht. Unsere Körper schenken uns in ihrer Weisheit die Hinfälligkeit, werden schwächer, damit es uns leichter fällt, sie zu verlassen. Sie machen Platz für die Seele, sodass wir wieder unsere Essenz wahrnehmen können.

„Ich glaube an das Alter, lieber Freund," schrieb Rilke in einem Brief, „Arbeiten und Altwerden, das ist es, was das Leben von uns erwartet. Und dann eines Tages alt sein und noch lange nicht alles verstehen, nein, aber anfangen, aber lieben, aber ahnen, aber zusammenhängen mit Fernem und Unsagbarem, bis in die Sterne hinein."

***Albom, Mitch* „Dienstags bei Morrie. Die Lehre eines Lebens".**
Wilhelm Goldmann Verlag, München 1998
Amerk. Originalausgabe „Tuesday with morrie"
Doubleday, New York 1997
***Almaas, A. H.* „Das wirkliche Leben beginnt jetzt"**
Arbor Verlag, Freiamt 2005
Amerk. Originalausgabe „Diamond Heart, Indestructible Innocence"
Shambhala Publications,Inc. Boston 1987
***Bauer, Joachim* „Warum ich fühle, was Du fühlst.**
Intuitive Kommunikation und das Geheimnis der Spiegelneurone".
Hoffmann &Campe Verlag, Hamburg 2005
***Bradshaw, John* „Wenn Scham krank macht.**
Ein Ratgeber zur Überwindung von Schamgefühlen".
Droemersche Verlagsanstalt Th. Knaur Nachf. München 1993
Amerik. Originalausgabe „Healing the Shame that Binds You"
Health communications, Deerfiel Beach/Florida 1988
***Bruns, Petra und Werner/ Böhme, Rainer* „Die Alters-revolution. Wie wir in Zukunft alt werden"**
Aufbau Verlagsgruppe GmbH, Berlin 2007
***Dalai Lama* „Der Weg zum sinnvollen Leben. Das Buch vom Leben und Sterben".**
Herausgegeben von Jeffrey Hopkins
HERDER spektrum
Verlag Herder Freiburg im Breisgau 2003
Amerik. Originalausgabe „Advice on Dying And Living a Better Life"
Atria Books, an Imprint of Simon & Schuster, Inc. New York
***Deutsch, Dorette* „Lebensträume kennen kein Alter.**
Neue Ideen für das Zusammenwohnen in der Zukunft".
Krüger Verlag
S. Fischer Verlag GmbH, Frankfurt am Main 2007
***Dyer, Wayne W.* „Der wunde Punkt. Die Kunst nicht unglücklich zu sein".**
Rowohlt Taschenbuch Verlag GmbH, Reinbek bei Hamburg, 1980
Amerik. Originalausgabe „Your Erroneous Zones"
Funk & Wagnalls, New York 1976
Föllmi, Danielle und Olivier

„Die Weisheit des Buddhismus Tag für Tag"
Knesebeck GmbH & Co. Verlags KG, München 2003
Franz. Originalausgabe: „Offrandes"
Editions de La Martiniere, Paris 2003
***Fromm, Erich* „Die Furcht vor der Freiheit"**
Deutscher Taschenbuch Verlag GmbH & Co. KG, München 1990
Amerik. Originalausgabe „Escape from Freedom"
Holt, Rinehart & Winston, New York 1941
***Fromm, Erich* „Die Kunst des Liebens"**
Ullstein, Berlin 1999
Amerik. Originalausgabe „The Art of Loving"
Harper and Row, New York 1956
***Fromm, Erich* „Haben und Sein"**
Deutscher Taschenbuch Verlag GmbH & Co. KG, München 1979
Amerik. Originalausgabe „To Have or to Be?
Harper and Row, New York 1976
***Gibran, Khalil* „Der Prophet"**
Walter Verlag, Zürich und Düsseldorf
Amerik. Originalausgabe „The Prophet"
Verlag A. Knopf, New York 1972
***Gruen, Arno* „Der Verrat am Selbst. Die Angst vor der Autonomie bei Mann und Frau".**
Deutscher Taschenbuch Verlag GmbH & Co. KG, München 1986
***Harrison, Steven* „Sei wo Du bist. Leben als Meditation".**
Edition SPREN, Winterhur 2003
Amerk. Originalausgabe „Getting to Where You Are"
Verlag Jeremy P. Tarcher/Putnam, New York
***Hillman, James* „Vom Sinn des langen Lebens. Wir werden, was wir sind."**
Deutscher Taschenbuch Verlag GmbH & Co. KG, München 2004
Amerik. Originalausgabe „The Force of Character, And the Lasting Life.
Random House Inc. New York 1999
***Jaeggi, Eva* „Viel zu jung, um alt zu sein. Das neue Lebensgefühl ab sechzig."**
Rowohlt Taschenbuch Verlag GmbH, Reinbek bei Hamburg, 1998
***Jaeggi, Eva* „Tritt einen Schritt zurück und du siehst mehr. Gelassen älter werden".**
Verlag Herder Freiburg im Breisgau 2005
***King, Serge Kahili* „Der Stadt-Schamane"**

Verlag Alf Lüchow, Freiburg i. Br. 1991
Amerik. Originalausgabe „Urban Shaman"
Simon & Schuster, Inc. New York 1990
Klein, Stefan **„Die Glücks-Formel. Oder wie die guten Gefühle entstehen".**
Rowohlt Taschenbuch Verlag GmbH, Reinbek bei Hamburg, 2002
Korczak, Janusz
Sämtliche Werke Band 3,
„Die Einsamkeit des Alters"
Gütersloher Verlagshaus 2000
Lehnartz, Sascha **„Global Players. Warum wir nicht mehr erwachsen werden".**
S. Fischer Verlag GmbH, Frankfurt am Main 2005
Lovelock. J./ Sheldrake. R./ Capra. F./Davies. P. **„Der wissende Kosmos. Die Entdeckung eines neuen Weltbildes".**
HERDER spektrum
Verlag Herder Freiburg im Breisgau 2001
Lütz, Manfred **„LebensLust. Über Risiken und Nebenwirkungen des Gesundheitswahns oder wie man länger Spaß am Leben hat".**
Droemer Verlag, München 2006
Niejahr, Elisabeth **„Alt sind nur die anderen. So werden wir leben, lieben und arbeiten".**
S. Fischer Verlag GmbH, Frankfurt am Main 2004
Schenk, Herrad **„Der Altersangst-Komplex. Auf dem Weg zu einem neuen Selbstbewußtsein"**
C. H. Beck oHG, München 2005
Schirrmacher, Frank **„Das Methusalem-Komplott"**
Karl Blessing Verlag, München
Wilhelm Heyne Verlag, München 2004
Schmidbauer, Wolfgang **„Altern ohne Angst. Ein psychologischer Begleiter".**
Rowohlt Taschenbuch Verlag GmbH, Reinbek bei Hamburg, 2003
Schreiber, Mathias **„Was von uns bleibt. Über die Unsterblichkeit der Seele"**
Deutsche Verlags-Anstalt, München 2008
Seidl, Claudius **„Schne junge Welt. Warum wir nicht mehr älter werden".**
Wilhelm Goldmann Verlag, München 2005
Strange, Nicholas **„Keine Angst vor Methusalem! Warum wir mit dem Altern unserer Bevölkerung gut leben können".**

Zu Klampen Verlag, Springe 2006
Swientek, Christine **„Ins wilde, weite Land des Alterns. Eine Routenbeschreibung".**
HERDER spektrum
Verlag Herder Freiburg im Breisgau 2005
Thich Nhat Hanh **„Die fünf Pfeiler der Weisheit"**
Knaur MensSana
Droemersche Verlagsanstalt Th. Knaur Nachf. München 1993
Titel der Originalausgabe; „For A Future To Be Possible"
Tudor-Sandahl, Patricia **„Verabredung mit mir selbst. Von der Kraft die im Alleinsein liegt".**
HERDER
Verlag Herder Freiburg im Breisgau 2005
Schwedische Originalausgabe „Tid att vera ensam"
Wahlström & Widstrand Pulishers
Tudor-Sandahl, Patricia **„Das Leben ist ein langer Fluss. Über das Älterwerden".**
HERDER spektrum
Verlag Herder Freiburg im Breisgau 2003
Schwedische Originalausgabe „Den tredje aldern"
Wahlström & Widstrand 1999

Ich danke Gudrun für ihre treffenden Anmerkungen, ihr scharfes Auge für meine Schreibfehler, ihr Wissen um Kommata und vor allem, ihre Liebe zum Semikolon …

FSC
www.fsc.org
MIX
Papier aus verantwortungsvollen Quellen
Paper from responsible sources
FSC® C105338